중산사회(中産社會)

-중국의 계층분화와 중산계급의 형성-

▌김 옥

북경사범대학교 교육학과를 졸업하였으며
일본 게이오대학교 정책-미디어학과 석사,
연세대학교 사회학과 석사 및 박사학위를 수여받았다.

중산사회(中産社會)
-중국의 계층분화와 중산계급의 형성-

초판 1쇄 인쇄 2015년 8월 13일
초판 1쇄 발행 2015년 8월 20일

지은이 김 옥
펴낸이 이대현
편 집 오정대
디자인 이홍주

펴낸곳 도서출판 역락
등 록 1999년 4월 19일 제303-2002-000014호

주   소 서울시 서초구 동광로 46길 6-6(문창빌딩 2F)
전   화 02-3409-2058(영업부), 2060(편집부)
팩시밀리 02-3409-2059
e-mail youkrack@hanmail.net
역락블로그 http://blog.naver.com/youkrack3888

정가 19,000원

ISBN 979-11-5686-224-6 93300

이 도서의 국립중앙도서관 출판예정도서목록(CIP)은 서지정보유통지원시스템 홈페이지(http://seoji.nl.go.kr)와
국가자료공동목록시스템(http://www.nl.go.kr/kolisnet)에서 이용하실 수 있습니다.(CIP제어번호 : CIP2015021890)

중산사회(中産社會)

-중국의 계층분화와 중산계급의 형성-

김 옥

역락

불과 20년 전까지만 하더라도 중국에서 "계급"이라는 단어는 민감하고 정치적인 것으로 인식되었다. 공식적인 출판물뿐만 아니라 일반인들 사이에서도 "계급"은 거의 거론되지 않는 대상이었다. 물론 지금도 이러한 상황은 완전히 바뀌지 않았다. 중국학자들은 "현재 중국 사회는 계층사회이지 계급사회가 아니다"라고 강조하고 있다. 사실 사회학에서 "계급"과 "계층"은 본질적인 차이가 존재하는 것은 아니다. 양자 모두 사회적 자원이 불평등하게 분배된 집단을 의미한다. 하지만 중국에서 굳이 구별해서 쓰는 것은 아직도 "계급"이 정치적으로 자유로운 것은 아니라는 것을 말해준다.

돌이켜보면 내가 중국에서 "중산계급"이라는 용어를 처음 접하게 된 것은 2009년쯤이다. 중국 시민사회에 관한 석사논문을 준비하면서 중산계급에 대해 관심을 갖게 되었다. 한국과 마찬가지로 중국에서도 중산계급은 시민사회, 혹은 민주주의 사회를 실현하는 중추세력으로 평가받고 있었다. 하지만 중국 내에서 중산계급의 사회통합기능, 정치적 역할에 대해서만 논의할 뿐 "누가 중산계급인가"에 대해서는 자세하게 분석하지 않았다. 내가 박사과정에 진입한 2010년은 중국이 세계 제2위의 경제대국으로 부상한 해였다. 이 해를 시점으로 중국에서 중산계급에 대한 관심이 고조를 이루었다. 인터넷에서는 "중산계급의 10대 표준", "중산계급의 10대 불안증" 등 중산계급을 구분하는 기준이 무엇이고, 중산계급의 생활은 어떠한지에 대해서 무수히 많은 논의들이 오갔다. 중산계급은 소비를 이끌어가는 집단으로 부각되었으며 중국의 사치품 소비량이 세계 1위로 된 것은 중국 중산계급이 성장한 결과로 여겨졌다. 계급을 정치적인 화제에서 사회적인 화제로 만든 것은 인터넷 등 대중매체의 공이 크다고 할 수 있다. 특히 중국학계에서 중산계급에 대한 논의가 거의 없다시피 하던 90년대 말부터 "중산계급"은 매혹적인 광고용어가 되었다. 하지만 이러한 광고는 대중들의 인식을 오도하기 마련이다. 지금도 많은 중국인들은 중산계급을 부자로 오해하고 있다.

2012년 중국지도부는 "전면적인 소강사회의 완성"을 가장 중요한 목표로 내세웠는데 이는 바로 중산계급이 사회의 대다수를 차지하는 "중산사회"의 도래를 의미한다. 그렇다면 중국의 중산계급은 과연 어떤 집단일까? 어떤 가치관을 갖고 있고 어떤 생활방식을 형성하였는가? 서구에서 발생한 중산계급처럼 갈 것인가, 아니면 사회주의와 중국 전통을 보유한 다른 식의 중산계급으로 갈 것인가? 더욱이 중산계급을 중심으로 중국사회를 살펴보는 것은 현재 중국사회의 성격을 보여주고 더 나아가 중국사회가 양극화로 갈 것인가 공동부유로 갈 것인가의 문제를 규명하는 과정이라고 생각된다. 이 책에서는 중국 중산계급의 양적 규모와 구성, 가치관, 소비성향, 정치지향 등 생활양식상의 특성을 다루었다. 이 책에서 제시하는 이론적, 경험적 자료들이 중국의 중산계급 나아가 중국사회를 이해하고 파악하는 데 도움이 될 수 있을 것으로 기대한다.

차례__ CONTENTS

제1장

전환기 중국사회와 중산계급

1978년 개혁개방이후 중국사회는 대변혁을 겪어왔다. 개혁개방으로 전통적인 농업사회였던 중국사회는 공업화, 도시화가 현저한 현대사회로 매우 빠르게 전환하고 있다. 이러한 사회변화 이후 30여 년이 지난 지금, 과거 평등계급사회를 표방했던 중국의 계급 구성도 달라지고 있다. 중국이 경제면에서 자본주의 시장원리를 채택함에 따라 사영기업주로 대표되는 사유부문이 출현하게 되었고, 지역별, 부문별로 주력 산업구성이나 규모가 차등적으로 발전하면서 노동자 계급 내에서도 임금격차나 직업의 사회적 지위에 따라 수직적 분화가 일어나는 현상이 포착된다. 소득이나 사회적 지위의 고하에 따라 중국사회의 구성원들 사이에 수직적 계급 위계가 발생하고 있는 것이다. 이러한 맥락 속에서 이 책에서는 중국의 중산계급(中産階級)을 중심으로 중국의 새로운 계층분화를 살펴보고자 한다.

중국에서의 산업화는 1978년 개혁개방 이전에도 추진되었으나, 이때까지의 산업화는 중산계급의 대폭적인 증가로 이어지지 않았다. 1978년까지 중국은 공업화가 상당히 진척되었으며 1978년의 연평균

성장률은 6.1%였다. 이러한 성장세 속에서 중국 내에서도 중산계급으로 분류할 수 있는 민족자산계급이나 소자산계급이 어느 정도 발전하였으나 각종 정치운동과 경제개조에 의해 몰락되었다. 먼저 정치적으로 중국 사회는 노동자와 농민계급의 반대편에 항상 착취계급을 설정해두어야 했으며 또 탈계급화 정책을 취했기 때문에 중산계급을 인정할 여지가 적었다. 또한 당시 중국은 경제면에서 소련경제모델의 영향을 받아 중공업을 우선 발전시키는 전략을 취했기에 국민소비생활과 관련된 경공업, 서비스업이 크게 발전하지 못했다. 게다가 미국과 소련 양측과의 군비경쟁 상황 속에서 국방비지출이 상당한 비중을 차지하고 있었기 때문에 중국 경제의 규모가 커지는 속에서도 일반대중의 수입은 실질적인 증가가 거의 없는 상황이었다.

중산계급이 급속히 성장하기 시작한 것은 1978년 이후로서 경제의 지속적인 발전, 경제구조의 조정, 제3차 산업의 확대, 도시화의 가속화 등에 의해서이다.

먼저 중국의 급속한 경제성장은 계급분화의 기초라고 할 수 있다. 1978년 국내총생산액은 3,645억 위안이며 2006년에는 210,871억 위안으로 상승하였는데 이는 1978년의 58배에 달한다. 또한 2006년 도시 가구당 평균수입은 11,759.5 위안으로서 이는 1978년의 34배에 이른다(중국 국가통계국). 경제구조의 변화를 보면 1차 산업 종사자의 비중이 계속 감소하는 반면 3차 산업 종사자의 비중은 계속 증가하며 이미 2차 산업을 초과하였다. 도시화가 진행되고 있는 중국 상황을 고려할 때 향후 상당기간 동안 농민이 도시로 대량 진입함에 따라 2차 산업 중 블루칼라 종사자의 규모가 증가한다 하더라도 관리와 기술의 수요에 따라 화이트칼라의 수도 증가할 것이다.

다음으로 고등교육기회의 확대는 중산계급의 성장을 촉진하였다고 볼 수 있다. 1999년 정부가 대학증원모집정책을 실시한 이후 대학생이 급격히 늘어났으며 2006년에 4배를 넘어섰다. 이와 동시에 고등교육을 받은 인구도 대폭 증가하였는데 1980년대 고등교육을 받은 인구가 전국에서 1%, 도시에서 11% 좌우를 차지하였으나 2005년에는 각각 7%, 17%로 상승하였다(중국 국가통계국).

최근 중국사회 내에서는 중산계급의 성장과 함께 중산계급에 대한 관심 역시 증폭되는 추세다. 중산계급은 중국의 일반대중들이 추구하는 삶의 목표가 되고 있다(张宏, 2012). 지난 세기까지만 해도 중국인들의 목표는 소강(小康)생활이었지만 현재는 중산계급의 생활을 누리는 것이 목표이다. '소강'이 먹고 입는 생계문제를 해결한 후 약간의 여유 있는 생활을 의미하는데 비해 '중산(中産)'은 양복을 입고 자가용을 몰며 고급아파트에 거주하는 세련된 생활을 의미한다. 중국정부 역시 과거와 달리 중산계급 육성을 강조하고 있다. 여기에는 첫째, 중산계급이 현 체제를 옹호하고 계급 간 갈등을 완화하는 안정장치 역할을 할 것이라는 판단과 둘째, 중산계급이 왕성한 소비능력으로 국내 내수시장을 확대시키고 소비구조의 전환과 발전을 주도할 것이라는 판단이 작용한 것으로 보인다.

현재 중국은 사회주의 시장경제체제를 초보적으로 확립하였지만 전반적인 사회개혁은 경제발전속도를 따라가지 못하고 있다. 특히 시장경제의 발전으로 인해 사람들의 전반적인 생활수준은 향상되었지만 동시에 각종 형태의 불평등이 초래되었다. 시장경제의 도입은 경쟁의 논리에 의거해 자원획득 여부에 따라 빈부계층을 만들어내며 이들의 격차를 벌어지게 만든다. 그중 가장 가시적으로 드러나는 것이 지니계수의 변화이다. 1970년대 중국의 지니계수는 0.2로 다른 자본주의 국가에 비해 소득불평등 수준이 훨씬 낮은 것으로 나타났다. 그러나 2000년 중국의 지니계수는 0.4를 돌파하였으며 2006년에는 0.496을 기록했다(중국 국가통계국). 일반적으로 지니계수가 0.4를 넘으면 그 사회의 불공정성 정도가 위험수준에 도달했음을 의미한다.

다른 자본주의 국가와 달리 '평등'을 이상적인 가치로 추앙하는 사회주의 중국에서 계급의 양극화와 빈부격차가 지니는 함의는 다를 수밖에 없다. 일부가 능력에 의해 먼저 부자가 되는 것은 어느 정도 용인할 수 있지만 개혁이 불평등을 조장하게 되고 점차 평등한 사회로부터 후퇴하는 것은 중국사회에 통용되는 가치를 무너뜨리게 한다. 중국인들은 장기간 평균주의 분배에 익숙해져 왔고 역사나 문화적으로 불균등을 우려하는 관념이 남아있다. 물론 현재 평균주의는 퇴색했지만 평균이 아닌 평등한 사회에 대한 기대는 여전히 남아있다고 볼 수 있다.

빈부격차가 경제발전에 따른 어쩔 수 없는 현상이라 하더라도 개혁이 심화되면서 빈부격차가 증가하면 사회통합의 위기를 가져올 수 있다. 따라서 중국 정부 입장에서는 빠른 경제성장과 함께 빈부격차가 증가하고 있는 중국 사회에서 중산계급의 형성이 빈부격차를 축소시키고 나아가 중국사회의 미래에 중요한 작용을 할 거라는 기대에서 중국 중산계급에 대해 긍정적인 시각을 갖고 있다. 이러한 긍정적 시각 형성에는 최근 중국사회 내에서 제기되는 일부 학자들의 '중산계급 옹호론'도 한 몫을 한다. 서구사회에서의 중산계급이 가지는 의미처럼 중국사회가 안정적이고 지속발전이 가능한 사회가 되기 위해서는 방대한 중산계급이 형성되어야 한다고 많은 학자들은 생각한다(李

强, 2001 ; 陆学艺, 2002 ; 袁梅, 2004 ; 周晓虹, 2005 등). 이처럼 중산계급의 확대는 중국 정부로서도 체제 안정과 지속적인 경제성장을 위해 결정적으로 중요한 정책 과제로 여겨지고 있다. 일례로 2002년 11월, 중국공산당 제16차 대표대회에서는 '중간소득집단'(中等收入群體)을 육성하기로 결정하였다.

중산계급이 현재 중국사회에서 갖는 의미를 감안할 때, 전환기 중국사회에서 중산계급은 반드시 연구되어야 할 대상이다. 더욱이 중산계급을 중심으로 중국사회의 계층분화를 살펴보는 것은 현재 중국사회의 성격을 보여주고, 더 나아가 중국사회가 수평적인 분화의 사회인가 아니면 수직적인 체제로 나아가는 사회인가, 다시 말해 양극화로 갈 것인가 공동부유(共同富裕)로 갈 것인가의 문제를 규명하는 과정일 수 있다. 이는 중국이 단절된 사회가 될 것인가 중산계급이 다수를 차지하면서 사회를 주도하는 역할을 하는 중산(中産)사회가 될 것인가의 문제이다.

하지만 중국 중산계급을 종합적으로 분석한 연구가 희소하다. 특히 기존연구는 중산계급의 정의, 분류, 기능 등을 둘러싼 규범적 논의를 중심으로 하는 경우가 많을 뿐 구체적인 실증분석에 근거한 연구가 매우 적다. 산발적 수준에서 직업집단 등을 중심으로 중산계급의 규모를 판별하거나 그 변화를 제시하는 연구들도 일부 존재하나 이 역시 제한적이다. 물론 계층분화가 계속 진행되고 있는 중국사회에서 제한적인 방식으로라도 중산계급의 양적인 구성과 변화를 제시한 것은 충분한 의미가 있다고 볼 수 있다. 그러나 이러한 기존 연구의 방식으로는 현재 중국 중산계급의 구체적 성격을 파악하기 어렵다는 단점이 있다. 따라서 중산계급이 형성되는 사회적 맥락과 그들의 성격을 질적으로 보여주는 작업이 필요하다.

이 책에서는 중국 북경 지역을 중심으로 중산계급의 양적 규모와 내부구성의 특성을 확인하고, 더 나아가 가치태도, 사회의식, 정치지향, 소비성향 등 생활양식상의 특성을 살펴보고자 한다. 구체적으로 기존 사회과학적 중간계급(middle class) 연구에서 많이 활용되어 온 라이트(Wright)의 계급분류를 중국의 현실에 맞춰 수정한 중산계급 분류 기준을 제시하고, 이에 따라 중국, 그중에서도 도시화, 산업화의 물결 속에서 중산계급 성장의 중심에 있다고 할 수 있는 동부지역을 중심으로 중산계급의 구성 및 규모를 판별한다. 또한 생활양식을 통해 중산계급의 공통적인 속성이 있는지를 가늠해보고자 한다. 계급은 단지 경제적 생산관계뿐 아니라 일상생활 속에서의 실천들을 통해 형성되고 재생산된다. 즉 계급은 다양한 사회적 실천들, 예컨대 교육, 여가, 소비성향 등을 규정하는 요소이며 동시에 그러한 요소들의 실천을 통해서 형성되는 종속변인이기도 하다. 따라서 중산계급은 단지 소득, 직업 등 객관적인 기준에 의해 구성된 것이 아니라 특정한 생활방식을 공유하는 집단으로 이해되어야 한다. 특히 중산계급은 다양한 직업집단으로 구성되어있으며 중산계급을 공통성을 가진 하나의 집단으로 묶고자 할 때는 그러한 공통성을 규정할 수 있는 생활양식에 대해 살펴보는 것이 중요하다. 이를 통해 현재 북경을 비롯한 대도시를 중심으로 빠르게 동질성을 획득하고 있는 중산계급이 중국사회 전반에 어떻게 확대되어 갈지, 부유하고 안정된 사회를 대표하는 계급으로서 중산계급이 확대될수록 향후 정치적, 사회적으로 어떤 역할을 담당할지 예측해 볼 수 있을 것이다.

제2장

중국 중산계급에 대한 이론화

제1절 중국 중산계급 논의의 변천

중국에서 중산계급에 대한 연구가 본격적으로 등장한 것은 1980년 대 말부터이다. 그 이전에는 '중산계급'이라는 용어를 사용한 연구를 거의 찾기 어렵다. 80년대 말에 이르러 시작된 중산계급 논의 역시 소수에 그쳤으나 그나마도 90년대에 진입하자마자 사라지고 말았다. 그러다가 2000년부터 중산계급 논의가 부활하였으며 관련 논문이 급 격하게 증가하였다<그림 2-1>.

특히 2004년부터 중산계급이 중국사회의 주요 이슈로 부각되면서 통계자료를 사용한 실증적 분석 연구가 등장하기 시작했다. 이와 동 시에 중산계급을 다각도로 연구하기 시작하였는데 중산계급의 소득, 문화, 정치태도 등을 연구주제로 삼고 있다.

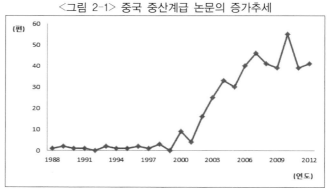

<그림 2-1> 중국 중산계급 논문의 증가추세

주 : 中國知網(www.cnki.net)에서 제목에 '中産階級'을 포함한 논문을 검색한
결과. (검색일 2013년 2월 10일)

1. 1980년~2000년 : 중산계급 논의의 시작과 침체

중국 학계에서 최초로 제목에 '중산계급'이라는 용어를 제시한 논
문은 劉德斌의 1988년 연구이다.[1] 그전까지는 중산계급에 대해 논의
한 연구가 거의 없었으며 마르크스주의, 모택동 사상을 연구하는 학
자들이 마르크스가 정의한 '소자본가'와 모택동이 정의한 '민족자본
가'에 대해 언급했을 뿐이다(何健章, 1990). '소자본가'는 자본주의 사회
에서 자본가계급과 노동자계급사이에 존재하는 정치적 입장이 확고하
지 못한 계급으로, '민족자본가'는 1949년 이전 중국사회에서 군벌관
료매판자본가(통치계급)와 농민 및 노동자(피통치계급) 사이에 존재하는
정치적 입장이 불안정하지만 무산계급혁명을 지지할 가능성이 있는
계급으로 묘사되었다.[2] 즉 이 시기 중산계급은 중소자본가를 가리키

---

[1] 劉德斌의 논문 "中产阶级 : 西方民主化的推進力量(중산계급 : 서구민주화의 추진역
량)"은 현재 원문을 볼 수 없게 되어있다. abstract로 미루어 보아 당시 중산계급
논의가 정치적으로 읽혔음을 알 수 있다.

는 말이었다.

1980년대 말 서구의 신마르크스주의 사조의 영향을 받은 중국의 일부 학자들은 중산계급에 관해 주목하기 시작했다. 당시 중국에서 중산계급에 관해 두 개의 대립되는 입장이 나타났는데 하나는 전통 마르크스주의 계급이론을 고수하는 입장이고 다른 하나는 중산계급의 출현으로 인해 원래의 계급구조가 바뀌었다고 주장하는 입장이다. 후자의 입장에 따르면 중산계급은 주로 지식인, 사영기업주 및 개체공상호(個體工商戶, 자영업자)를 가리킨다. 이 세 집단만 포함된 것은 당시 중국의 경제발전 수준으로서는 화이트칼라나 전문기술자집단이 이렇다 할 성장세를 보이지 않았기 때문이다. 따라서 이들은 중산계급을 발전시키기 위해서는 사영경제와 개인경제를 발전시켜야 하며, 보다 구체적인 차원에서는 더 많은 사영기업주와 개체공상호를 육성해야 한다고 주장하였다. 또한 이시기 일부 급진적인 지식인들이 민주주의를 대대적으로 제창하였는데 그들은 중산계급이론의 지지자들이기도 했다. 이들은 중산계급(주로 사영기업주)이 민주정치를 추진하는 역량이라고 주장하였다(李春玲, 2009 재인용).

1989년 이후 상술한 중산계급이론은 정부를 대변하는 이론가들의 비판을 받기 시작했다. 그들은 서구의 중산계급이론은 반(反)마르크스주의이론이며 자본주의 사회의 계급모순을 감추려는 의도가 있다고 지적하였다. 또한 그들은 중산계급을 확대시키는 것은 자산계급을 육성하는 것이며 이는 사회주의제도를 뒤엎는 것이기 때문에 절대 허락

---

2) 중국의 계급에 대한 연구는 최근에 들어서야 사회학적인 이론과 방법론을 통해 계급을 분석하고 있다. 그전에는 모택동의 분류방식에 의존하여 왔는데 모택동의 계급분류는 [부록1]에서 소개하였다.

할 수 없다고 주장하였다(何健章, 1990).

이러한 논란이 확대되면서 이 시기 중산계급연구는 학술적인 문제를 넘어서 정치적인 문제로까지 인식되었다. 1989년 이후 중국 학계에서 전통 마르크스주의이론이 다시 우위를 차지함에 따라 중산계급연구는 중단되었고, 1990년대 중후반까지 중산계급연구는 정치적으로 민감한 문제가 되었다. '중산계급(中産階級)'[3]이라는 단어는 금기시되었고 출판물에 등장하지 않았다. 그러나 1990년대 말 일부 사회학자들이 중간계급(middle class)으로서의 중산계급 문제에 대해 다시 관심을 갖기 시작하였다. 그들은 중국경제가 발전함에 따라 중산계급이 사회의 중추세력으로 발전할 것이라고 주장하였다(李强, 2001). 하지만 당시 중산계급이라는 단어를 사용할 수 없었기 때문에 중간계급을 이르는 용어는 '중간계급', '중등계급', '사회중간층' 등 다른 단어로 대체되었다. 그리고 그들은 이런 용어들을 사용할 때 '계급관계'가 아닌 '등급'을 강조하였다. 李强(2001)에 의하면 "중산계급은 생활수준 및 재산지위에서 중간을 차지한 사회집단"이다.

2. 2000년 이후 : 중산계급 논의의 부활

90년대 금기시되었던 '중산계급'이라는 용어는 2001년 이후 다시 학계에 등장하였고, 이후 중산계급에 대한 중국 내에서의 관심은 지속적으로 증가하고 있다.

중국 내부에서는 사회구조의 변화를 파악하기 위한 일환으로서 계

---

3) 중국에서 middle class를 '中産階級'로 번역한다. 여기서 '産'이 자산계급을 가리키는 것으로 이해되어 이 용어는 한동안 사용되지 않았다.

급의 변화과정과 현황에 대한 연구가 시작되었다. 따라서 많은 연구들은 시장경제의 발전 및 소유제 개혁과 관련해 새롭게 생겨나거나 분할되는 계급의 분화현상을 추적하는 데 주력해왔다(李强, 2002 ; 李路路, 2002 ; 段若鵬, 2002). 또한 중국의 사회구조와 계급구조를 연결 짓고 계급분화 현상을 파악함으로써 현재 중국사회가 어떤 정체성을 갖고 있는가를 진단하는 연구가 진행되었다.

陸學藝(2002)는 중국사회가 10개 등급의 계층으로 구분되었고 중산계급이 많아짐에 따라 계급구조는 피라미드 모양에서 다이아몬드 모양으로 가고 있으며 상승이동의 기회가 많아 하층이 축소된다는 긍정적 시각을 갖고 있다. 李培林(2004)은 현재 중국사회에는 아직까지 경계가 명확한 계급분할이 존재하지 않는다고 주장한다. 중국사회는 아직 파편화되어 있고 몇 개의 계급으로 모이는 흔적을 보이지 않는다는 것이다. 그는 특히 사회적 관념의 파편화를 예로 들어 사람들의 사회적 태도와 행위에서 계급적 영향이 뚜렷하게 나타나지 않는다고 본다. 한편 새로운 계급분화에 부정적인 시각을 보이는 연구도 있었다. 孫立平(2003)은 '단절(斷裂)사회'라는 개념을 통해 중국의 계급구조가 고착화되고 있으며 이미 중국사회는 강세집단과 약세집단으로 구분된다고 보았다. 그는 개혁과정에서 엘리트 연맹이 발생해 정치, 경제, 문화 엘리트의 상호결합추세가 나타나고 있음을 강조한다. 엘리트 결합을 통한 이익교환과 공공자원의 독점이 엘리트집단과 평민집단 간의 대립을 보여준다고 말한다. 결국 중국사회는 양극화되어 중산계급은 적고 하층은 많은 기형적 구조를 형성하고 있다는 것이다.

또한 이 시기 학자들이 제창한 중산계급연구는 주로 정책연구적인 특성을 갖는다. 학자들은 여러 방면에서 중산계급이 긍정적인 사회적 기능을 갖고 있다는 것을 증명하면서 중산계급에 대해 회의적인 태도를 취하고 있는 정부 당국의 의식을 변화시키려고 노력하였다. 그들은 중산계급이 사회의 안정과 경제발전에 중요한 의미를 갖고 있다고 강조하였는데 마침 사회 안정과 경제발전은 정부가 추구하는 목표이기도 했다. 학자들(李强, 2001 ; 陆学艺, 2002 ; 周晓虹, 2005 ; 李春玲, 2009 등)이 제기한 중산계급의 사회적 기능에 대해 보면 어느 사회에서나 중산계급은 사회 안정을 유지하는 가장 중요한 역량이다. 첫째, 중산계급은 사회의 상층과 하층 사이에 존재하는 계층으로서 상층과 하층의 충돌을 막는 작용을 하며 사회모순을 대대적으로 완화시킨다. 이는 사회가 안정될 수 있는 정치적 원인이다. 둘째, 중산계급은 온화하고 보수적인 의식형태를 대표하는데 이러한 의식형태가 사회에서 주도적인 위치를 차지하였을 때 극단적인 사상과 관념은 존재 기반을 잃게 된다. 이는 사회가 안정될 수 있는 사상적 원인이다. 셋째, 중산계급은 소비를 이끌어가는 주요 집단이다. 중산계급이 사회의 다수를 차지하였을 때 중산계급의 생활방식은 방대한 소비시장을 보장하게 된다. 이는 사회가 안정될 수 있는 경제적 원인이다. 이외에 현재 중국 사회의 계층구조 조정에 관한 의견이 개진되기도 하였다. 즉 현재 피라미드 모양의 계층구조를 중산계급을 위주로 하는 올리브 모양의 구조로 변화시켜야 한다는 것이다. 이런 구조를 갖고 있는 사회가 장기적으로 안정되어 있기 때문이다. 따라서 학자들은 정부는 반드시 중산계급을 육성하는 정책을 제정해야 한다고 주장하였다.

이러한 주장은 학계는 물론 사회적으로도 널리 받아들여졌고, 정부도 중산계급에 대한 태도를 바꾸기 시작했다. 중국 정부는 더 이상 중산계급을 정치적으로 위협적인 존재로 인식하지 않는 것으로 보인다.

정부의 태도변화를 보여주는 중요한 사건은 바로 2002년 11월 11일 장쩌민(江澤民) 총서기가 중국공산당 제16차 대표대회에서 "중간소득집단의 비율을 확대"할 것을 명확히 제기한 것이다. 2011년에 시작된 제12차 5개년 계획(2011년~2015년)에도 중산계급 육성정책—"提低, 擴中, 調高"이 포함되어 있다. 즉 저소득층의 수입을 향상시키고(提低), 중간소득집단을 확대하며(擴中), 개인소득세 개혁을 통해 고소득층의 수입을 조절하는 것이다(調高). 이는 중간소득집단을 육성하는 것이 정부가 추구하는 목표중의 하나가 되었음을 말해준다. 다만 중국 정책에서는 'middle class'를 주로 '중간소득집단'으로 명명하는 경우가 많다. 아직까지는 중산계급을 경제적 의미에서만 인정하기 때문이다.

중간소득집단 육성정책이 제기된 이후 중산계급에 관한 연구는 합법적인 지위를 얻게 되었다. 그러나 중산계급을 사회적인 화제로 만든 것은 사실상 대중매체의 공이 더 크다고도 할 수 있다. 학계에서 중산계급에 관한 논의가 거의 없다시피 하던 1990년대 말부터 중산계급이란 단어는 이미 대중매체에서는 매혹적인 광고용어가 되었다. 고급아파트, 자동차, 가구 등 광고는 모두 자신들의 상품이야말로 중산계급의 취향에 가장 잘 맞는 것이고 또한 중산계급의 품위를 가장 잘 드러내는 것이라고 선전하였다. 상품판매자들은 자신의 상품을 '중산계급' 고객들에게 판매할 뿐만 아니라 동시에 소비자들에게 중산계급의 이미지를 심어주었다. 즉 중산계급은 마땅히 어떤 아파트에서 생활해야 하고 어떤 자동차를 운전해야 하며 어디에서 휴가를 보내야 하고 어느 장소에서 쇼핑을 해야 하는지 등이다. 광고뿐만이 아니라 신문이나 잡지, 인터넷 등에서도 '중산계급'이라는 용어와 이미지는 빈번히 등장하였다. "당신은 중산계급이 되었는가?", "누가 중산계급

인가?", "나는 중산계급이 맞는가?" 등 질문은 열띤 토론을 불러일으
켰다. 몇 년 전까지만 해도 중국인들은 "중국에 과연 중산계급이 존
재하는가?"라고 질문하였지만 현재 이런 질문을 하는 사람은 별로 없
다. 중산계급이 과연 하나의 계급으로 성장하였는가에 대해서는 회의
적이지만 중산계급의 존재 자체에 대해서는 의심하지 않고 있다.

현재 중국인들이 가장 많이 하는 질문은 중산계급을 구분하는 기준
이 무엇이며 중산계급의 규모는 얼마나 되느냐이다. 그러나 이 질문
에 대해 학자들은 아직까지 합의를 보지 못하고 있다. 오랫동안 중국
의 학자들은 중산계급의 이론적인 연구에만 몰두하였으며 실증적인
연구는 거의 하지 않았다. 최근 대중들의 질문에 직면한 일부 학자들
은 실증적인 연구로 방향을 바꾸기 시작했으며 다양한 분류기준을 제
시하고 있다. 먼저 정부를 대변하는 학자들은 전통적인 중국식 계급
분류방식4)을 따르는 경향을 보인다. 李愼明(2002)은 중국의 계급을 노
동자계급, 농민계급 및 기타 사회계층의 세 가지로 분류한다. 기타 사
회계층에는 개인경영자계층, 비공유제기업 경영자계층, 사영기업주계
층을 포함한다. 閻志民(2002) 역시 노동자계급, 농민계급 및 신사회계
층 등 세 가지로 분류하였는데 신사회계층은 사영기업의 창업자 및
기술자계층, 외자기업의 관리기술자 계층, 자영업자 계층, 자유직업인
계층 등을 포함한다. 段若鵬(2002)은 중국사회 계층구조가 '두 개 계급,
두 개 계층'으로 구성되었다고 제기하면서 두 개 계급은 노동자계급

---

4) 1956년 사회주의개조이후 중국에서 사유제도는 기본적으로 소멸되었고 지주, 부
　농, 자본가 등 계급은 공식적으로 사라졌다. 당시 대다수 인민들은 국가에 고용된
　간부, 노동자, 지식인, 군인 등이었으며 정부 당국에서는 이들을 노동자계급, 농민
　계급 및 지식인계층이라고 명명하였다. 현재까지도 많은 학자들은 이 분류를 따르
　고 있으며 거기에 새로 생긴 사영기업주계층을 추가하고 있다.

과 농민계급을 말하고 두 개 계층은 지식인계층과 사영기업주계층을 말한다고 주장하였다.

대다수 사회학자들은 직업에 기초하여 계급을 분류하고 있으며 직업 외에 소득 및 학력을 분류 기준에 추가하기도 한다<표 2-1>. 그러나 이러한 기준에 따라 추정한 중산계급의 규모는 학자들마다 다르며 그 차이도 매우 크다. 중산계급이 전국에서 차지하는 비율을 보면 학자마다 추정치가 4%에서 25%까지로 큰 차이를 보이며, 도시에서 차지하는 비율도 12%에서 48.5%까지로 각기 다르다<표 2-1>.

<표 2-1> 중산계급의 구분기준과 규모 추계

연도	저자	구분기준	규모	조사자료
1997	張建明	소득, 직업, 학력	북경시 : 48.5%	북경시 표본조사
2000	肖文濤	소득 및 금융자산	전국 : 20%~25%	조사자료 없음. 주관적 판단.
2001	周曉虹	소득, 직업, 학력	도시 : 11.9%	5개 도시 표본조사
2001	李春玲	직업, 소득, 소비수준, 주관적 계층인식	전국 : 4%, 도시 : 12%	전국표본조사
2004	劉毅	소득, 직업, 소비수준	도시 : 23.7%	주강삼각주 지역 표본조사
2005	李强	직업	전국 : 15%	조사자료 없음. 주관적 판단.
2006	李培林	직업, 소득, 학력	전국 : 핵심 중산계급 3.1%, 반(半)핵심 중산계급 8.9%, 주변적 중산계급 20.9%	전국표본조사

오늘날 중국의 중산계급 논의에는 두 가지 쟁점이 있다. 첫째는 계급과 계층 개념 사이의 구분이 모호하다는 것이다. 우선 서구에서 'middle class'에 해당하는 개념을 어떻게 표현할 것인가만 보더라도

논자에 따라 다양한 용어로 표현되고 있다. 'middle class'는 중국에서 중산계급(中産階級), 중산계층(中産階層), 중등수입계층(中等收入階層) 등으로 번역되고 있으며 명확한 구분이 없이 혼용되는 경향이 강하다.5)

학자들을 곤혹스럽게 만드는 또 한 가지 문제는 학계에서 정의하는 중산계급이 대중이 인식하고 있는 중산계급과 매우 다르다는 것이다. 이는 학자들이 중산계급 연구를 시작하기도 전에 광고 등 미디어가 먼저 대중들에게 제공한 중산계급의 이미지가 굳어진 탓으로 보인다. 중국 광고 속 중산계급은 고급아파트에 살고 고급승용차를 운전하며 명품 옷을 입고 해마다 해외에 휴가를 다녀온다. 그러나 이는 실제의 이미지라기보다는 광고를 위한 이상적 이미지로, 실제 이 정도의 생활은 소수의 상층이 영위하는 수준이다. 당연히 학자들이 분류한 중산계급의 생활수준은 이 정도의 수준에 도달하지 못한다.

중산계급을 구분하는 기준도 학계와 일반인의 관점이 조금씩 다르다. 먼저 일반대중들은 중산계급을 "안정된 수입이 있고 개인주거공간과 자가용 승용차를 살 능력이 있으며 여행, 교육 등의 현대소비생활을 영위할 수 있는 충분한 자금력을 보유한 집단"으로 소득 및 소비수준을 기준으로 정의한다. 또한 화이트칼라와 고소득, 고소비, 고학력을 중산계급의 특징으로 생각하고 있다.

다음으로 학계의 정의를 살펴보면 경제학자들은 대체로 소득 및 재산을 중산계급을 구분하는 유일한 기준 혹은 주요한 기준으로 삼는 경향이 있다. 이에 대해 厲以寧(2005)은 학력과 정치적 태도 및 도덕수

---

5) 이 책에서는 중국 사회에서 중간층을 구성하는 집단을 지칭하기 위해 '중산계급'이라는 용어를 주로 사용할 것이다. 이에 관한 논거는 다음 절에서 보다 자세히 서술하였다.

준까지 중산계급의 개념에 포함시킬 경우 중산계급의 범위와 기준이 너무 모호해진다는 이유를 제시한다. 반면 사회학적인 정의로는 陸學藝와 李春玲의 정의가 대표적이라고 할 수 있는데 陸學藝(2002)에 의하면 중산계급은 주로 정신노동에 종사하며 월급으로 생활하고 비교적 높은 수입과 좋은 업무환경을 갖춘 직업에 종사할 능력이 있으며 그에 상응하는 소비능력과 여가생활을 할 수 있는 집단을 말한다. 그리고 직무에 대해서는 일정한 지배권을 가지고 있고 공중도덕의식과 교양을 갖춘 사회지위집단이다. 다시 말하면 경제지위, 정치지위, 사회문화지위로 볼 때 이들은 상층과 하층의 중간에 위치한 계층이라고 할 수 있다. 李春玲(2004)은 직업, 소득, 소비 및 생활방식, 귀속의식 등 네 가지를 중산계급의 기준으로 정하고 이 네 가지 기준을 동시에 만족시키는 경우에만 진정한 중산계급이라고 규정하였다. 그러나 일반인들이 고소득층을 중산계급의 특징으로 인식하듯이 李春玲도 평균수준 이상의 집단을 중산계급으로 파악한다는 점에서 중간적 위치에 속하는 집단으로서의 중산계급과는 다소 거리가 있다.

제2절 중국 중산계급의 이론적 지위

1. 중국 중산계급의 복합적 속성

중국에서 '중산계급'이라는 용어는 실제 일상적으로 사용된 지가 얼마 되지 않는다. 더욱이 '계급'이라는 용어를 쓰고 있지만 실제로 중산계급을 논의하는 맥락에서는 계층적 속성이 강조되는 복합적인 의미를 갖는다.

　　사실 계급·계층의 개념은 그 자체로 개념상의 논쟁을 거듭하고 있는 용어로서 사회과학자들 사이에서도 이렇다 할 동의가 이루어지지 않은 부분이다. 계급개념을 우리에게 처음 각인시킨 마르크스는 계급을 경제적 생산관계 속에서 점하는 지위에 의해 규정되는 집단으로 규정한다. 이후 베버는 마르크스의 계급개념을 시장영역으로 확장시켰는데 그는 계급이 생활기회를 동일하게 할 수 있는 요소들을 공유한 집단이라고 보았다. 생활기회(life chance)는 교육, 주거, 의료혜택 등을 향유할 수 있는 가능성이다.

　　계급과 계층의 관계에 대해 보면 다음과 같다. 첫째, 계급이나 계층을 동일한 의미로 쓰는 입장으로 사회적 자원(부, 교육, 위세 등)이 일정하게 분배된, 불평등하게 구조화된 집단을 의미한다. 둘째, 계급과 계층을 철저하게 구분하는 입장으로 계급은 경제적 생산관계 속의 지위에 의해 규정되는 집단이고, 계층은 다양한 사회적 자원에 의해 구분된 집단을 가리킨다. 즉 계급이 생산영역적 개념이라면 계층은 보다 넓은 의미에서 시장적 개념이다(홍두승·구해근, 2008). 또한 계급과 계층 용어는 정치적인 편향성에 의해 선택되는 경향이 있다. 계층이란 용어는 기술적인 이미지를 가지고 있으며 보수적이거나 자유주의체제의 선호가들에 의해 주로 선택된다. 반대로 연구자가 마르크스주의 입장에 서면 계급이란 말을 선호하며 계급갈등, 계급투쟁, 착취관계 등을 강조하게 된다(김왕배, 2001). 결국 계급이냐 계층이냐 하는 문제는 옳고 그름의 문제가 아니라 연구자의 선택의 문제로 남는다.

　　이러한 맥락에서 이 책에서 사용하는 '중산계급'이라는 용어는 계급과 계층의 속성을 포괄하는 보다 넓은 의미의 '사회계급'(김왕배, 2001)으로서의 특성을 갖는다. 계급은 단순히 생산관계로만 규정되거나 경제적인 내용만을 가지고 있는 것이 아니라 소비와 같은 생활양식, 즉 문화적 요인에 의해서도 규정된다. 또한 이때의 중산계급은 다양한 실천들, 생활방식들과 경험들을 통해 존속되고 재생산된다는 점에서 공통의 생활양식을 공유하는 집단으로서의 계층적인 속성을 지닌다. 전통적인 계급·계층론의 기준에 비추어 볼 때 중국사회에서 중산계급은 여러 가지 특성상 전통적인 의미에서의 계급보다는 도리어 계층 개념에 가까울 수 있다. 그러나 마르크스주의 전통이 강한 중국사회의 문화적 맥락 안에서 일상적으로 '중간계층'보다는 '중산계급'이라는 용어가 쓰이는 경우가 많고, 중국에서 'middle class'의 공식적인 번역어도 '중산계급'이다<그림 2-2>. 따라서 이 책에서도 이러한 일상적 쓰임을 따라 '중산계급'이라는 용어를 사용하였다.

<그림 2-2> 중국에서 'middle class'의 공식번역어

주 : Baidu(百度)는 중국의 대표적인 검색사이트이다.

2. 현대 자본주의 사회에서의 중산계급(middle class) 정의

중산계급은 과연 하나의 계급을 이루고 있는가? 아니면 여러 집단의 단순한 묶음에 지나지 않는 것인가? 중산계급에 관한 이론은 서구의 역사적 경험을 통해 발전되어 왔다.

마르크스와 엥겔스는 "공산당선언"에서 "소상인, 수공업자, 농민 등 중산계급의 하층은 부분적으로 이들의 소자본이 근대산업을 수행하는 데 필요한 규모에 이르지 못하고 대자본가와의 경쟁에서 압도될 수밖에 없으며 이들이 가진 전문화된 기술은 새로운 생산방식 때문에 무용지물이 되었기 때문에 이들은 점차 노동자계급으로 전락한다"고 주장하였다(Marx and Engels, 1972). 그러나 현대 자본주의 사회에서 중간계급(중국의 중산계급)은 계급 양극화의 경향 속으로 사라지기보다는 도리어 확대 재생산되는 경향을 보인다. 우선 마르크스가 소멸한다고 보았던 쁘띠부르주아는 완전히 사라진 것이 아니라 지속적으로 재생산되고 있다. 그들이 소멸되지 않은 원인에 대해 나델(Nadel, 1982)은 도시화와 함께 발생하는 유통 및 판매서비스 기능의 확대, 대기업 제조업을 부수하는 서비스 기능의 확대, 자본가가 되고자 하는 심리적 요인 등을 들고 있다.

자본주의가 발달하면서 고전적 계급의 잣대로 판별하기 애매한 범주 즉 경영자, 전문기술자, 행정관리, 사무직 등이 급격히 증가하게 되었다. 서구에서는 1940년대 자본 소유권을 가지지는 못했으나 관리권을 가진 관리자와 기술직, 사무직 등 봉급자집단이 출현했다. 당시 서구에서는 새로운 산업구조의 배경 하에서 생긴 이들 집단을 소기업주, 소자본가 등으로 구성된 구중산계급과 구별지어 신중산계급 혹은 화이트칼라라고 불렀다. 그렇다면 이들은 어떤 이유로 급속하게 증가하게 되었는가? 신중산계급의 출현에 대해서는 대표적으로 기술발생론적 견해와 정통적인 마르크스주의적 견해가 있다.

　기술발생론적 견해는 산업화과정에서 기술의 변동과 함께 경영, 전문직이 확대되는 결과로 신중산계급의 등장을 강조하고 있다. 밀즈(Mills, 1951)는 거대기업의 출현으로 인한 회계 및 마케팅의 확대, 국가관료조직의 성장으로 인한 행정관리층의 증대 등으로 화이트칼라층이 성장했다고 본다. 이러한 기술발생론적 해석은 기술 그 자체를 독립적인 힘으로 봄으로써 기술의 물화(reification)에 빠져있고 기술적 분업 내에서 차지하고 있는 지위로서의 직업과 사회적 분업 내에서 차지하고 있는 지위로서의 계급을 혼동하고 있다는 비판을 받는다. 베리스(Burris, 1980)는 이러한 비판적 견지에서 신중산계급의 출현을 자본축적과정 속에서 조망한다. 첫째, 이윤확장을 위해 생산과정에서의 기술혁신이 요구되고 이에 따라 과학기술자집단이 점차 확산된다. 둘째, 자본가와 노동자 간의 적대적 모순이 증대함에 따라 노동자들을 효율적으로 관리하기 위한 다양한 통제가 필요하다. 이러한 통제기능을 담당하는 관리부서가 확대되면서 종사자들이 늘어나게 된다. 셋째, 대량생산 사회에서는 상품이 모두 팔려야 되는 가치실현의 문제를 안고 있다. 이를 해소하기 위해서는 광고 및 시장조사 등의 기능과 금융부분을 확장시켜야 한다. 넷째, 독점자본주의에서 국가의 역할이 증대함에 따라 재정, 행정 등의 국가기구가 팽창하고 이 부분의 종사자들이 증가하게 된다. 다섯째, 자본주의가 발달하면서 생산영역의 외부영역, 즉 생활영역에서의 다양한 모순과 갈등을 조절하는 기능들이 확장되었다. 이는 문화, 이데올로기의 재생산 기능을 수행하는 언론이나 교육부문의 확대와 종사자들이 증대됨을 의미한다. 이러한 축적과정의 변화들이 신중산계급이 등장하게 되는 배경이 된다는 것이다.

중산계급의 계급적 위치나 성격을 둘러싸고도 많은 견해들이 교차된다. 1970년대 이후 신마르크스주의자들은 마르크스의 계급론의 틀을 유지하면서 중산계급의 성격을 보다 명확하게 하려는 시도를 하였다. 이들은 자본가와 노동자를 계급의 두 축으로 설정하면서도 입장은 다양한 형태로 나타났다. 즉 육체노동자만을 노동자계급으로 간주해야 한다거나(Poulantzas, 1975), 노동자계급에는 하위의 화이트칼라도 포함해야 한다거나(Szymanski, 1979), 모든 임금노동자는 노동자계급으로 간주해야 한다는 등 다양한 입장을 보였다(Freedman, 1975). 이러한 입장은 크게 중산계급의 실제적 혹은 잠재적 프롤레타리아화를 주장하는 입장과 비프롤레타리아화를 주장하는 입장으로 나눌 수 있다. 먼저 중산계급의 프롤레타리아화를 주장하는 입장으로서 카르체디(Carchedi)의 견해가 대표적이다. 카르체디에 따르면 중산계급의 프롤레타리아화 과정의 핵심은 다음과 같다. 숙련노동이 평균적 노동으로 노동력의 저평가가 이뤄지며 노동력의 저평가는 임금요소로 환원되어 중산계급의 소득의 저하가 일어난다. 이에 따라 노동력의 가치가 축소되고 잉여노동을 제공하는 시간이 증가된다. 즉 프롤레타리아화란 특정 계급의 객관적 조건이 프롤레타리아가 되는 것이며 이 계급이 당면한 정치적, 이데올로기적 조건이 실질적으로 프롤레타리아의 일부가 되는 것을 말한다(Carchedi, 1996).

비프롤레타리아화의 관점에서 중산계급을 파악한 연구로는 풀란차스(Poulantzas, 1975)의 논의를 꼽을 수 있다. 풀란차스는 새롭게 출현한 봉급 받는 피고용자들을 '신쁘띠부르주아지'라고 지칭하였다. 신쁘띠부르주아지는 계급이 경제적 수준에서 뿐만 아니라 정치적, 이데올로기적 수준에서 중층적으로 결정된다는 구조주의적 관점에서 구성된 개념으로서 노동자계급과는 별도의 독립된 계급을 이룬다. 우선 경제적 수준에서 신쁘띠부르주아지가 독자적인 계급이 될 수 있는 것은 '생산적 / 비생산적 노동'이라는 기준에 의거한 것이다. 여기서 생산적 노동이란 마르크스가 말한 잉여가치를 생산하는 노동이며 그 밖의 노동은 비생산적 노동이다. 노동자계급은 생산적 노동에 종사하는 노동자만을 지칭한다. 그러나 봉급 받는 피고용자들은 생산수단을 소유하고 있지 않다는 점에서 자본가계급에 속하지 않지만 이들의 대다수는 비생산적 노동자라는 점에서 노동자계급에도 속하지 않기 때문에 신쁘띠부르주아지라는 별도의 계급을 구성한다는 것이다(Poulantzas, 1975). 정치적 수준에서 계급관계의 구조적 결정요인은 생산적 노동의 실질적인 수행과정을 조직화하는 일, 즉 자본주의적 기업 내의 생산과정에서 노동자와 감독 및 관리노동의 수행자 간에 이뤄지는 관계와 연관된다. 풀란차스는 노동과정에서 노동자들로부터 조직적으로 잉여노동을 추출해 내기 위해 통제권으로서의 감독 및 관리업무를 수행하는 감독자들과 관리자들은 노동자계급과 그 계급적 위상이 다른, 그리고 물론 자본가들과도 구별되는 독자적 계급을 구성한다고 주장한다. 이데올로기적 수준에서도 신쁘띠부르주아지는 다른 계급들과 구별되는데 여기서 계급 구분의 기준은 "정신노동과 육체노동 간의 분할"이다. 풀란차스는 과학적 발견을 물질적 생산과정에서 기술적으로 응용하는 기술자들을 정신노동자의 대표적인 실례로 간주한다. 이들은 생산과정에서 지식을 독점하고 그러한 지식의 비밀주의를 정당화함으로써 노동자계급에 대한 특권과 지배의 이데올로기적 관계를 재생산해 내기 때문이다. 그는 신쁘띠부르주아지의 이데올로기적 특성으로 첫째, 프롤레타리아화에 대한 영속적인 두려움, 둘째, 그로 인한 강력한 개혁주의적 환상과 참여를 통해 의사결정권을 강화하고 자신들이 수행하는 정신노동의 가치를 고양시키고자 하는 성향, 셋째, 교육을 매개로 개인적 상승이동을 도모하는 열망, 국가의 정치권력을 계급들 간의 이해관계를 중재하는 중립적인 힘으로 보려는 성향 등을 꼽았다.

라이트(Wright)는 풀란차스의 주장에는 심각한 문제점들이 내포되어 있다고 주장한다. 이를테면 잉여가치가 물질적 상품의 생산과정에서만 산출된다고 보고 그와 직접 관련된 노동만을 생산적 노동이라고 보는 것은 자의적인 가정일 뿐이라는 것이다. 또 생산적, 비생산적 노동 간에 상이한 계급이익이 있다는 의미를 함축하고 있지만 사회주의와 관련해서 떠올려 보더라도 생산적 노동자와 비생산적 노동자의 계급이익이 근본적으로 다르다고 보기는 어렵다는 것이다(Wright, 1979). 라이트가 볼 때 풀란차스의 계급이론의 문제점은 계급분류를 함에 있어 사회적 분업에 따른 모순적 계급위치들의 발생 가능성을 인정하지 않은 데서 비롯된 것이었다. 따라서 라이트는 계급 경계설정을 위한 자신의 대안적 이론을 구축하기 위한 출발점으로 "계급관계 내에서의 모순적 지위들"에 주목하였다. 그의 주장에 따르면 사회적 분업 내의 모든 지위들이 확고하게 어느 하나의 계급으로 분류되기보다는 오히려 어떤 지위들은 여러 계급에 동시에 소속될 수 있는 것으로 간주할 수도 있다.

라이트는 마르크스주의 계급개념은 착취로 인하여 형성되는 적대적 관계를 나타내려는 의도로 구성되었다고 하면서 착취를 야기할 수 있는 재화의 종류로 생산수단, 조직 및 기술 세 가지에 입각하여 자본주의 사회의 복합적인 계급지위들에 관한 유형론을 제시하였다 (Wright, 1985). 그의 유형론은 크게 두 부문으로 나뉘는데 하나는 생산수단의 소유와 비소유에 따른 분류이고 다른 하나는 생산수단의 비소유자인 임금노동자 범주 안에서 조직자산과 기술/자격자산의 유무에 따른 분류이다. 임금노동자 집단은 직장 내 조직자산 또는 권위가 얼마나 있는가에 따라 경영자, 감독자, 비경영자로 나뉘고 기술/자격자산을 어느 정도 갖고 있는가에 따라 전문가, 숙련자, 비숙련자로 나뉜다. 다시 말해 라이트는 생산수단뿐 아니라 조직과 기술을 착취의 발생 근거로 추가함으로써 다차원적인 착취 형태에 입각하여 계급의 재개념화를 시도하고 있는 것이다. 이 중 중산계급은 생산수단을 소유하지 못한다는 점에서 피고용자의 범주에 속하지만 생산과정에서의 권위와 전문기술 차원에서의 관계에 따라 다시 범주화된다. 라이트는 중산계급의 모순적 지위에 대해 생산수단의 소유로부터 배제된다는 점에서 노동자와 동일한 계급이익을 갖는 셈이지만 조직자산이나 기술자산에 대한 통제력을 갖는다는 점에서는 노동자와 대립된 계급이익을 갖는다는 점을 강조한다. 다시 말해 이들은 생산수단이 결여되어 있다는 점에서는 착취를 당하는 입장이지만 조직자산이나 기술자산과의 관계에서는 노동자를 착취하는 위치에 서게 된다는 것이다.

베버 역시 화이트칼라의 등장을 예고하고 있었다. 그는 자격이나 학력을 바탕으로 생활기회의 요소를 공유하는 중산계급이 증대하고 특히 대기업이나 국가관료제의 확장으로 이러한 집단이 증가할 것으로 보았다. 또한 이들의 의식은 기본적으로 무산자(無産者)임에도 불구하고 육체노동자와 달리 지위의 차원에서 그들과 자신을 별개의 집단으로 구분한다(Weber, 1946).

　밀즈(Mills, 1951)는 그의 저서 "화이트칼라 : 미국의 중산계급"에서 20세기 초반 미국사회의 계급구조를 고찰하면서 주목할 만한 커다란 변화가 일어났다고 하였다. 공업화와 자본주의 기업의 성장과 관료화로 인해 전통적인 농민과 소상공인계층이 양적인 면에서나 정치적인 면에서 쇠퇴의 길을 걸어온 반면 경제활동인구의 대다수가 자본가의 휘하에 들어가 임금예속적으로 생활하게 되었다는 것이다. 밀즈는 이 새로 증가하는 임금예속자들이 전통적인 임금노동자들처럼 무소유계급이라는 점에서는 같지만 위신, 권력 등 면에서 이들과 구별되는 집단으로서 자본가와 임금노동자 사이의 중간에 위치해 있는 집단이라고 보았으며 작업복이 화이트칼라로 상징되는 이 집단을 "새로운 중산계급"이라 하였다. 그러나 이들은 직업, 신분, 권력 등 여러 기준을 복합적으로 적용하여 중간적인 위치로 구별되는 집단이기 때문에 계급적 경계가 뚜렷하지 않은 집단이면서 그만큼 내적 차이와 다양한 서열을 포괄하고 있는 집단이다. 밀즈는 이 집단에 포함되는 주요한 하위그룹으로 관리직, 전문직, 판매영업직, 사무직 종사자를 꼽았다. 한편 이 화이트칼라층은 양적 성장에도 불구하고 그 사회적 위상이나 정치적 위상은 별로 높거나 중요하지 않다. 이 새로운 중산계급에 대해서는 평가가 크게 네 가지로 갈라졌다. 첫째는 새로운 지배계급으로 부상하고 있다는 평가이며, 둘째는 사회의 중추세력으로서 자본－임금노동 간의 대립을 완화하고 사회통합과 안정을 도모하는 지렛대 역할을 한다는 평가이고 셋째는 자본지배의 체제를 공고히 해 주는 보수엘리트 역할을 한다는 평가이며 넷째는 이들이 양극화되어 대부분 임금노동자로 전락하게 됨으로써 노동자계급과 정치적으로도 동질화된다고 하는 마르크스주의 진영의 평가이다. 밀즈는 이 네 가지 견해들을 다 반박한다. 그의 반박은 베버의 논법에 의존하고 있는데 두 가지를 주된 이유로 들고 있다. 하나는 결정론적 사고에 대한 비판으로서 양적인 성장과 비중의 증대, 경제적 상황의 공통성 등이 자동적으로 그들의 의식과 정치적 역할을 결정짓는 것이 아니라는 것이고 다른 하나는 신중산계급 내부에는 다양한 하위집단들이 포함되어있기 때문에 어느 한 집단의 경향만으로 일반화할 수 없다는 것이다. 결국 밀즈는 신중산계급이 전반적으로 그 사회적-정치적 위상을 보면 그다지 높지 않으며 따라서 리더나 전위 역할은 하지 못하고 국면에 따라 커다란 흐름과 승자의 뒤만 쫓아가는 "후위부대"라고 결론지었다.

록우드(Lockwood, 1989)는 전형적인 정신노동자인 사무직 노동자의 계급의식에 초점을 맞추고 이들과 육체노동자 간의 차이를 밝히는 데 주력한다. 이러한 그의 작업을 위해 그가 동원하고 있는 기본개념은 시장상황, 작업상황 및 신분상황의 세 가지이다. 여기서 시장상황이란 수입의 원천과 규모, 직무안정성의 정도, 직업상향 이동기회 등으로 구성되는 경제적 처지를 말하고 작업상황은 분업상의 위치로 인한 작업과정에서 수반되는 일련의 사회적 관계를 의미하며 신분상황은 사회적인 위계구조 안에서 차지하는 개인적 위치를 뜻한다. 록우드는 이러한 세 가지 측면에서 사무직 노동자가 갖는 육체노동자와의 차별성을 부각시킨다.

첫째, 수입, 노동시간, 고용기간, 휴가기간, 작업환경, 직무안정성, 경영자로의 승진기회, 연금 문제 등과 같은 시장상황에서 사무직 노동자는 대체로 육체노동자보다 여전히 이점을 향유하고 있다. 물론 여기에는 약간의 단서가 붙는다. 즉 이러한 이점들 중에는 사무직 노동자들이 근래에 와서 거의 누리지 못하게 된 것들도 있고 사무직 내에서도 영역에 따라 유지되고 있는 이점의 내용에는 상당한 편차가 있다는 것이다. 예컨대 수입은 양자 간의 차이가 줄어든 대표적 경우인데 그 까닭은 사무직 노동자가 프롤레타리아화 되었다기보다는 노동자계급의 경제적 여건이 줄곧 향상되었기 때문이라고 록우드는 해석한다.

둘째, 사무직 노동자의 작업은 육체노동자들과는 분리된 작고 집중된 공간에서 소집단별로 경영자와의 개인적이고 밀접한 접촉 아래 이뤄지는데 이러한 차별적 작업상황이 사무직 노동자와 육체노동자 간의 일체감 형성의 장애요인으로 작용한다는 것이다.

셋째, "중산계급의 신분"을 주장해 온 사무직 노동자들의 신분상황은 20세기로 접어들면서 점차 모호해져왔고 사무직 노동자 집단이 처한 이 같은 신분적 모호성이 이들과 육체노동자 간의 상호 동일시를 가로막는 가장 중요한 장애물 중 하나라는 것이다. 즉 20세기로 들어오면서 교육의 확대에 따른 읽고 쓸 수 있는 능력의 보편화, 사무직 노동자의 하류층으로부터의 충원, 주로 "여성 직업"으로의 사무직 노동의 전환 등으로 인해 사무직 노동의 계급적 위세의 근거로 제시되었던 것들에 많은 변화가 생겼고 그런 과정에서 사무직 노동자에 대한 사회적 평가도 점차 하락해 왔다. 그럼에도 불구하고 사무직 노동자는 육체노동자와 구별되는 특성들을 여전히 지니고 있고 이로 인해 이들은 신분적으로 모호한 위치에 처하게 되었다는 것이다.

요컨대 록우드는 계급을 단순하게 생산수단과의 관계에서만 파악하려 할 것이 아니라 시장상황, 작업상황 및 신분상황의 측면에서 종합적으로 규정할 필요가 있고 그런 관점에서 볼 때 사무직 노동자는 육체노동자와 구별되는 계급적 위치와 계급의식을 갖는다는 점을 주장하고 있는 것이다. 그러나 록우드의 분석에 내포되어 있는 결함은 사무직 노동자의 계급적 지위에 대한 명확한 규정을 찾을 수 없다는 점이다. 즉 "엄격하게 말하면 사무직 노동자는 중산계급에도 또 노동자계급에도 속하지 않는다"고 얘기할 뿐 계급구조에서 사무직 노동자가 어떤 위치를 점하는지에 대한 검토가 빠져있다.

앞에서 살펴본 중산계급에 관한 논의에서 핵심적으로 부각되는 쟁점은 자본가계급과 노동자계급으로 양분화된 계급구조에서 중산계급을 새로운 계급집단으로 규정할 수 있느냐이다. 이러한 쟁점에 대한 입장으로 첫째, 중산계급은 생산수단을 소유하지 않고 자신의 노동력을 팔아야 하기 때문에 노동자계급의 일부를 형성한다는 관점이 있고 둘째, 이들이 생산수단을 소유하지는 않았지만 노동자계급과는 구분되는 새로운 계급이라는 관점이 있다. 마르크스주의 이론은 계급을 생산관계 측면에서 이해하면서 자본가계급과 노동자계급 이외에 중산계급이 있음을 부정하지 않는다. 그러나 중산계급은 유동적 계급이기에 자본주의 생산양식이 발달함에 따라 분해되어 대다수는 프롤레타리아화 된다고 주장한다. 이와 반대로 비프롤레타리아화의 입장에서는 새로운 임금취득 집단을 '신쁘띠부르주아지'로 보거나 혹은 계급구조 내의 모호한 위치를 강조하고 있다. 이에 비해 베버주의 이론은 보다 종합적인 관점으로 중산계급을 분석하고 있는데 예컨대 중산계급을 직업, 신분, 권력 등 여러 기준 가운데서 중간적인 위치에 있는 집단으로 규정하거나 시장상황, 작업상황, 신분상황 등 측면에서 중산계급의 하위집단인 사무직 노동자와 육체노동자를 구별하고 있다.

한편, 이와 같은 서구의 경험이 비서구사회, 특히 아시아에서도 비슷한 양상으로 나타나고 있는지 여부에 대해서는 많은 논란이 있었지만 비서구사회를 설명하는 데 있어서도 마르크스주의 및 베버주의적 접근은 그대로 수용되어 왔다. 아시아의 경우 한국에서의 '중간계급' 연구는 비교적 긴 역사를 가지고 있다. 한국에서의 중간계급 논의는 크게 세 가지 흐름으로 전개되어 왔다. 첫째로 사회학계에서 다루어온 중간계급 논의이다. 마르크스주의 계급론에서 출발하여 이에 대한 수정 및 비판 등이 포함된다. 사회학자들은 전통적인 계급분류에서 자본가계급과 노동자계급 사이에 존재하는 집단을 "중간계급" 또는 "중산계급"으로 지칭해왔다(홍두승, 2005). 둘째로 정책당국과 경제관련 연구소에서 다루어온 중간계급에 대한 논의이다. 이들은 소득계층을 중심으로 중간계급의 범위를 설정하고 이를 바탕으로 중간계급 확대와 육성대책에 관심을 기울여왔다. 셋째로 정치학계에서의 중간계급 논의이다. 그들은 중간계급을 다양한 이해관계를 조정하고 갈등을 완충시키는 역할을 수행하는 집단으로 보고 그 의미를 부각시켜왔다.

한국에서 중간계급에 대한 관심은 1966년 초 대통령연두교서에서 비롯된다(홍두승, 2005). 당시 야당인 민중당은 정책기조 연설을 통해 중간계급에 대한 관심을 표명하였다. 민중당은 "(…전략…) 우리 민중당은 (…중략…) 중산층의 안정과 이익증진 없이는 민주주의는 영원히 토착될 수 없으며 사회의 안정은 결단코 바랄 수 없고 조국의 민주통일도 기대할 수 없다는 점을 신앙하는 정당입니다."라고 "중산층"정당임을 내세우면서 중소기업 우선 육성 등을 구체적인 정책대안으로 내세웠다. 1966년 신용하는 "중산층"을 자기자본을 가지고 독립경영을 하는 자영업자와 임금노동자를 고용하더라도 소수만을 고용하는 자영업자들로 지칭하면서 구체적으로 수공업자, 중소상인, 중소기업가가 여기에 해당된다고 보았다. 나아가 한국의 중산층 문제는 바로 이들의 문제로 귀결된다고 주장하였다. 임종철(1966)도 중산층의 문제를 중소기업의 문제로 이해하였다. 즉 이들은 중간계급을 구중간계급으로 범위를 한정하였다. 이 시기의 경제정책은 대기업에 대한 집중적인 지원을 기초로 이루어지고 있었으며 이와 같은 상황에서 열악한 환경에 처해 있던 중소기업의 육성문제가 당면한 과제로 떠올랐다. 또한 일부 학자들은 중간계급을 계급적 접근이 아니라 계층적 접근으로 파악해야 한다고 강조하였다. 배성동(1966)은 중산층의 기준으로 중간정도의 재산을 소유한 층, 중간정도의 수입을 얻은 층, 자립성을 가진 직업에 종사하는 층, 중간정도의 생활수준(시민적 생활양식과 교양 및 소비성향)을 갖춘 층, 중간층적인 기질(경제사회적 안전의 추구, 저축의욕, 자기책임, 상승 노력 등)을 가진 층으로 규정하였다. 비슷한 맥락에서 고영복(1966)도 "중간층"을 "중간자로서의 태도와 의식"을 지니고 있는 층으로 이해하는 것이 사회학적으로 더 큰 의미를 가질 수 있다고 강조하였다. 상술했듯이 1960년대 한국의 중간계급 논의는 중소기업 육성과 관련된 주제를 다루거나 중간계급의 경제적 상황과 관련된 내용에 초점을 맞추었으며 중간계급의 의식이나 정치적 역할 등의 내용은 별로 다루지 않았다.

1970~1980년대에는 1960년대에 비해 한 단계 진전된 논의들이 전개되었다. 사회학자들은 중간계급의 범위를 확대시켜 신중간계급도 포함시켰다. 한편 1980년대 중반에 들어서면서 집권세력은 비민주적이고 폐쇄적이었으며 이에 국민들의 불신과 불만이 깊어갔다. 이러한 흐름 속에서 학생운동권을 포함한 재야세력들은 결집되어 하나의 정

치세력으로 등장하기에 이르렀으며 이와 함께 중간계급에 대한 관심도 높아졌다. 일련의 시위과정에서 화이트칼라 노동자들의 참여가 빈번히 목격되었고 그들의 계급적 성격을 조망한 연구들이 다수 발표되었다(홍두승, 2005). 대표적으로 한상진(1988)은 "중민"이라는 단어를 사용하여 이들의 존재를 규명하려 하였다. "중민"이란 "중산층이자 민중"이며 이들은 민중의 중심으로서 사회변혁을 위해 중요한 역할을 수행하는 층이라는 것이다. 이때의 논의들은 시대적 상황을 잘 반영한 것이라고 할 수 있는데 사회변혁의 중심세력으로서의 "민중"의 역할을 강조하는 진보세력들의 주장에 맞서 민중과 제휴하되 주도적 역할을 상실하지 않는 "중산층"의 위상을 강조하였다. 그 후 1980년대 말에서 1990년대 초에 걸쳐 중간계급에 관한 경험적 연구가 활발하게 이루어졌다. 최태룡(1991)은 "구중간층"의 생성과정, 존재양태 및 의식을 탐색하면서 구중간층의 계급적 정체성이 미약함에 주목하였다. 또한 김병조(1993)는 일반직 공무원을 대상으로 이들의 계급적 상황과 의식을 설명하고자 하였다. 이들의 연구는 분석의 대상은 달리하였지만 모두 실증적 자료를 활용하여 중간계급의 존재양상을 분석하였다는 점에서 중요한 의미를 가지고 있다.

1990년대 후반에 이르러서 한국사회에서 가장 큰 쟁점으로 등장한 것은 경제위기와 그에 따른 국민생활의 변화였다. 1997년 금융위기로 인해 한국은 기업의 도산과 대규모 실업 등 많은 문제에 직면하게 되었다. 이러한 충격은 특히 중간계급의 삶의 기반을 크게 흔들어 놓았다. 물론 경제적 위기가 모든 계층에 해당된 것이었지만 소득의 안정성이 보장되었던 중간계급에게는 충격이 더 컸다고 볼 수 있다. 이와 같은 상황에서 "중산층 위기"는 언론 및 학계에서 광범위하게 다루어졌다. 류상영·강석훈(1999)은 중산층이 1997년을 고비로 급감하였다고 지적하면서 중산층은 상류층이나 하류층에 비해 가구소득에서 차지하는 근로소득의 비중이 높고 가구주 소득에 대한 의존도 역시 높아 가구주의 실직에 따른 충격이 가장 큰 계층이라고 특징지었다. 이들은 중산층 정책의 축으로 조세환경 개선, 일자리 창출 및 사회안전망 구축 등을 강조하였다. 특히 사회안전망 보강을 통하여 빈곤층으로 전락한 중산층에게 재상승의 기회를 제공함으로써 사회통합에 기여할 수 있도록 하자는 것을 강조하였다. 홍성민·민주홍(1999)은 중산층은 소비의 주 계층이며 이들이 적절한 비중을 점하고 안정성을 유지하는 것은 전체 사회 안정에 필수적인 조건이라고 전제하였다. 그러나 경제위기 이후 중산층의 소득 및 가구비중이 감소하는 등 이들의 입지는 전반적으로 약화되었는데 이는 대량 실업사태가 발생하고 고용불안감이 심화되었으며 임금이 하락하는 등 중산층의 경쟁력이 취약하게 되었기 때문이라고 지적하였다.

또한 이 시기 중간계급의 실체를 생활 및 소비문화의 측면에서 파악하고자 한 연구가 주목된다. 문옥표 외(1992)는 서울의 전형적인 중산층 거주지역인 강남을 대상으로 이들의 가족생활, 정치의식, 종교생활 등을 서술하였다. 이 연구에서는 중산층을 "안정된 경제 여건, 사회에서 선망되는 직업을 향유하며 그를 기반으로 최소한 자신들의 존재양식을 스스로 결정할 수 있는 상대적 자율성을 지닌 계층"으로 규정하였다. 함인희 외(2001)는 계층 간 소비취향의 차이를 설명하고 소비영역에서 중산층의 정체성과 차별성을 분석하였다. 이 연구에서 중산층은 "스스로 중산층이라고 생각하는 사람들"로 규정되었다. 즉 중산층을 객관적 기준에 따라 구분한 것이 아니라 주관적 계층으로 식별한 것이다. 이와 같이 한국에서 중간계급은 여러 학문분야에 걸쳐 심도 있게 다루어졌다. 그러나 현재까지도 중간계급이라는 용어에 대해서 논란이 많고 그 범위확정방법도 다양하다. 따라서 중간계급을 개념적으로 정리하고 그 실체를 규명하는 작업은 계층연구에서 폭넓게 요구되고 있다.

3. 생활양식의 계급별 차이

고전적 정의에 따르면 계급은 일차적으로 생산관계 속에서 규정된다. 그러나 계급형성이 여기에서 멈추는 것이 아니라 재생산영역, 즉 일상생활세계의 소비, 여가, 교육 등 다양한 실천을 통해 형성된다. 계급 역시 그 구성원들이 일상생활에서 다양하게 전개하는 사회적 실천의 산물이며 반복적이고 일상적 행위로 구성된 생활세계는 바로 계급형성과 재생산의 모태가 되는 공간이다(김왕배, 2001). 그렇기 때문에 계급연구는 생산영역으로부터 사회영역으로 초점을 확장시킬 필요가 있다.

일상생활세계에서 소비행위는 계급형성과 재생산에 가장 중요한 실천 중의 하나이다. 일부 학자들은 이미 계급을 생산영역에서만 논하던 입장을 벗어나 소비영역에서의 계급형성에 주목하기 시작했다. 이는 단지 소비가 생산의 부차적 현상이 아니라 적극적으로 계급을 구성하는 사회과정이란 것을 의미한다. 소비의 기본적인 기능은 노동력의 재생산, 즉 삶의 재생산이며 자본주의 생활세계에서 가장 핵심적인 재생산수단은 상품이다. 상품의 소비는 단순히 물질적 필요뿐 아니라 정신적 욕망을 충족시키는 행위로서 상품 속에 내포되어 있는 사회적 의미 즉 상징을 획득하는 과정이기도 하다. 예를 들면 고급승용차, 고가의 외국브랜드, 유명화가의 작품 등은 위세와 부, 품격을 대변하는 상류계급의 상징물이다. 더구나 후기산업사회는 소비의 시대로 불려지고 있는 만큼 계급성원들의 정체성이나 행위양식을 설명하기 위해서는 생산이 아닌 소비과정에 초점을 두어야 한다는 주장이 강력히 대두되고 있다(Crompton, 1996).

보드리야르(Baudrillard)는 모든 소비가 상징적 기호의 소비라고 말한다. 이 기호(sign)는 이미 계급이나 개인들에게 주어진 것이 아니라 소비자에 의해, 그의 말에 따르면 "소비자의 시선 속에서" 발생하는 것이다. 보드리야르는 미디어에 의해 창출된 욕구든, 생리학적으로 존재하는 욕구든 인간의 욕구를 해소하기 위해 소비가 이루어지는 것이 아니라 능동적 소비를 통해 정체성의 창출을 시도하려는 의도 때문에 소비가 발생한다고 본다. 즉 소비는 정체성을 형성하는 과정인 것이다. 보드리야르에 의하면 상품은 사용가치와 교환가치뿐만 아니라 기호가치를 지니며 상품의 소비는 기호가치로 규정된다. 기호로서 사물은 사회적 서열에서 차이(difference)가치를 갖기 때문에 기호의 소비는 타인과 구별 짓는 행위가 된다. 예를 들어 사람들은 특정한 옷을 입음으로써 다른 사람들과 차이를 원한다.

계급의 소비행태에 관한 기존의 연구들은 계급 간 차별성이 소비를 통해 어떻게 나타나고 또 재생산되고 있는가를 보여주고 있다. 베블렌(Veblen, 1953)이 묘사한대로 상류계급은 "과시소비(conspicuous consumption)"의 행태를 보이는 반면 중산계급은 상류계급으로 상승하고자 하는 "모방소비"의 행태를 보인다. 베블렌은 "유한계급론"에서 "한 개인의 명성을 떨치는 데 공헌하기 위해서는 일반적으로 쓸데없는 물건에 쓰

여겨야 하며 바로 쓸데없는 데 돈을 쓴다는 사실이 명성의 원인이 된다"고 지적한다. 비싸고 호화로운 옷, 장식물, 가구 등은 그 목적에 봉사할 수 있는 좋은 대상이다. 불필요한 지출은 낭비지만 그 낭비야말로 상류계급임을 나타내는 상징이다. 상류계급의 소비는 생존의 목적을 넘어서 그들의 신분을 과시하기 위한 것이다. 베블렌은 유한(有閑)이라는 말은 나태나 무위를 의미하는 것이 아니라 시간의 비생산적 소비를 의미한다고 말한다. 노동을 통해 생계를 유지해야 하는 하층계급과는 달리 상류계급에게 노동은 열등의 표시이며 회피의 대상이다. 유한을 증명하기 위해 생산적 노동은 무가치하며 비생산적 시간에 유한계급들은 일상생활에 직접적으로 공헌하지 않는 다양한 지식을 만들어내기도 한다. 예를 들어 수사법, 신비학, 유희, 스포츠, 애완동물에 관한 지식 등이다. 이밖에도 그들은 품위 있는 어법, 행실 및 형식적이고 의례적인 관례 등을 발달시키며 예절과 교양을 쌓기 위해 많은 시간과 훈련을 소비한다. 베블렌의 작업은 생산관계에 치중하고 있는 계급분석을 생활세계의 장으로 확산시킬 수 있는 가능성을 열어놓았다.

부르디외(Bourdieu, 1984)는 계급을 경제적 자본으로 환원하는 기존의 마르크스주의를 극복하고 생활양식의 접근을 통해 계급이론을 확장시키고 있다. 그는 우선 객관적 구조와 주관적 실천을 매개하는 요소로서 오랜 기간을 거쳐 형성된 일정한 성향을 의미하는 아비투스(habitus)와 사회를 구성하는 다양하면서도 각각 특유한 조직원리를 지니고 있는 장(場)의 개념을 바탕으로 계급문제를 접근하고 있다. 장은 구조화된 사회공간으로서 특유의 이해관계를 가지는 일정한 원칙들과 위계질서가 존재한다. 예를 들어 경제의 장, 정치의 장, 교육의 장 등은 서로 상이한 논리구조를 갖고 있으며 상대적인 자율성을 지니고 있다. 지위는 장 안에 위치한 행위자들에게 특별한 자본의 할당에 의해 결정되는 것이다.
장에서는 계급 간 차별로 인해 갈등이 발생하게 되고 이러한 갈등은 물
질적인 것뿐만 아니라 상징적인 것들의 가치를 둘러싸고 발생한다. 그리
고 모든 장은 지배관계에 의한 위계질서에 기초하고 있다. 이 지배관계
는 "상징적 폭력"에 의하여 유지, 재생산된다. 상징적 폭력이란 강제적
인 것이 아니라 지배자와 피지배자 모두가 받아들여 지배관계의 억압적
성격이 은폐된 "온화하면서 보이지 않는 형태의 폭력이다."

　부르디외는 경제적 자본 외에 문화자본과 사회자본의 개념을 끌어
들인다. 계급은 경제적 자본, 문화적 자본, 사회적 자본의 분배체계들
이 교차적으로 관계하면서 위계화된 것이며 그 안에서 다양한 갈등이
발생하는 것이다. 계급 간 재생산과 구별 짓기는 경제적 자본뿐만 아
니라 문화자본, 사회자본 등의 차별에 의해 발생한다. 문화자본은 특
정한 문화적 양식을 감상할 수 있는 지식이나 교양 등 내면화된 취향
을 포함하는데 이를 획득하기 위해서는 일정한 시간과 투자가 요구된
다. 문화자본은 또한 학교졸업장과 같은 학력자본의 형태를 띤다. 학
력자본은 "학교제도에 의해 주어지는 학력 및 그것에 부수되는 다양
한 개인적 능력이나 사회적 가치의 총체"로서 계급구성에 막대한 영
향을 미치는 요소이다. 사회자본은 "상호인식과 상호인정으로부터 제
도화된 지속적 관계망의 소유와 관련된 자본이다. 공통적 속성을 가
진 비교적 지속적이고 유용한 관계로 뭉쳐진 사람들의 관계망 혹은
집단에 소속함으로 얻게 되는 자원으로서" 인맥이나 연줄망 등을 말
한다. 부르디외는 이러한 자본들이 교차되면서 구별 짓기가 시행되고
계급의 특정한 문화적 성향이 일어난다고 보고 있다. 예를 들어 상류
계급은 다양한 문화적 체험을 통해 정체성을 획득하며 그들만의 독특

한 세계관과 생활양식을 재생산해간다. 상류계급의 소비생활 중 두드러진 것 중 하나는 '엄청난 고가의 상품을 소비'하는 것이다. 이는 시장에서 배타적인 소비기회의 차이를 명확하게 증명하는 것이다. 또한 고가의 회화, 도자기 등의 소유는 오랜 훈련과 교육을 통해 숙달되는 감상법을 소유하고 있음을 알리는 것이다. 즉 상류계급이라면 이러한 문화자본의 소비를 위한 자질을 갖추어야 하고 그러기 위해서는 많은 시간과 돈의 투자가 요구된다는 것이다.

부르디외의 계급연구는 생산수단의 소유여부에 의해 규정되는 "경제적 계급"으로부터 생활세계로 확장된 포괄적 의미의 계급으로 개념 짓고자 하는 입장에 매우 유용한 이론적 배경을 제공한다. 물론 생산관계를 연구의 출발점으로 삼을 것을 주장하는 계급연구가들은 소비영역에서의 계급연구가 사실상 지위연구라고 비판할지 모른다. 그러나 소비를 연구한다고 해서 생산을 간과한다고 볼 수 없으며 오히려 소비는 계급구분을 확연히 하고 재생산을 규정하는 요소로 작용한다(김왕배, 2001). 대중소비사회에서 소비는 계급 간 경계를 모호하게 만드는 경향이 있다. 그러나 이와 동시에 소비에 의한 구별 짓기가 보다 더 심도 있게 진행된다. 따라서 소비이론은 중국사회의 변동과 함께 나타나는 불평등구조의 한 면을 추려내는 접근으로서 매우 큰 의의를 갖는다.

여가의 소비는 현대사회에 등장한 새로운 기호의 체계라 할 수 있다. 여가는 개인이 가정, 노동 및 기타 사회적인 의무로부터 자유로워진 상태에서 휴식, 기분전환, 자기개발 및 사회적 성취를 이루기 위하여 활동하게 되는 시간(한국여가문화연구회, 1997)을 말한다. 과거와 달리 소비사회의 확장은 여가의 중요성과 일상생활에서 여가가 차지하는 비중을 높여왔고 이는 자연스럽게 여가의 소비가 새로운 정체성 판단의 근거로 작용하는 기제가 되었음을 의미한다. 실제로 베블렌(Veblen, 1953)은 여가를 가지느냐 못 가지느냐에 따라 개인의 정체성이 결정된다고 주장하였으며 부르디외(Bourdieu, 1984)는 한걸음 더 나아가 어떠한 여가를 향유하느냐가 정체성을 결정한다고 보았다.

부르디외는 개인의 취향이 실은 계급의 산물임을 보여주었다. 예컨대, 미술관에 가는 것, 골프를 치는 것과 같은 여가활동에 있어서의 차이는 지극히 개인적이라고 생각하기 쉽지만, 개인적인 것이 아니라 사회구조적인 것이다. 그것은 예술이나 문화에 대한 해석 가능성은 계급적 위치에 따라 길들여진 것이기 때문이다. 나아가 부르디외는 사람들의 일상적이고 개인적인 선호로 생각되는 문화활동, 여가활동, 소비활동에서의 일정한 취향이 계급을 유지시키고 사람들로 하여금 자신의 계급적 정체성을 인정하게 만드는 사회적 기제가 된다고 생각하였다. 그는 문화취향의 형성 및 계급의 사회적 재생산에 있어 경제자본 이외에도 문화자본의 중요성을 강조함으로써 문화의 의미를 새롭게 하였다.

한편, 소비행위의 결과에는 기호의 논리가 적용된다. 즉 소비는 구매자의 신분을 드러내고 타자와의 차이를 드러내는 초경제적 행위이자 문화적 행위로 이해되는 것이다(조광익, 2010). 이는 사물이 그 자체로 가치를 지니는 것이 아니고 인간과의 관계 속에서만 의미를 갖게 됨을 보여준다. 개인은 재화를 욕망하는 것이 아니라 소비하는 행위를 바라보는 타인의 부러운 시선과 질투를 욕망한다(원용찬, 2007). 이러한 관점에서 여가소비는 기호가치의 생산을 의미한다. 불평등한 노동시간의 분배는 여가의 질과 내용의 불균등을 가져오고 이러한 차이가 여가가 하나의 기호로서, 다른 사람 혹은 집단과의 차이를 나타낼 수 있는 기호로서 작용할 수 있는 토대가 된다.

여가활동의 참여는 경제적인 능력에 좌우될 뿐 아니라 문화적인 요인에 영향을 받는다. 이는 문화를 향유하기 위해서는 문화를 해독할 수 있는 능력이 요구되기 때문이다. 이때 고급예술을 수용할 수 있는 것은 일종의 훈련받은 능력이라고 할 수 있으며 이러한 훈련을 받은 사람들만이 예술작품의 의미를 이해하고 관심을 가질 수 있는 것이다. 이러한 능력이 '문화'와 '교양'이라는 이름으로 개인에게 체화되어 있는 문화자본이며 문화자본은 사회계층들 간에 불균등하게 배분된다. 때문에 박물관 관람, 음악회 참석 등의 여가활동은 단순한 오락행위가 아니라 문화적 실천이며 이러한 문화적 욕구나 취향은 양육과 교육의 산물이다. 즉 여가소비는 출신계급과 교육수준과 밀접하게 관련되어 있다.

여가활동은 모두 동일한 의미를 갖는 것이 아니라 상층이 즐기는 '고급여가'와 하층이 즐기는 '대중여가'로 위계적으로 구분되어 있다. 예를 들면 고전음악이나 미술 등 고급예술에 대한 관심은 계급에 따라 달라지는데 상층일수록 고급예술에 관심이 많고 하층은 관심이 낮은 것으로 나타나고 있다(양종희, 2005). 또한 상층은 골프, 승마, 스키 등과 같은 고급 스포츠 활동을 즐기는데 이는 이들 스포츠 활동이 어릴 때부터 훈련을 받거나 특수한 복장이나 장비가 필요해서 비용이 많이 드는 스포츠이며 많은 시간과 돈을 투자해야만 하는 활동이라는 점 때문이다(장미혜, 2001). 이처럼 여가와 문화취향에 있어서 계급 간에는 분명한 차이가 있다. 지배계급이 '구별 짓기'를 한다는 부르디외의 주장을 상기한다면 상층이 골프 등 고급스포츠를 선호하는 것은 자신들의 지위를 다른 사람들과 구별하도록 의식적, 무의식적으로 훈육된 것이라고 할 수 있다. 상층과 달리 신분상승을 희망하는 중산계급의 경우에는 특정집단의 사람들과의 여가활동을 통해서 친분을 쌓음으로서 사회자본을 획득할 수 있다는 점을 중요시한다. 여가에 대한 취향과 소비는 계급구조와 밀접한 관계가 있다. 즉 여가소비는 곧 생활양식으로서 계급별로 독특한 생활양식이 존재할 뿐만 아니라 여가 취향이 위계화·서열화 되어 있음을 알 수 있다.

제3절 연구설계

1. 혼합연구방법(mixed method)

중국사회에서의 복잡 다양한 문화역사적인 현상을 단순한 평면적인 통계분석만으로 이해하기는 무척 어렵다. 또한 중국 관련 사회학적 연구에서 발견되는 특징은 논문에서 사용되는 자료는 거시적인 통계자료나 문헌자료를 주로 사용하지만 글쓰기와 서술은 인과관계와 일반화가 분명치 않은 묘사에 그치는 한계가 있다. 때문에 사회학적인 중국연구는 그 추상성과 자료부족에 대해 비판을 받고 주류사회학의 관점에서 볼 때 개념이 불분명하며 인과관계 추론이 불가능하고 또한 일반화가 어렵다는 단점이 지적된다(원재연, 2005).

특히 이 책의 연구대상인 중산계급의 구성을 보면 다양한 직업과 다양한 학력, 다양한 출신배경을 갖고 있으며 이들은 단지 '경제적 수준의 유사성'과 '삶의 양식의 유사성'을 바탕으로 한 집단에 불과하다. 이러한 이유 때문에 하나의 집단으로 보기 힘든 측면도 존재한다.

이런 특성을 지닌 집단에 대한 조사방법은 질적 방법만으로는 그 실체 파악에 어려운 점이 있을 수 있으며 양적 방법의 도움이 전적으로 필요하게 된다. 이러한 점을 감안하여 이 책에서는 혼합연구방법(mixed methods research)을 활용하여 중산계급의 생활양식에 대해 알아보고자 한다. 혼합연구방법은 철학적 가정과 조사방법을 포함한 연구 설계이다(John W. Creswell & Vickil. Plano Clark, 2007). 방법론(methodology)으로서의 혼합연구방법은 자료 수집 및 분석의 방향을 인도하는 철학적 가정을 갖고 있으며 연구과정의 여러 단계에서 양적 및 질적 방법을 혼합한다. 연구방법(method)으로서의 혼합연구방법은 단일한 연구 내에서의 양적 및 질적 자료의 수집, 분석 그리고 혼합을 중점적으로 다룬다. 여기서 중요한 전제는 양적 및 질적 방법을 결합하여 사용하면 하나의 방법을 단독으로 사용하기보다 연구문제를 더 잘 이해할 수 있다는 것이다.

혼합연구방법을 사용하는 목적은 다음과 같다. 흔히 양적 방법은 추세나 관련성, 관계에 대한 일반적인 그림을 제공해 주지만 사람들이 왜 그들이 하는 방식대로 반응하는지 그리고 그들이 반응하는 맥락과 그들의 반응을 통제하는 더 깊은 생각과 행동에 대해서는 말해주지 않는다. 이와는 대조적으로 질적 방법은 사람들에 대한 심층적이고 집중적인 연구를 통해 인간행동의 맥락성과 복잡성에 대한 이해를 가능하게 한다. 이 책은 중간계층의 생활양식을 넓고 깊게, 즉 종합적으로 이해하는 것을 추구한다. 이는 양적 방법이나 질적 방법 하나만으로 부족하다고 생각한다. 따라서 이 책에서는 양적 방법과 질적 방법 각각의 장점을 상호 보완하는 목적에서 두 방법을 혼합하여 사용하고자 한다.

사회과학연구에서 주로 사용하는 혼합연구방법에는 삼각측정 설계 (the triangulation design), 포섭 설계(the embedded design), 설명 설계(explanatory design), 탐색 설계(the exploratory design) 등 네 가지 유형이 있다. 이 책에서는 설명 설계 방식의 혼합연구방법을 채택하였다<그림 2-3>. 설명 설계는 양적 자료의 수집 및 분석 후에 질적 자료의 수집 및 분석이 이루어지는 특징을 가진다. 우선순위는 보통 양적 자료에 있고 두 가지 연구방법을 연구의 해석 단계에서 통합한다. 이 설계에서 질적 자료는 주로 양적인 연구결과를 설명하고 양적결과로 보여줄 수 없는 부분의 의미들을 추론하는 데 도움을 주는 역할을 한다.

<그림 2-3> 연구방법설계 : 설명 설계(explanatory design)

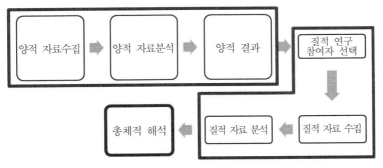

2. 자료 및 분석방법

우선 이 책에서 사용한 양적자료는 중국인민대학 사회학과와 홍콩과학기술대학 사회조사센터가 합작하여 진행한 "중국종합사회조사(Chinese General Social Survey, CGSS)"이다. 이 자료는 전국의 만 18세부터 69세 사이를 모집단으로 하여 지역, 성별, 연령 비례에 따라 다단계 층화표집

방법으로 표본을 선택하고 그 표본을 대상으로 구조화된 질문지를 이용하여 면접을 실시한 것이다. 중국종합사회조사는 2003년에 처음으로 실시되었으며 이 조사는 현재까지 모두 다섯 차례 진행되었다. CGSS의 설문문항은 크게 네 개 부분으로 구성된다. 첫째는 매번 반복적으로 조사하는 내용이고, 둘째는 국제사회조사협조 프로그램(International Social Survey Programme, ISSP)6)에서 공동으로 조사하는 항목이며, 셋째는 동아시아 사회조사 프로그램(East Asian Social Survey, EASS)7)에서 공동으로 조사하는 항목이고, 넷째는 특정한 연구주제를 수행하기 위해 개발된 항목이다. 이 책에서 사용한 2006년, 2008년, 2010년 CGSS의 조사내용을 보면 다음과 같다. 먼저 2006년 CGSS의 조사내용은 근무경력과 근무상황, 기업제도개혁, 가족생활, 사회의식과 태도 등을 포함하고 있다. 다음으로 2008년 CGSS의 조사내용은 교육 및 근무경력, 성격과 태도, 사회교제, 사회 불평등, 세계화 등을 포함하고 있으며 2010년 CGSS의 조사내용은 건강, 생활방식, 환경문제, 종교 등을 포함하고 있다. 이 책의 분석대상이 된 응답자의 주요특성은 <표 2-2>에 제시하였다.

---

6) 중국은 2006년에 ISSP에 가입하였으며 2008년부터 ISSP에서 진행하는 조사에 참여하고 있다.
7) 중국종합사회조사는 일본종합사회조사(JGSS), 한국종합사회조사(KGSS) 및 대만사회변천조사 등과 공동으로 EASS를 조직하였다.

<표 2-2> 중국종합사회조사 2006~2010

		2006	2008	2010
유효표본수 (명)		6,013	6,000	7,222
성별 (%)	남	44.6	48.2	47.5
	여	55.4	51.8	52.5
연령 (%)	60세 이상	13.7	14.9	22.3
	50~59세	18.7	19.2	18.4
	40~49세	22.5	23.1	22.6
	30~39세	22.7	23.7	19.9
	20~29세	19.5	17.0	14.8
	19세 이하	2.9	2.2	1.9

양적자료 중에서 주로 중국 동부지역의[8] 사회·인구학적 자료를 추려 사용하였다(3,691명). 중산계급의 형성은 산업화 및 도시화와 불가분의 관계에 있으며, 일반적으로 대도시를 중심으로 형성되어있다. 중국 동부지역<그림 2-4(p.54)>은 경제가 가장 발달한 지역이며 예비분석 결과 중산계급으로 분류할 수 있는 대상이 다른 지역에 비해 상대적으로 많이 분포되어 있었다. 또한 중국은 지역 간 격차가 크기 때문에 지역별로 분석을 진행하는 것이 적절한 결과를 도출하는 데 유리하다고 판단하였다.

이 책에서 양적자료의 분석은 두 개 단계로 나뉘는데, 첫째 단계는 중산계급을 판별하는 것이고, 둘째 단계는 중산계급의 생활양식상의 특성을 밝히는 것이다. 이 책에서는 양적 방법 중에서 주로 분산분석(ANOVA)을 이용하여 상층과 하층과의 비교 속에서 중산계급의 생활양식상의 특성을 살펴보았다. 계급을 판별하는 데 사용된 변수는 <표 2-3>에 제시하였고 중산계급의 생활양식을 분석하는 데 사용된 변수는 <표 2-4>에 제시하였다.

---

8) 동부지역에는 辽宁, 北京, 天津, 山东, 江苏, 上海, 浙江, 福建, 广东 등 9개 도시가 포함된다.

<그림 2-4> 연구대상지역

  CGSS자료를 사용하여 양적결과를 도출한 후 그 결과들을 바탕으로 다음 단계에서 진행될 질적 연구의 주제를 확정하였다. 질적 연구의 주제는 양적 연구에서 충분히 설명되지 못한 문제들과 양적 연구로는 보여줄 수 없는 문제들을 중심으로 구성하였다. 또한 양적 연구를 통해 중산계급의 범주를 확정하고 그 범주에 속하는 사람들을 유의적으로 선택하여 질적 연구를 진행하였다. 질적 자료는 이메일 설문과 심층면접을 통해 수집하였다. 반구조화 질문지를 사용한 이메일 설문은 40명을 대상으로 2012년 12월에 실시하였으며, 그중 26명과 2013년 2월 1일부터 2월 28일까지, 7월 1일부터 7월 31일까지 두 차례에 걸쳐 심층면접을 진행하였다. 심층면접을 진행한 피면접인의 기본정보는 <표 2-5>와 같다.
  심층면접을 진행하기 전, 필자는 자신의 신분을 밝히고 연구목적에

대해 자세히 설명하였다. 그리고 연구의 정확성을 보장하기 위해 녹음을 하게 될 것이라는 점을 알리고 동의를 얻었다. 녹음된 내용은 문서화되고, 문서화된 기록은 피면접자가 볼 수 있음을 알렸다. 피면접자는 익명으로 처리될 것이고 연구결과를 제시할 때 신분에 관한 정보는 공개되지 않을 것이라는 점도 명백히 하였다. 따라서 이 책에 제시된 내용들은 모두 피면접자들의 동의를 얻은 것이다.

이 책에서는 전통적 기준인 내적 타당도, 외적 타당도, 신뢰도, 객관성과 상응하는 신빙성(credibility), 전사성(transferability), 신뢰성(dependability), 확증성(confirmability)을 기준으로 연구의 엄격성과 확실성을 확보하려 하였다. 먼저 연구의 신빙성을 확보하기 위해 필자는 동료보고를 실시하였다. 동료보고는 연구자의 맹점을 알아내고 또 연구결과를 논의하기 위하여 연구에 참여하지 않는 학문 동료들과의 정기적인 회합을 갖는 것이다(Flick, 2002). 필자는 질적 연구의 경험이 있는 논문 지도교수를 포함한 학문 동료들에게 연구과정을 보고함으로써 정직한 연구과정과 결과를 담보할 수 있었다. 다음으로 연구결과의 전사성9)을 위하여 피면접자들의 재확인을 거쳤다. 재확인은 심층면접의 기록을 피면접자들과 공유하여 그들의 의견을 구하는 것을 통해 이루어졌다. 그리고 필자는 원자료를 남겨 연구의 신뢰성을 확보하고자 하였으며 연구의 확증성을 위해 필자는 사전에 어떤 결과나 시각을 증명하려는 의도가 없이 연구를 시작하였다. 또한 필자는 피면접자의 진술을 왜곡하지 않고 연구의 객관성을 유지하기 위해 노력하였다.

---

9) 전사성(transferability)은 연구결과를 다른 집단, 상황, 환경 등에 대체할 수 있을 것인지 아닌지를 결정할 수 있도록 연구자가 연구의 충분한 서술을 제시할 것을 강조한다(홍현미라 등, 2010).

<표 2-3> 계급판별변수

변수명	변수설명	척도	수정된 척도
종사상 지위	직장에서의 종사상 지위	고용주(1점), 자영업주(2점), 상용근로자(3점), 임시근로자(4점), 일용근로자(5점), 무급가족종사자(6점), 유급가족종사자(7점), 프리랜서(8점)	고용주(1점)/자영업주(2점)/피고용인(3점)
고용인수	고용한 직원의 수	비율척도	10명 이상(1점)/0~9명(2점)
취업상태	취업경력 및 취업상태	현재 비농업에 종사(1점), 현재 농업에 종사하며 비농업에 종사한 적 있다(2점), 현재 농업에 종사하며 비농업에 종사한적 없다(3점), 현재 비취업 상태이며 농업에만 종사한적 있다(4점), 현재 비취업 상태이며 비농업에 종사한적 있다(5점), 취업한적 없다(6점)	취업(1점)/비취업(0점)
기술유무	교육수준	교육을 받은 적 없다(1점), 서당(2점), 초등학교(3점), 중학교(4점), 직업고등학교(5점), 일반 고등학교(6점), 중등 전문학교(7점), 기술학교(8점), 성인전문대학교(9점), 전문대학교(10점), 성인대학교(11점), 일반 대학교(12점), 대학원 이상(13점)	대학교 이하(0점)/대학교 이상(1점)
관리유무	관리업무를 수행하는지 여부	관리한다(1점), 관리하는 동시에 관리를 받는다(2점), 관리를 받는다(3점), 관리를 하지도 않고 받지도 않는다(4점)	관리한다(1점)/관리하지 않는다(0점)
경제유형	직장의 소유제형식	국가소유(1점), 집체소유(2점), 사적소유(3점), 홍콩/마카오/대만투자(4점), 외국투자(5점)	국가소유(1점)/집체소유(2점)/사적소유(3점)/외국투자(4점)
직장유형	직장의 종류	당·정부기관(1점), 기업(2점), 사업기관(3점), 사회단체(4점), 자영업(5점), 군대(6점)	당·정부기관(1점)/기업(2점)

주 : 계급판별에 사용된 문항은 CGSS에서 매번 반복적으로 조사하는 내용이다. 이 책에서는 CGSS의 척도를 수정하여 사용하였다.

<표 2-4> 중산계급 생활양식 관련 변수

자료	변수명	변수설명	척도	수정된 척도
2006, 2008, 2010CGSS	계층 귀속의식	주관적 계층지위	최하1점~ 최상10점	10분위 값을 두 개씩 묶어 상, 중상, 중중, 중하, 하 등 5개 범주로 정리하였다.
2008CGSS	계급 귀속의식	주관적 계급지위	하층계급(1), 노동자계급(2), 중하계급(3), 중산계급(4), 중상계급(5), 상층계급(6)	
2008CGSS	소득분배에 대한 인식	본인이 노력한 만큼 보수를 받고 있는가	5점 척도 (매우 적게 받는다~ 매우 많이 받는다)	
2010CGSS	여가활동 참가상황	독서/문화 활동(음악회, 공연, 전시회 등)/친구모임/스포츠 활동/인터넷서핑 등을 주기적으로 진행하는가	5점 척도 (매일~ 전혀 참가하지 않음)	
2010CGSS	주관적 행복감	본인의 생활이 행복하다고 생각하는가	5점 척도 (매우 그렇지 않다~매우 그렇다)	
2010CGSS	사회갈등 인식	부자와 가난한 자/ 노동자계급과 중산계급/관리자와 노동자/사회의 상층과 하층의 갈등상황이 어떠하다고 생각하는가	5점 척도 (매우 심하다~ 갈등이 존재하지 않는다)	
2008CGSS	부패에 대한 인식	오늘날 성공하려면 부패행위를 해야 한다고 생각하는가	5점 척도 (매우 그렇다~ 매우 그렇지 않다)	

자료	변수명	변수설명	척도	수정된 척도
2008CGSS	권위의식	부하는 상사의 명령에 무조건 복종해야 한다고 생각하는가/만약 상사가 유능하다면 모든 결정은 상사에게 맡겨야 한다고 생각하는가	5점 척도 (매우 그렇다~ 매우 그렇지 않다)	
2010CGSS	권위의식	공공장소에서 정부를 비판하는 행위에 대해 정부는 간섭하지 말아야 한다고 생각하는가	5점 척도 (매우 그렇다~ 매우 그렇지 않다)	
2008CGSS	교육기회에 대한 인식	부자만이 대학교 학비를 부담할 수 있다고 생각하는가	5점 척도 (매우 그렇다~ 매우 그렇지 않다)	
2010CGSS	투표 참여 상황	지난 1년 간 주민위원회선거에서 투표한 적 있는가	있다 / 없다	
2006CGSS	정치 참여의식	기회가 되면 적극적으로 투표에 참가하겠다/정치는 복잡해서 잘 모르겠다/전문가만이 결책과정에서 발언권이 있다 등 주장에 동의하는가	4점 척도 (매우 반대~ 매우 찬성)	
2006CGSS	정치행동에 대한 태도	집회/시위/파업/상방(上訪) 등 정치행동에 동의하는가	4점 척도 (매우 반대~ 매우 찬성)	
2006CGSS	민주의식	국민은 정부에 복종해야 한다 / 경제발전이 보장된다면 민주화개혁을 진행할 필요가 없다 등 주장에 동의하는가	4점 척도 (매우 반대~ 매우 찬성)	

<표 2-5> 피면접인 기본정보

분류	사례번호	성별	나이	직업	교육수준	연소득 (위안)
간부	1	남	34	중급 간부	석사	7만
	2	여	50	고급 간부	석사	10만
	3	여	35	중급 간부	석사	7만
경영인	4	남	48	사영기업 부경리	전문대졸	50만
	5	남	40	사영기업 경리	대졸	60만
	6	남	39	외자기업 차장	대졸	50만
	7	여	59	사영기업 경리	대졸	60만
	8	여	52	사영기업 경리	전문대졸	50만
	9	여	30	외자기업 과장	대졸	20만
전문기술자	10	남	42	의사	박사	12만
	11	남	39	재무관리사	박사	100만
	12	남	36	부교수	박사	10만
	13	남	32	엔지니어	대졸	15만
	14	여	59	교수	박사	15만
	15	여	47	교수	박사	15만
	16	여	45	출판사 편집장	대졸	15만
	17	여	35	방송국 편집장	대졸	30만
	18	여	35	변리사	대졸	20만
	19	여	32	회계사	대졸	30만
	20	여	32	법률상담사	석사	10만
자영업자	21	남	40	음식점 사장	고졸	200만
	22	남	37	음식점 사장	전문대졸	100만
	23	남	32	카페 사장	대졸	100만
	24	여	58	헬스장 사장	전문대졸	60만
	25	여	55	노래방 사장	고졸	60만
	26	여	49	호프집 사장	고졸	60만

<그림 2-5> 중국사회 계급분화의 맥락

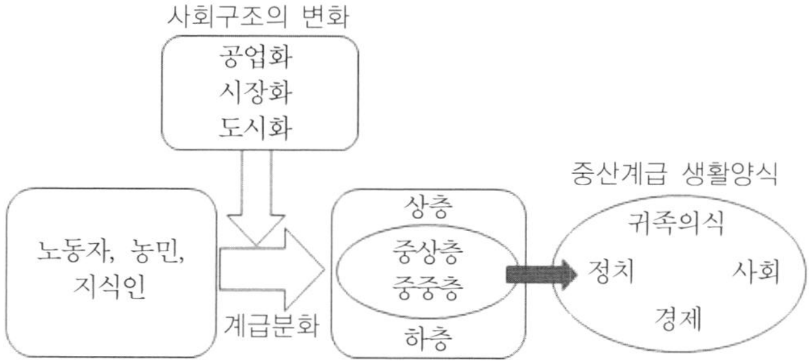

사회구조의 변화

공업화
시장화
도시화

중산계급 생활양식

노동자, 농민, 지식인

계급분화

상층
중상층
중중층
하층

귀족의식
정치   사회
경제

이 책에서 사용한 분석틀은 <그림 2-5>와 같다. 중국은 1950년대 사회주의개조운동을 실시하면서 농촌에서는 지주와 부농을, 도시에서는 자본가계급을 몰락시켰다. 하층계급이었던 농민과 노동자는 신중국 건설의 주역으로 되었고 지식인계층과 더불어 '두 개 계급, 한 개 계층'의 비교적 단순한 계급구조를 형성하였다. 그러나 이러한 계급구성은 사회구조의 변화에 따라 점차 분화되기 시작했으며 특히 개혁개방 이후 공업화, 시장화, 도시화의 급속한 추진에 의해 본격적으로 재구성되고 있다. 중국은 시장경제체제를 도입함에 따라 지역별, 부문별로 산업구조가 차등적으로 발전하였고 농민과 노동자계급 내에서도 소득이나 직업지위의 변화에 따라 수직적 위계가 발생하였다. 이러한 변화가운데 가장 뚜렷한 것이 중산계급의 성장이라고 할 수 있다. 중산계급은 도시를 중심으로 빠르게 확대되고 있으며 유사한 생활양식을 공유한 집단으로 발전해가고 있다. 이 책에서는 중국사회의 계층을 상층, 중상층, 중중층, 하층 등 네 개 계층으로 구분하고 여기서 중상층과 중중층을 중산계급으로 정의하였다. 그리고 경제, 정치, 사회 등 측면에서 중산계급의 생활양식을 분석하였다.

제3장

중국 중산계급의 분류와 구성

제1절 중국 중산계급의 판별기준

중산계급을 판별하려면 먼저 전체 계급을 어떻게 분류할 것인가를 결정해야 한다. 그러나 현재 계급을 구분하는 정형화된 기준은 없다. 어떤 기준을 설정해 계급을 구분하는가는 연구자의 이론적 배경과 입장에 따라 달라진다. 마르크스는 생산수단의 점유상황에 따라 계급을 구분했는데 그에 따르면 자본주의 사회에는 생산수단을 점유한 자본가와 생산수단을 소유하지 못한 임금노동자 양대 계급이 존재한다. 중산계급은 과도기적 계급으로서 최종적으로는 사라지게 된다.

마르크스는 생산수단 소유여부를 통해 노동자계급을 단일한 집단으로 보았지만 신마르크스주의자들은 노동자를 육체노동자와 정신노동자로 구분했다. 이들의 구분기준은 물질적 생산과정에 참여하느냐이다. 정신노동자는 물질적 생산에 참여하지 않으므로 자본가를 위해 잉여가치를 만들어내지 않고 다만 자본가를 대신하여 육체노동자를 감독하고 통제해 자본축적에 일조하게 된다. 물론 물질적 생산노동에 참여하지 않는다고 해도 자기 노동을 남에게 팔아야 하고 또 자본가에게 지배당하는 사무직을 노동자계급에서 제외시키는 것에 모든 신마르크스주의자들이 동의하지는 않았다. 라이트는 물질적 생산이라는 노동의 유형보다는 노동과정에서 지배를 받느냐가 계급을 나누는데 더 중요한 기준이라고 보았다.

　라이트는 전통적 마르크스주의 틀을 유지하면서 이론의 한계점을 극복하기 위해 수정을 가한다. 그는 생산수단의 소유여부, 타인 노동력의 구매여부, 타인 노동력의 통제여부, 자신의 노동력의 판매여부 등 기준을 사용하여 자본가, 관리자, 노동자, 쁘띠부르주아지 등 4개의 계급을 구분하였다. 그 후 라이트는 "계급관계 내에서의 모순적 지위"라는 개념을 도입하여 계급모형을 보다 체계화하였다. 여기서 "모순적 지위"란 어떤 계급적 지위는 복수의 계급적 성격을 갖게 된다는 뜻이다. 예를 들어 자본주의기업에서 관리자의 계급적 지위는 기업주의 권력을 상당부분 위임받고 생산과정에서 노동자들을 통제한다는 점에서 자본가계급으로 간주될 수 있지만 기업주에 의해 고용되어 언제든지 해고될 수 있다는 점에서는 노동자계급에 속한다고 할 수 있다. 그는 자본주의 사회에서의 중산계급은 이러한 모순적 지위들에 의해 정의된다고 하였다. 자본주의 사회의 계급구조를 도식화하면 <그림 3-1>와 같다.

<그림 3-1> 자본주의 사회 계급구조

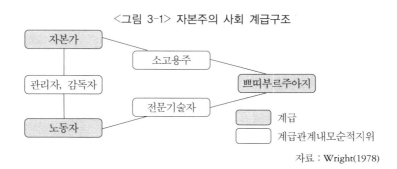

자료 : Wright(1978)

1980년대 중반 라이트는 계급분류 기준으로 생산수단재, 조직재, 기술·자격재 소유여부를 도입하고 이에 따라 새로운 계급모형을 제시하였다. 그는 자본주의 사회의 계급관계를 주요하게 세 가지 차원의 착취관계에 기반한 것으로 보았는데 그 세 가지 착취관계란 생산수단소유에 기초한 착취, 조직자산 통제에 기초한 착취, 기술이나 학력자산에 기초한 착취이다. 따라서 그는 개인이 착취를 발생시키는 세 가지 자산, 즉 생산수단, 조직, 학력, 기술과 어떤 관계를 맺고 있느냐에 따라 계급을 12개 범주로 분류하였다.

생산수단 자산을 차별적으로 소유하는 것은 자본주의 사회에서 두 가지 주요 계급을 발생시킨다. 노동자는 생산수단이 하나도 없기 때문에 일하기 위해서는 노동시장에 그들의 노동력을 팔지 않으면 안 된다. 반면에 자본가는 상당량의 생산수단을 보유하고 있기 때문에 노동자를 고용하여 생산수단을 사용하게 할 수 있고, 그들 자신은 전혀 일하지 않아도 된다. 이들 두 범주는 자본주의 생산양식에서 양극화된 전통적 계급을 구성한다. 그러나 라이트에 의하면 이들 양극화된 계급만이 계급지위의 전부는 아니다. 그는 다른 두 가지 계급지위 역시 중요하다고 주장한다. 첫째, 자신을 재생산하기에는 충분하지만 다른 누군가를 고용하기에는 충분하지 않은 생산 자산을 갖고 있는 사람들이 있는데 이들이 바로 "쁘띠부르주아" 계급이다. 둘째, 노동자들을 고용하기에 충분한 생산수단을 갖고 있기는 하지만 자신이 일을 아예 하지 않는 쪽을 선택하기에는 불충분한 자산을 갖고 있는 사람들이 있는데 이들은 "소고용주"들이다. 라이트는 소고용주와 자본가를 구분하는 기준을 피고용인의 수로 정했는데 10명 이상의 사람을 고용하는 고용주들은 자본가로 정의하고 2명에서 9명 사이의 피고용자를 고용하는 고용주들은 소고용주로 정의했다. 그리고 쁘띠부르주아는 자기 자신과 함께 1명 이하의 다른 사람을 고용한 자로 정의했다.

한편 생산수단을 소유하지 않은 집단은 조직재에 따라 관리자, 감독자, 노동자로 나누며 그리고 기술·자격재에 따라 전문가, 반전문가, 비전문가로 나누어 모두 9개의 범주를 만들어내게 된다. 라이트는 조직자산이 관리자의 착취관계를 정의하는데 두드러지는 것으로 보고 조직자산에 관해서 세 가지 기본적인 지위를 구분하였다. "관리자"는 조직에서 정책결정에 직접 참여하며 부하들에게 유효한 권한을 갖고 있는 사람이다. "감독자"는 부하들에게 유효한 권한을 갖고 있지만 조직적 의사결정에 참여하지는 않는 사람이며 조직자산이 없는 사람은 비관리자로 분류된다.

라이트는 학력자산과 학위를 구별하면서 학위는 오직 그러한 학위를 요구하는 직업을 가질 때에만 착취관계의 기초가 될 수 있다고 지적하였다. 예를 들어 택시를 모는 영문학 박사학위 소지자는 착취자가 아니다. 따라서 그는 학력자산 위에 구축된 착취관계를 알아보기 위해서는 개인의 학위뿐만 아니라 그 사람이 실제로 종사하고 있는 직업에 대한 정보도 중요하다고 주장한다. 그는 학위와 직업을 조합하여 다음과 같은 세 가지 지위를 구분하였다. "전문가"는 모든 전문직 및 대학 학력을 갖춘 전문기술자와 경영자들이다. "숙련직"은 학교 교사와 기능공, 대학 학력 미만의 경영자와 전문기술자, 대학 학력을 갖추고 진정한 자율성이 있는 직업을 갖고 있는 판매직 또는 사무직을 가리킨다. '미숙련직'은 기술직 피고용자가 되기 위한 학력이나 자율성 기준을 만족시키지 못하는 사무직과 판매직, 기술이 없는 육체노동자와 서비스직을 말한다.

상술한 세 가지 자산을 기준으로 계급을 분류한 것이 <그림 3-2>

에 나타나 있는 모형이다. 이 모형은 계급의 구분을 생산수단재의 소유
여부에만 국한시켜 분석하는 것보다 기술·자격재와 조직재를 추가로
고려하였다는 점에서 진보한 것으로 평가할 수 있겠으나 이를 경험적
으로 적용하고자 할 때 조작화가 용이하지 않은 문제점을 가지고 있다.

<그림 3-2> 라이트의 계급모형

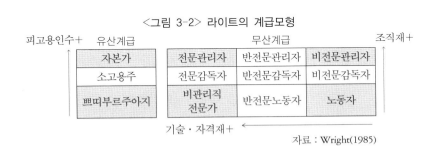

자료 : Wright(1985)

이 책에서는 라이트의 계급모형을 토대로 중산계급을 판별하고자 한
다. 즉 생산수단재, 기술·자격재, 조직재의 변수를 도입한다. 그렇다면
이러한 서구식 기준이 중국의 계급을 분류하는 데에도 통용되는 것일까?
개혁개방 이후 시장의 도입으로 인해 중국은 자본주의 경제발전의
보편적 궤적에 동승하게 되었으며 자본주의 사회와 비슷한 계급분화
를 겪고 있다. 따라서 라이트의 계급모형을 중국사회에 적용하는 것
은 무리가 없어 보인다. 하지만 선진자본주의 사회의 계급을 분석대
상으로 한 라이트의 계급모형을 중국사회에 그대로 적용하기에는 한
계가 있다고 생각된다. 중국은 현재 계급 간 경계가 명확하지 않고 계
급구조가 견고화되지 못했다.[1] 특히 중국에서 국가권력이 계급분화에

---

1) 李强(2004) 등 학자들은 현재 중국사회에 안정된 계급 혹은 계층구조가 있다는 것
에 의문을 제기한다. 계급 혹은 계층은 이미 이익의 분화가 완성되고 사회적 지위
가 상대적으로 안정된 집단을 가리킨다. 그러나 현재의 집단은 불안정한 사회구조

지속적으로 영향을 주고 있다. 이러한 상황을 고려하여 이 책에서는
라이트의 계급구분기준에 '부문(sector)'이라는 변수를 추가하고자 한다.
이를 이해하기 위해서는 먼저 현재 중국의 계급구조가 어떤 기제를
통해 형성되었는지를 살펴보아야 한다.

중국의 계급구조는 30여 년 간의 급격한 사회변화에 따라 발전하였
다고 볼 수 있다. 개혁개방 이전 공산당정권의 목표는 "무계급사회"
를 건립하는 것이었다. 당시 사람들의 동질성은 매우 높은 것으로 나
타났는데 1970년대까지만 해도 중국의 지니계수는 0.2로 소득불평등
이 다른 자본주의국가보다 낮았다(Parish, 1984).[2]

개혁개방 이후 공업화와 시장화가 이루어지면서 중국 사회에서는
본격적으로 계급이 분화되기 시작했다. 먼저 공업화의 추진은 노동분
업의 전문화와 관리조직의 양적인 확대를 가져왔다. 노동분업의 전문
화로 인해 기술등급 혹은 전문화정도를 기초로 한 직업체계가 형성되
었는데 공업화 사회에서 직업은 경제적 지위 및 사회적 지위와 높은
상관관계를 가진다. 즉 전문화수준이 높은 직업일수록 더 많은 소득과

속에서 이익의 균형을 제대로 실현하지 못했다는 것이다. 때문에 사회적 지위가
상대적으로 안정된 계급계층개념을 사용하는 것은 중국의 현재 상황에 부합되지
않는다고 주장한다. 따라서 개혁개방 과정에서 나타나는 집단을 계급계층개념으로
분석하지 않고 "이익집단"이라는 개념을 사용하여 설명하였다.
2) 개혁개방 이전 중국이 다른 자본주의국가에 비해 평등한 계급구조를 가졌지만 그
럼에도 불구하고 간부가 가지는 존재감은 매우 컸다고 할 수 있다. 이 시기 사람
들의 사회경제적 차이를 초래한 것은 주로 정치적 신분과 제도적 신분이었다. 정
치적 신분은 개인의 출신배경과 당원여부를 말하며 제도적 신분은 호구(戶口)신분
과 당안(黨案)신분을 말한다. 호구신분은 도시호구와 농촌호구로 나뉘며 당안신분
은 간부와 일반 노동자로 나뉜다. 호구와 당안은 매우 엄격하게 관리되었으며 간
부로 상승한 노동자와 농민의 수는 극히 적었다. 즉 국가는 정치적 신분과 제도적
신분 이 두 가지 특수한 제도를 통해 모든 사람들의 신분을 고정시키고 그에 상응
하는 사회보장과 복지를 제공하였다.

명예를 획득하며 반대로 전문화정도가 낮은 직업의 소득과 사회적 지위는 점차 하락한다. 또한 공업화가 추진되면서 정부 및 기업조직이 대량으로 출현하고 관리조직이 발전하였다. 이러한 조직의 팽창은 소유권과 경영권의 분리를 초래하였으며 계급구조에 커다란 영향을 일으켰다. 현대사회에서 개인은 봉건사회에서처럼 신분등급에 의거하거나 초기자본주의 사회에서처럼 생산수단의 점유에 근거하여 권력을 행사하는 대신 조직체계에서의 등급에 근거하여 통제권을 행사하게 되었다. 특히 사회에서 가장 중요한 자원은 일반적으로 조직이 통제하고 있기 때문에 사실상 조직의 관리자는 자원에 대한 지배권을 갖게 되며 이로 인해 관리자와 비관리자 사이에 사회경제적 차이가 발생하게 된다.

다음으로 시장화의 추진은 사적 소유권의 출현과 비국유부문의 출현을 초래했다. 사적 소유권의 출현으로 인해 개혁개방 이후 중국사회에 새로운 사회적 관계가 형성되었는데 그것은 생산수단의 소유자와 피소유자 간의 관계이다. 시장화가 심화되면서 사적 자본이 축적되었고 생산수단의 소유자와 피소유자 간의 사회경제적 차이가 점차 커졌다. 또한 시장이 도입되면서 자원을 통제하는 권력은 시장에서 행사되며 노동력과 상품의 가격은 행정수단이나 정부의 분배가 아닌 매매 쌍방의 계약을 기초로 정해진다. 계획경제에서 시장경제로의 전환은 권력기초가 달라지는 것이고 권력은 관료에서 시장교환에 종사하는 생산자에게로 전이된다. 즉 생산자도 상향이동의 기회를 얻게 된다. 현재 중국사회의 특징은 공유부문과 사유부문이 공존하고 있는 것이다. 즉 중국사회는 제도적으로 분할되어있으며 이러한 제도적 조치는 자원의 분배와 유통에 커다란 영향을 미치고 있다. 제도적으로 분할된 부동한 영역에서 개인이 자원을 획득할 수 있는 기회와 규칙은 서로 다르다. 공유부문(체제 내부)에서 관리등급은 가장 중요한 계급분화기제이며 사유부문(체제 외부)에서 생산수단의 소유권이 가장 중요한 계급분화기제이다. 중국에서 가장 많은 양의 자원은 여전히 국가가 통제하고 있으며 국가조직체계의 핵심부에 접근할수록 자원분배에서 유리한 지위를 차지할 가능성이 높아진다. 때문에 개인이 제도적 분할체계에서 어떤 위치를 차지하고 있느냐, 즉 체제 내부에 있는지 혹은 외부에 있는지는 그가 소유한 자원의 양과 질을 결정한다고 볼 수 있다.

요약하면 현재 중국의 계급분화기제는 생산관계, 노동분업, 권력등급 및 제도적 분할이다. 생산관계는 생산수단의 소유자, 즉 고용주와 피고용자 사이의 분화이며 노동분업은 직업상에서의 기술등급분화인데 예를 들면 육체노동자와 정신노동자의 분화, 전문가와 반전문가 및 비전문가 등의 분화이다. 권력등급은 관료조직 내에서의 관리등급의 분화인데 예를 들면 관리자와 비관리자, 고위관리자와 중하위관리자의 분화이다. 마지막으로 제도적 분할은 체제 내부와 체제 외부, 체제 내 핵심부와 주변부의 분화이다. 이 네 가지 기제는 몇 개의 중요한 사회관계를 구성하는데 이러한 사회관계에서의 위치가 사람들의 기본적인 사회경제적 상황, 즉 얼마나 많은 경제자원, 문화자원, 권력자원을 소유할지를 결정한다.

중국의 사회주의 시장경제에서 여전히 주된 위치를 차지하는 공적 자산과 이것의 국가에의 위탁은 국가의 권력이 이윤이 아닌 렌트(rent)의 형식으로 생산잉여를 취득한다. 즉 국가의 공적 재산에 대한 위탁 대리관계는 행정적 성격을 갖고 이것이 국가 정치권력과 재산권 간의 독특한 연계방식을 이룬다(边燕杰, 2002). 공유경제의 위탁대리모델은 국가 권력이 계급분화에 영향을 주는 제도로 작용한다. 즉 재분배 권력 향유자는 계급구조에서 우세한 지위에 속한다.

　재분배 권력이 계급구조를 형성하는 기제가 된다는 것을 크게 단위 측면과 개인 측면으로 나누어 이해해볼 수 있다. 첫째, 단위(單位, 직장)의 소유제 성격3)과 행정등급에 따라 봤을 때, 공유(公有)단위가 사유(私有)단위보다, 등급이 높은 단위가 등급이 낮은 단위보다 재분배 권력이 더 크다. 둘째, 개인을 기준으로 한 재분배 권력기제는 간부나 당원 신분인가 혹은 재분배 권력의 직업에 종사하는가에 의해 결정된다. 사유제도 하에서는 재산권이 누구의 소유인지가 명확하지만 공유재산에 대해서는 소유자를 명확히 하기가 어렵다. 중앙에서 지방, 다시 구체적인 기업관리자의 다층적인 위탁대리체계에서 최종 위탁인인 전체 인민과 최종 대리인을 대신한 경영자를 제외하면 중간 구성원은 위탁인이면서 동시에 대리인이 된다. 이들은 상급에 대해서는 대리인이고 하급에 대해서는 위탁인이다. 이러한 관계에서 각급 정부와 정부가 임명한 경영자는 사실상 공유재산의 통제자일 뿐 진정한 소유자는 전체 인민이다. 이러한 위탁대리관계에서는 소유자가 없는 상황이 존재한다. 권력 하방 이후 위탁대리관계는 지방정부에 강한 지대(rent) 권력을 부여했다. 어떤 위탁대리이던 간에 지방정부는 대부분 관할구역 내 공유경제의 잉여취득자가 되었다(刘欣, 2005). 이렇게 지방정부 수중으로 들어간 국가의 지대 권력은 점점 더 중앙의 통제와 감독에서 벗어나 쉽게 지방권력 장악자의 지대추구 능력을 증가시키게 된다. 결국 이 과정에서 지방간부는 경제적으로 상승 이동할 기회를 더 많이 갖게 된다. 중국의 시장경제는 국가권력의 관리에 의해 진행되며 시장발전의 주도자는 국가이다. 물론 개혁개방 이후 시장의 도입을 통해 경제적 분화가 큰 영향을 미치는 것

---

3) 중국의 소유제 성격에 관해 [부록2]을 참고할 것.

이 사실이며 시장기제가 가져온 경제방면의 분화가 계급분화를 가속화
시켰다는 것을 부인하기 어렵다. 그러나 중국의 계획경제가 시장경제와
결합된 형태로 변화하면서 여전히 행정적 관여나 정책적 명령이 큰 영
향을 미치고 있다. 따라서 중국사회의 계급구조를 분석할 때 공유부문
과 사유부문 간의 구분은 매우 중요하다고 본다.

  앞서 논의했듯이 중국의 계급분화기제는 생산관계, 노동분업, 권력
등급 및 제도적 분할이다<표 3-1>. 먼저 생산관계는 종사상의 지위와
고용인수를 포함한다. 종사상의 지위는 고용과 피고용으로 나뉘며 고
용인수에 따라 10명 이상은 고용주로 분류하고 10명 이하는 자영업
자로 분류한다. 노동분업은 취업상황과 기술유무를 포함하는데 취업
상태는 현재의 직업소유여부에 따라 취업계층과 비취업계층으로 나뉘
며 기술유무는 대학교 졸업여부에 따라 전문과 비전문으로 나눈다. 권
력등급에서는 권력소유여부, 즉 타인을 관리하느냐에 따라 관리와 비
관리로 구분한다. 여기서 조작의 편의를 위해 권력유무와 기술유무를
합쳐서 전문관리자, 비전문관리자, 비관리직 전문가, 일반근로자 등 네
개 집단으로 구분한다. 전문관리자는 권력자원과 기술자원을 모두 가
진 집단이고, 비전문관리자는 권력자원만 가진 집단이며, 비관리직전
문가는 기술자원만 가진 집단이고, 일반근로자는 권력자원과 기술자
원을 모두 소유하지 않은 집단이다. 마지막으로 제도적 분할은 경제
유형과 직장유형을 포함하는데 경제유형은 국유경제, 집체경제, 사영
경제, 외자경제 등으로 나뉜다.4) 직장유형은 정부기관 및 기업으로
나뉘는데 경제유형과 결합하여 기업을 국유기업, 집체기업, 사영기업
및 외자기업으로 분류하였다.

---

4) 중국의 경제유형에 관해 [부록3]을 참고할 것.

<표 3-1> 계급조작변수

계급분화기제	주요변수
생산관계	종사상 지위 고용인수
노동분업	취업상태(취업, 비취업) 기술유무
권력등급	관리유무
제도분할(부문)	경제유형 직장유형

위의 조작적 정의에 따라 중국종합사회조사(CGSS) 자료의 동부 지역 응답자 계급을 구분한 기준은 <표 3-2>와 같다.

<표 3-2> Wright의 구분에 따른 직업 및 부문별 계급구성

부문 관리· 기술	공유부문			사유부문		
	정부(G)	국유기업(S)	집체기업(C)	외자기업(F)	사영기업(P)	고용(O)
전문 관리자	고급간부	고위경영자	고위경영자	고위경영자	고위경영자	기업주
비전문 관리자	중급간부	중간경영자	중간경영자	중간경영자	중간경영자	
비관리직 전문가	전문기술자	전문기술자	전문기술자	전문기술자	전문기술자	자영업자
일반 근로자	하급공무원	근로자	근로자	근로자	근로자	

주 : 농촌인구가 6억 명이 넘는 중국에서 농업부문이 중요한 위치를 차지하지만 이 책에서는 도시의 중산계급을 분석하기 때문에 농업부문을 제외하였다. 표에서 굵은 선은 고용부문과 피고용 부문을 나누는 경계선이다.

제2절 중국 중산계급의 내부구성

현대사회에서 사회적 지위나 권력자원은 직업을 통해 체현된다. 여기에서는 중산계급을 구성하는 간부, 경영인,[5] 전문기술자, 자영업자, 사무직 등 직업계층에 대해 살펴보고자 한다.

① 당정간부

당정간부는 당·정부기관, 국유사업기관 및 사회단체에서 실제적인 행정관리직권을 행하는 간부를 말한다. 그들은 국가의 핵심부문에 있는 고급관리자로서 중국사회에서 가장 중요한 자원인 조직자원을 갖고 있다. 국가조직이 전체 사회의 가장 중요하고 또 가장 많은 자원을 보유하고 있기 때문에 그들은 자원분배에서 우세한 위치를 차지하게 된다. 따라서 그들은 생산자원의 소유자가 아니지만 일부분 생산자원을 통제할 수 있으므로 실제로는 경제자원을 가지고 있는 것이 되며 동시에 문화자원도 가진 집단이 된다. 개인이 소유한 조직자원의 양에 따라 이들을 고위행정관리자, 중간행정관리자, 하급행정관리자로 나누고 또 정부부문과 구별해서 국유사업기관 중·고급책임자로 나눈다. 국유사업기관의 하급관리자는 간부가 아닌 전문기술자 혹은 사무직근로자에 속한다.

---

5) 고급간부와 고위경영자는 중상층으로 분류하여 중산계급에 포함되는 것으로 간주한다. 현실적으로 고급간부와 고위경영자 중, 중앙정부의 고급간부 및 대형 국유기업의 고위경영자는 상층에 해당하는 것으로 볼 수 있다. 그러나 통계자료를 확인한 결과 이 두 집단은 해당 자료에 포함되지 않았음을 확인할 수 있었다. 따라서 이 책에서는 고급간부와 고위경영자를 중상층으로 분류하였다. 보다 엄밀한 의미에서 이들은 (지방정부의)고급간부와 (대형 국유기업을 제외한)기업의 고위경영자를 지칭한다고 볼 수 있다.

② 경영인

경영인은 기업에서 소유주가 아닌 중·고급관리자를 가리킨다. 이들은 근래에 새롭게 형성된 집단으로서 아직까지 국가 및 사회관리자(간부)나 사영기업주와의 구분이 명확하지 않다. 이들은 생산자원을 소유하지 않았지만 실제로 생산자원을 관리, 통제하기 때문에 경제자원을 소유하고 있는 것으로 볼 수 있다. 동시에 이들은 높은 학력과 전문지식을 가지고 있다. 경영인은 세 가지 부동한 집단의 사람들로 구성되었다. 첫째, 원래 국유기업 혹은 집체기업의 간부였다가 현대기업제도의 발전으로 인해 기업경영자가 된 사람들이다. 둘째, 규모가 큰 사영기업이 90년대 후반부터 소유권과 경영권을 분리하기 시작하면서 전문경영자로 고용된 사람들이다. 셋째, 소유주들이 기업주식화를 통해 스스로 경영자가 된 사람들이다. 이처럼 다양한 구성원천으로 인해 이 집단은 이질성이 강하다. 그러나 경영자의 전문화정도가 향상함에 따라 이들의 차이는 점차 줄어들 것으로 보인다.

③ 전문기술자

전문기술자는 각종 국가기관, 사업기관 및 기업에서 전문적인 업무나 과학기술 업무에 종사하는 사람을 가리킨다. 이들은 고급적인 지식과 기술을 가진 집단으로서 생산자원을 점유하지는 않았으나 일정한 자율성을 가진 사람들이다. 2001년을 기준으로 보면 전문기술자 중 65.7%는 국유부문에 속해 있다(李春玲, 2005). 즉 절대 다수의 전문기술자들이 국가의 핵심부문에 있음을 알 수 있다. 아직까지 중국사회에서 전문기술자들의 소득이나 사회적 지위는 기술등급에 따라 별로 차이가 나지 않는다. 오히려 전문기술자집단의 내부 분화를 초래하는 것은 체제분할과 업종의 구분이다. 전통적 의미인 지식인, 예를 들면 과학·교육·문화·위생영역의 전문기술자들은 대부분 체제 내인 국유부문에서 일하고 경제활동과 관련된 전문기술자들은 대부분 체제 외인 비국유부문에서 일하거나 비교적 시장화한 국유부문 즉 체제 내의 주변부에 해당하는 국유기업에서 일한다. 따라서 전문영역에 근거해 전문기술자를 과학·교육·문화·위생 전문가, 공정기술자 및 상업무역서비스 전문가로 나눈다.

④ 사무직

사무직은 직장에서 책임자를 도와 일상행정사무를 처리하는 전임근무인원을 가리킨다. 이들은 주로 당·정부기관의 중하층 공무원 및 사업기관과 기업의 기층관리자와 비전문 사무담당자들로 구성되었다. 이들은 국가 및 사회관리자, 경영자, 전문기술자의 예비군이며 노동자나 농민도 이 집단을 통해 상승이동을 할 수 있다. 사무직은 생산자원을 점유하지 않은 낮은 등급의 화이트칼라로서 이들은 크게 두 개 집단으로 구성된다. 하나는 당·정부기관의 사무직으로서 주로 국가기관의 공무원과 사업기관의 일반 사무직이며 다른 하나는 기업의 사무직으로서 각종 기업에서 행정보조를 맡는 사람들과 일반 업무를 맡는 사람들이다. 사무직의 주요부분은 당·정부기관의 사무직으로서 전체 사무직의 62.4%를 차지한다(李春玲, 2005).

⑤ 자영업자

중국에서 개체호(個體戶)라고 불리는 자영업자는 비교적 적은 양의 사적자본을 가지고 이를 생산·유통·서비스 등 경영활동이나 금융

채권시장에 투입하여 생계를 유지하는 사람들을 가리킨다. 이 가운데서 소고용주는 소수의 노동력을 고용할 수 있는 자본을 가지고 있지만 자신도 직접 노동과 경영에 참여하는 사람을 말하며 자체고용주는 개업을 할 수 있는 자본이 있으나 다른 노동력을 고용하지 않는 사람을 말한다. 여기에 소규모 주식소유자와 임대사업자도 포함된다. 1949년 이전 대량의 개체호가 존재하였으나 사회주의개조이후 거의 소실되었고 1978년 개혁이후 농촌에서 실시된 가정도급책임제로 인해 다시 증가하였다. 1980년대에는 하향(下鄕)운동에 의해 농촌으로 강제 이주했던 사람들이 도시로 돌아와서 자영업을 하는 경우가 많았고 1990년대에는 국유기업개혁이후 대량의 하강(下崗) 노동자들이 자영업자로 변모하였다. 그리고 도시로 온 농민들이 생계유지를 위해 자영업자층으로 이동하였다. 자영업자는 경제개혁동안 이익을 얻었지만 1990년대 말 도시화가 진행되면서 도시외관정비에 의해 점포가 헐려 영업공간을 잃거나 과도한 세금징수 등으로 피해를 보기도 하였다. 자영업자 가운데서 타인의 노동력을 고용하지 않는 자영업자가 대다수이며 전체 자영업자 중 78%를 차지한다(李春玲, 2005).

중국에서 사영경제의 발전은 정부의 동의하에 이루어진 것이다.[6] 1949년 사회주의 정권수립이후 중국은 사영경제의 발달을 최대한 억제하여 왔다. 당시의 사회적 관념은 경제성분의 좋고 그름으로 생산

---

6) 중국에서 사영경제는 중국 지도부가 설립을 허가한다는 정책을 발표한 후 갑자기 나타나기 시작한 것이 아니라 1978년 당시 실업문제를 해결하기 위해 국민들이 자발적으로 창립을 시도한 결과로 볼 수 있다. 등소평을 중심으로 하는 지도부도 처음에는 이를 묵인해 줄 수밖에 없었던 사정이 있었던 것이지 결코 처음부터 사영경제의 발전을 경제개혁의 목표로 삼았던 것은 아니었다. 그러나 중국에서 일단 사영경제가 다시 나타나자 과거의 소유제구조에 커다란 충격을 주어 계획경제체제의 붕괴를 가속화한 것으로 이해할 수 있다.

력의 발전을 판단하였으며 사영경제의 성분이 사회주의 이념에 어긋
난다고 하여 사영경제를 비판하였다. 이러한 관념 하에 1956년 사회
주의 개조운동을 거쳐 사영경제는 거의 소멸되었으며 중국의 소유제구
조는 국유기업과 집체기업의 이원구조를 유지하게 된다. 그 후 1978년
에 이르러서야 사영경제는 부활하게 된다. 그러나 초기에 개체호만이
허용되었다. 2011년 새로운 법이 실시되기까지 중국에서는 8명 이하
를 고용하면 개체호이고 8명 이상이면 사영기업으로 분류되었다.[7] 여
기서 8명의 고용인에 대한 제한은 마르크스의 자본론에서 그 유래를
찾을 수 있다. 마르크스는 기업주가 자본축적을 이루기 위해서는 일
정 수 이상의 노동자를 고용해야 한다고 주장하면서 8명을 예를 들어
설명하였기 때문이다. 따라서 개체호는 노동착취를 피할 수 있다고
인식된 것이다. 1980년대 말에 이르러 개체호의 급속한 성장의 결과로
사영기업이 나타나기 시작했다. 그러나 기업의 재산권에 대해 어떠한
보장도 받지 못하였으며 사람들 사이에서 '부당하게 재산을 모은 자',
'폭발호(爆發戶, 벼락부자)'라는 말이 나돌았다. <표 3-3>에서 알 수 있
듯이 1990년대 국유기업의 구조개혁이 진행되면서 사영경제는 새로
운 지위를 획득하게 된다. 그전까지는 국유경제의 보완적 요소로 인
식되었지만 2000년 이후 국유부문과 비국유부문 모두에게 동일한 지
위가 부여되었으며 그뿐만 아니라 사영기업주는 당원의 자격을 얻을
수 있게 되었다. 또한 헌법의 개정을 통해 사영기업주의 재산권이 제
도적으로 보장을 받게 되었다.

---

7) 2011년 새로운 법이 실시되면서 고용규모에 관계없이 사영기업 혹은 개체호로 등
   록가능하다.

<표 3-3> 사영경제에 대한 주요 제도변화

연도	주요 제도적 변화
1978~1982	경제적 및 정치적 보장 부재.
1982	헌법 개정을 통해 '사회주의 국유경제의 보완적 요소'로 규정.
1987	'개체공상호 관리에 관한 임시규정'에서 공식적으로는 최초로 '사영기업'이란 용어가 등장.
1992	당대회에서 사회주의 시장경제체제 개혁목표 확립.
1997	당대회에서 사영경제를 기존의 '보완적 요소'에서 '중요한 요소'로 변경.
1999	헌법 개정을 통해 사영부문의 법률상 권리와 이익을 보장했지만 소유권으로서는 여전히 불인정.
2002	당은 사영기업주의 이익을 대표한다고 표명. 사영기업주에게 당원자격 부여.
2004	인민대표대회에서 사적소유권을 보장하는 헌법 개정.

자료 : www.baidu.com 재구성

사영기업주와 정부 간의 이러한 긴밀한 연결은 공생관계로 발전하였다. 중국의 경제성장과 일자리 증가는 주로 사영경제가 창조한 것이며 이는 정부의 생존에 필요한 경제적인 지지를 제공해주었다. 반대로 정부는 사영기업주가 성공할 수 있는 환경을 마련해 주었으며 사영기업주는 정치기구에서 직무를 담당할 수 있게 되었다. 사영경제가 발전함에 따라 '홍색자본가(紅色資本家, 당원신분인 사영기업주)'의 수도 증가하였는데 1990년대 초 사영기업주의 13%가 당원인데 비해 2007년에는 38%가 당원으로 되었다(狄忠蒲, 2010).

현재 사영기업주를 구분하는 명확한 기준은 없으며 투자규모에 따라 구분하기도 하는데 100만 위안 이하는 소기업주, 100만~1,000만은 중간기업주, 1,000만~1억 위안은 대기업주, 1억 위안 이상은 특대기업주로 불린다. 특대기업주와 소기업주의 평균 자산 차이는 460배 이상이며 대기업주와 소기업주의 자산차이도 50배 이상이다(戴建中, 2004).

중국에서는 사영기업주를 자영업자와 마찬가지로 중산계급의 일원으로 보고 있다. 실제로 현재 중국사회에서 사영기업주와 자영업자의 구분이 확실하지 않으며 100명을 고용하고 있는 사람이 자영업자로 분류되기도 한다.[8] 일반적으로 자본주의 사회에서는 기업주를 자본가계급으로 분류한다. 반면 일각에는 중국의 사영기업주는 경제자원의 획득과정에서 정부와 양호한 관계를 유지해야 하며 어느 정도 국가정책의 영향을 받기 때문에 중국학계에서는 그들을 자본가계급으로 보기 어렵다는 주장도 있다. 중국에서 사영기업주를 자본가계급으로 분류하지 않은 가장 주된 원인은 그러한 분류가 사회주의 이념과 배치되기 때문이라고 본다. 사회주의와 자본주의의 가장 큰 구별은 생산수단의 사적소유에 대한 인정여부인데 이론상 사회주의에서 생산수단은 전체 인민의 소유이며 개인의 소유는 허용되지 않는다. 하지만 이미 중국에서 사적소유권을 보장하는 법이 통과되었으며 이는 실질적으로 자본가계급으로 분류될 수 있는 집단이 존재하고 있다는 것을 말해준다. 한편 사회주의라는 이념 하에 자본가계급의 존재를 공식적으로 인정하기 어려운 면이 있다.

이 책에서는 이러한 분류상의 혼란을 감안하더라도 분석상의 엄정함을 위해 고용규모가 10인 이상인 사영기업주를 상층으로 분류하여 중산계급 분석의 범주에서 제외하였다. 비록 사영기업주가 국가에 의존적인 경향을 보이고 있지만 그들의 경제적 상황으로 볼 때 다른 집단들과 뚜렷이 구별된다. <그림 3-3>에서 알 수 있듯이 직업별로 연

---

8) 2011년 11월 새로 실시된 '개체공상호조례(个体工商户条列)'에서는 개체호의 고용 인수에 대한 제한을 취소한다고 규정하였다. 현재 사영기업과 개체호는 공상행정 관리부문에 등록한 상황에 의해 구별된다. 즉 '기업'으로 등록하면 기업으로 분류되고 '개체호'라고 등록하면 개체호로 분류된다.

평균소득을 살펴보면 2006년 사영기업주의 소득은 고위경영자보다
낮았다. 하지만 그 후 사영기업주의 소득은 거의 직선적으로 상승하
였으며 2010년에는 기타 직업에 비해 4배 이상 차이가 났다. 소득차
이는 소비수준의 차이를 가져오며 이는 생활양식의 차이로 이어진다.
이 책에서 정의한 계급은 생산영역뿐만 아니라 소비영역도 포함한다.
따라서 사영기업주를 중산계급이 아닌 상층에 귀속되는 것이 합당하
다고 본다.

<그림 3-3> 직업별 연평균소득 추이

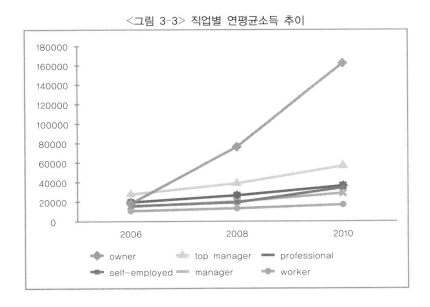

제3절 중국 도시 중산계급의 규모

라이트의 계급모형을 활용하여 중국 도시의 계급분포상황을 분석한 것이 <표 3-4>이다. 라이트의 계급모형을 활용하려고 할 때 여러 가지 기술적인 문제가 발생하게 된다. 첫째로 CGSS에서는 라이트의 계급모형에 근거하지 않았기 때문에 반전문 관리자, 전문 감독자, 반전문 감독자, 비전문 감독자, 반전문 노동자 등 범주에 해당하는 자료를 찾을 수가 없다. 둘째는 라이트의 계급모형은 자본주의 사회를 대상으로 했기 때문에 중국사회에 적용하기에는 한계가 있다. 중국의 경우, 국민경제에서 공유부문이 차지하는 비중이 높고 공유부문에 고용된 방대한 노동력이 존재하고 있는데 라이트의 계급모형을 따르자면 이 부분에 대한 분석이 어렵다. 이를 극복하는 방법으로 필자가 고안한 것은 라이트의 계급모형을 준용하되 이를 계층개념으로 전환한 것이다. 라이트의 모형에서 자본가는 상층으로, 전문 관리자는 중상층으로, 비전문관리자, 비관리직 전문가, 소고용주, 쁘띠부르주아지는 중중층으로, 노동자는 하층으로 범주화하였다. 이런 범주화를 통하여 중국 도시의 계급분포를 CGSS자료를 활용하여 분석한 것이 <표 3-4>이다. <표 3-4>에서 사유부문의 기업주는 상층, 공유부문과 사유부문의 전문 관리자에 해당하는 사람들은 중상층, 공유부문과 사유부문의 비전문관리자, 비관리직 전문가, 자영업자 범주에 해당하는 사람들은 중중층, 일반근로자 범주에 해당하는 사람들은 하층으로 분류하였다. 구체적으로 중국 동부지역의 계급분포를 살펴보면 상층이 5.4%, 중상층이 16.8%, 중중층이 46.6%, 하층이 31.2%를 차지한다. 여기서 중상층과 중중층을 포함한 전체 중산계급은 63.4%를 차지한다. 즉 중국 도시에서의 계급구조는 중산계급이 주축을 이루는 선진자본주의 사회의 계급구조에 비교적 가까운 형태를 보임을 알 수 있다.

<표 3-4> 중국 도시의 계급분포

부문 관리· 기술	공유부문			사유부문		
	정부(G)	국유기업(S)	집체기업(C)	외자기업(F)	사영기업(P)	고용(O)
전문 관리자	고급간부 1.9	고위 경영자 7.4	고위 경영자 1.0	고위 경영자 1.1	고위 경영자 5.4	기업주 5.4
비전문 관리자	중급간부 0.5	중간 경영자 2.8	중간 경영자 0.5	중간 경영자 0.3	중간 경영자 4.6	
비관리직 전문가	전문기술자 1.5	전문 기술자 9.4	전문 기술자 1.8	중간 경영자 1.5	자영업자 6.9	자영업자 16.8
일반 근로자	하급공무원 1.2	근로자 8.8	근로자 2.6	전문기술자 0.7	전문기술자 17.9	
합계	5.1	28.4	5.9	3.6	34.8	22.2

자료 : 2010CGSS

　계급을 판별할 때 생산관계나 권력등급 등 기준 외에 개인의 소득도 중요한 판별기준이 된다. 소득은 비교적 가시적이고 객관적인 근거를 제공하며 실제로 현실생활에서 사람들은 주로 소득에 근거하여 계급을 판단한다. 소득의 구체적인 기준을 어떻게 설정할 것인가에 대해 아직도 논란이 있지만 이 책에서는 평균소득을 기준으로 한다. 중산계급을 생활기회와 생활양식의 개념을 포함한 광의의 계급으로 바라볼 때 이들의 생활기회를 결정하는 범주 속에는 소득과 같은 경제적 자원이 포함된다. 또한 중산계급은 개념상 중간 정도의 생활수준을 유지하는 계급이기에 소득이 평균 이하인 집단은 중산계급에 귀

속되기 어렵다고 본다. 따라서 생산관계, 노동분업, 권력등급, 제도적
분할 등 네 가지 기준(이하 '직업기준'이라고 약칭)을 적용하였을 때 어떤
계급에 속하더라도 소득이 평균 이하이면 그 계급범주에서 배제하고
모두 하층으로 분류한다. <표 3-5>에서 분류1은 <표 3-4>의 분류
체계에 따라 계층분포를 나타낸 것이고, 분류2는 분류1에다 소득변수
를 고려하여 계층분포를 나타낸 것이다. 2010년 CGSS자료에 근거하
면 평균소득은 26,192 위안이다. 아래 직업기준과 소득기준을 동시에
적용한 계급규모를 살펴보면 상층이 3.1%, 중상층이 13%, 중중층이
23.8%, 하층이 60%를 차지한다.

<표 3-5> 계층규모의 비교

계층분류기준	분류1 (직업)	분류2 (직업+소득)
상층	5.4	3.1
중상층	16.8	13.0
중중층	46.6	23.8
하층	31.2	60.0
합계	100.0	100.0

자료 : 2010CGSS

분류2의 계급분포를 보면 낮은 계급으로 갈수록 비중이 점차 커지
고 있다. 즉 소득기준을 추가하였을 때 중국 도시에서의 계급구조는
피라미드모양을 이루고 있다. 이는 중중층의 대대적인 감소로 인한
것이다. 분류1과 비교하였을 때 중중층은 23% 감소하였다.

중산계급의 육성이란 중산계급의 범주에 속한 집단을 계속 유지시
키는 정책임과 동시에 중산계급에 도달하지 못한 집단을 중산계급의
범주로 끌어올리려는 정책이라 볼 수 있다. 위의 결과에 근거하면 감

소된 23%의 중중층이 중산계급 육성정책의 대상이라 할 수 있다. 이 들이 중산계급에 포함되지 않은 가장 주요한 원인은 소득수준이며 따라서 소득의 증가는 중산계급 육성의 관건임을 알 수 있다.

직장유형별로 중산계급의 분포를 살펴보면 다음과 같다<표 3-6>. 정부에 9.3%, 국유기업에 45.6%, 집체기업에 6.3% 분포되어있는데, 다시 말하면 공유부문에 속한 중산계급이 전체 중산계급 가운데서 61.2%를 차지한다. 그럼에도 불구하고 공유부문에 귀속된 중산계급 의 평균소득은 사영부문의 중산계급에 비해 매우 낮다. 공유부문에서 의 평균소득은 약 5만 4천 위안(980만 원)인 반면 사유부문에서의 평균 소득은 약 8만 4천 위안(1,530만 원)이다.

<표 3-6> 중산계급의 규모와 소득(피고용 부문)

		규모(%)	평균소득(위안)
공유부문	정부	9.3	50,877
	국유기업	45.6	55,975
	집체기업	6.3	56,098
사유부문	사영기업	31.9	65,444
	외자기업	7.1	101,568
합계		100.0	60,311

자료 : 2010CGSS

부문별로 봤을 때 중산계급 중 집체기업에 종사하는 사람들의 비중 이 가장 낮은 것을 알 수 있다. 이는 중국사회 전반에서 도시집체기업 의 수가 적은 것과 관련된다. 집체기업은 국유기업과 마찬가지로 공유 제 경제의 중요한 구성부분이지만 현재 소실되는 운명에 처해있다. 중 국은 시장경제체제의 수립과 더불어 국유기업개혁을 본격적으로 시작하였으며 이는 현재까지도 지속되고 있다. 그러나 집체기업에 대한 개혁은 별로 중시를 받지 못했으며 경제적 수익이 낮은 집체기업은 개인에게 매각하는 방식으로 처분되었다. 1991년부터 2001년까지 10년 사이에 집체기업은 338만 개에서 220만 개로 줄어들었으며 집체기업 종업원 수도 3,628만 명에서 1,241만 명으로 감소하였는데 매년 평균 200여 만 명이 감소한 셈이 된다. 집체기업의 평균소득도 매우 낮은데 2001년 전국 도시근로자의 평균소득이 10,453위안인데 비해 집체기업 종업원의 평균소득은 6,667위안으로서 이는 평균수준의 60%에 해당한다(중국 국가통계국).

연도별로 계급분포의 변화를 살펴보면 하층의 감소가 가장 뚜렷한데 하층은 2006년에 75%를 차지하던 데로부터 2010년에는 60%로 감소하였다. 이와 동시에 중산계급은 빠른 증가추세를 보이고 있으며 특히 2006년에서 2008년 사이에 중산계급은 9.2% 증가하였다. 2010년에는 중산계급이 약 37%를 차지하는데 이 가운데서 중상층이 13%이고 중중층이 24%이다<그림 3-4>.

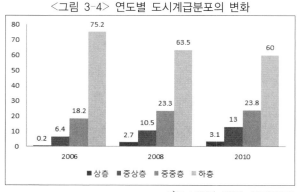

<그림 3-4> 연도별 도시계급분포의 변화

자료 : 2006, 2008, 2010CGSS

동부, 서부, 중부 등 지역별로 중산계급의 분포를 살펴보면 동부지역의 중산계급 비중이 전국 수준보다 높으며 서부와 중부지역은 전국보다 낮은 수준을 보이고 있다. 특히 북경에서는 중산계급이 인구의 약 절반을 차지하고 있다. 이러한 분포는 지역별 평균소득의 분포와 밀접한 연관을 가진다. 즉 평균연소득이 높은 지역일수록 중산계급의 비중이 높게 나타나고 있다. 북경을 포함한 동부지역에서 중산계급의 비중이 높은 것은 개혁개방 정책9)의 결과라고 할 수 있다. 중국정부는 1978년에 경제체제의 개혁을 진행함과 동시에 대외개방정책을 실시하였다. 정부는 경제특별지역을 건설해서 외자와 기술을 도입했으며 수입대체정책으로부터 전환해 수출촉진에 의해 경제발전을 도모하고자 하였다. 이때 건설된 경제특별지역이 바로 동부지역이다. 또한 정부는 동부지역의 발전을 시작으로 이를 통해 중·서부지역의 발전을 견인하려는 목표를 실행하였는데 현재까지 동부지역의 경제성장은 중, 서부지역을 앞서고 있다<그림 3-5>.

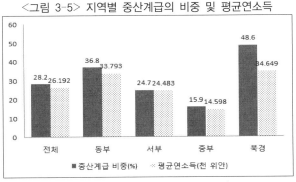

<그림 3-5> 지역별 중산계급의 비중 및 평균연소득

자료 : 2010CGSS

---

9) 중국의 '개혁개방'에 관해 [부록4]를 참고할 것.

제4장

중국 중산계급의 생활양식

제1절 중간층 귀속의식

계급을 둘러싼 논쟁들 가운데 하나는 자기정체성과 타 계급에 대한 적대적 의식 없는 계급이라 말할 수 있는가이다. 즉 계급의식 없이도 계급은 존재하느냐이다. 마르크스는 기본적으로 경제적 기준에 근거하여 계급을 구분하면서도 구성원들의 공통의식, 즉 계급적대감에서 생기는 유대의식에 연결될 때 완전한 의미로서의 계급이 된다고 보았다. 따라서 동일한 경제적 조건 속에 있는 계급은 즉자계급에 불과하고 즉자계급이 타 계급에 대한 적대의식을 발달시켰을 때 온전한 의미의 계급, 즉 대자계급이 된다. 기든스는 계급의식의 차원을 구분하여 자신의 상태를 스스로 인지하는 계급인식(class awareness)과 적대적 감성인 계급의식을 구분한다. 전자는 공통적인 생활양식에 결부된 유사한 태도와 신념을 수용하는 태도를 말하지만 후자는 타 계급과의 차이와 이해관계의 대립을 인지하는 갈등의식을 포함한다. 기든스는 중산계급의 의식에서 볼 수 있는 특성은 계급의식이 아니라 '계급인식'(class awareness)의 수준이라고 주장하였다(Giddens, 1973). 기든스가 말하는 계급의식에는 세 가지 수준이 있다. 가장 낮은 수준의 계급의식은 계급정체성과 계급분화를 인식하는 수준이다. 그 다음 수준의 계급의식은 자신들의 계급이익이 다른 계급들의 이익과 상치된다는 인식에 근거하여 계급통일성을 인식하는 수준으로서 계급갈등에 대한 인식을 수반하는 것이다. 마지막으로 엘리트집단이 충원되고 구조화되는 국가와 경제영역에서의 권력을 전면적으로 재조직하는 것이 가능하고 그러한 재조직화가 계급행위에 의해 실현될 수 있다는 신념을 수반하는 수준의 계급의식으로서 기든스는 이를 "혁명적 계급의식"이라고 부른다. 중산계급 성원들이 계급인식을 갖게 되는 것은 상승이동을 가능하게 해주는 그들의 우월한 시장역량과 그에 따른 개인주의로 인해 집단적 방법보다는 개인적 노력에 의한 상승이동을 추구하기 때문이다. 이 같은 계급인식의 결과 중산계급의 사회적 위상과 영향력은 상층계급이나 노동자계급에 비해 크게 감소된다.

지금까지 계급의식에 대한 연구는 크게 두 가지 방향에서 이루어졌다. 한 가지는 계급귀속의식에 대한 연구이다. 계급귀속의식은 일반적으로 계급의 범주를 열거하고 그 가운데에서 자신이 동일시하는 계급의 범주를 선택하는 방법으로 파악하고 있다. 다른 한 가지는 특정 계급이 어떤 의식을 갖고 있는가를 연구하는 것이다. 일반적으로 계급의식에 대한 논의는 계급성원들의 정치적 태도와 결부되어 진행되어왔다. 특히 중산계급의 정치적 지향에 대해서는 다양한 견해들이 나타나고 있다. 중산계급은 민주주의 가치를 신봉하며 민주주의를 지탱하는 층으로 간주되고 있기도 하지만 정치적으로 무관심한 층으로 묘사되기도 한다. 또한 상대적으로 높은 교육수준을 소유하고 있는 제3세계의 중산계급은 강한 민족주의 국가수립에 동조하거나 혹은 권위주의 발전국가의 지지자가 되기도 한다(Johnson,1985). 초기의 중산계급은 혁명성을 가지지만 수가 증가함에 따라 점차 보수적인 성향을 가지게 된다. 이들은 지식과 기술에 의존해 비교적 안정되고 풍부한 봉급을 받으면서 중등소득 이상을 유지하고 사상이 보수적이 되면서 급진성이 결여되고 체면 유지와 지위에 상응하는 생활을 추구하는 것을 특징으로 한다(Mills, 1951). 중산계급은 사회의 주류 가치관을 인정하면서 노동자계급과는 근본적 차이를 가진다. 그들은 비록 고용되어 있지만 노동자와는 달리 대부분 고용주와 우호적인 관계를 유지하며 현존하는 체제에서 이득을 얻는 계급이다(Goldthorpe, 1982). 이들을 정치적으로 보수적이고 냉담하며 명확한 의식이 없는 계급이라고 부르는 이유는 중산계급을 구성하는 사람들의 물질적 이익과 사회적 지위가 상이해 공통된 정치운동을 전개할 현실적 기초가 없다고 보기 때문이다. 이러한 중산계급의 속성으로 인해 사람들은 중산계급이 사회 안정 기능의 작용을 한다고 여긴다(李友梅, 2005). 그러나 한국을 비롯한 아시아의 신흥국가들에서는 중산계급이 민주화를 추진하는 동력이 되었으며 단순히 권력에 순응하는 계급만은 아님을 보여주기도 했다. 중산계급이 사회적으로 어떤 기능을 할 것인지는 중산계급의 규모와 경제적 능력, 문화적 소양 등의 상황과 더불어 그들이 속한 사회의 성격이 중요한 변수가 될 것이다.

계급의식에 관한 연구가 중요한 것은 계급의식이 사회개혁을 추동하는데 영향을 준다고 보기 때문이다. 중국 중산계급의 계급의식에 대해서도 상반된 견해가 존재하는데 하나는 중산계급이 미래 사회변혁을 일으킬 것이라는 견해이며, 다른 하나는 중산계급이 사회 안정의 기초라고 보는 견해이다. 따라서 현재 중국 중산계급의 계급의식

에 대한 분석은 그들이 앞으로 어떠한 역할을 할 것인지를 판단하는
데 필요한 과정이 될 것이다.

이 책에서 활용한 중국종합사회조사의 2006년, 2008년, 2010년 자
료는 본인의 주관적 계층지위를 묻는 문항을 포함한다. 이 중 2008년
자료에서는 하층계급, 노동자계급, 중하계급, 중산계급, 중상계급, 상
층계급 등 6개의 계급명을 제시하고 이 중 "본인이 어느 계급에 속한
다고 생각하는지"를 묻는 문항도 함께 포함되어 주관적 계급 정체성
과 계층지위 사이의 관계도 가늠해 볼 수 있다.

<표 4-1>에서 알 수 있듯이 2008년 중국종합사회조사의 동부지역
응답을 바탕으로 계급귀속의식의 분포를 보면 6개의 계급 중 본인이
'중산계급'에 속한다고 응답한 사람들의 비율이 34.2%로서 가장 높았고,
다음으로는 '노동자계급'을 선택한 응답자가 전체의 26%를 차지하였다.

<표 4-1> 계급귀속의식의 분포

계급범주	분포(%)
상층계급	0.3
중상계급	3.0
중산계급	34.2
중하계급	21.2
노동자계급	26.0
하층계급	15.4
합계	100.0

자료 : 2008CGSS

계급명을 제시하고 본인의 주관적 위치를 물었을 때 전반적으로 응
답자들은 사회적으로 상층으로 여겨지는 상층계급과 중상계급보다는
상대적으로 낮은 위치의 네 개 계급 중 하나에 자신을 일치시키는 경

향을 보였다. 이는 계급귀속의식이 중간계급 쪽으로 수렴되는 현상을 보이고 있는 한국을 비롯한 다른 자본주의 국가와는 구별되는 것이다. 비록 주어진 계급범주 내에서 중산계급을 선택한 비율이 가장 높긴 하지만 다른 선진국가에 비해서는 매우 낮다. 흔히 중간계급 귀속의식은 사회안정화의 지표로 사용되어 본인을 중간계급으로 인지하는 사람들이 많을수록 안정된 사회라고 말한다. 미국은 이미 1940년대에 중간계급에 귀속되어 있다고 생각하는 사람들의 비율이 80%를 넘었고 1970년대 일본의 경우에는 90%를 넘었다(김병조, 2000). 이에 비추어볼 때 아직 본인이 중산계급에 귀속되어 있다고 생각하는 사람들의 비율이 전체의 34%밖에 안 되는 중국을 '안정된 사회'라고 말하기는 어렵다고 본다. 중국사회에서 중산계급 귀속의식이 낮은 원인은 중국에서 중산계급이 양적으로 충분히 발전하지 못한 것과 관련된다. 특히 필자는 인터뷰를 시작하기 전 대부분의 피면접인들로부터 중산계급이 무엇이냐는 질문을 받았는데 이는 아직도 중국에서 '중산계급'이라는 단어가 비교적 낯설다는 것을 말해준다.

주관적 계층지위를 판단함에 있어 주목할 지점은 본인이 해당한다고 생각하는 계급을 선택하게 하는 방식과 전체 사회를 10개의 등급으로 나누었을 때 본인이 어느 정도 위치에 속한다고 생각하는지를 선택하게 하는 방식의 질문에 대한 응답 결과가 달랐다는 점이다. 사회계층을 5개의 층위로 나누었을 때 본인의 계층지위를 응답한 결과 <표 4-2>를 보면 <표 4-1>과 뚜렷한 대조를 이루고 있음을 알 수 있다.[1] <표 4-1>

---

1) 원래 조사에서는 사회계층의 등급을 1(상)~10(하)까지의 10분위로 나누고 그중 자신이 어느 정도 위치에 있는지를 표시하게 하였다. 이 책에서는 10분위 값을 두 개씩 묶어 5개의 계층범주로 정리하였다.

에서 '중산계급'의 비율은 34%인데 반해 <표 4-2>의 2008년 결과에서 '중중층'의 비율은 약 53%, '중상층'은 11.3%로, 합치면 약 64%에 달한다. 이러한 차이가 나타나게 된 것은 '노동자계급'이라는 계급범주와 관련된다고 본다. <표 4-1>에서 '노동자계급'을 선택한 비율은 '중산계급' 다음으로 높았다. 이는 중국인들이 전통적인 계급분류방식, 즉 노동자계급과 농민계급으로 양분하는 방식에 익숙해져 있기 때문에 도시 중산계급의 경우 규범적으로 자신의 계급을 '노동자계급'으로 규정하는 것으로 생각된다. 반면 계급범주보다는 사회에서의 상대적 지위에 초점을 맞춘 계층지위를 묻는 문항에 관한 응답결과인 <표 4-2>에서는 본인이 '중중층'이라고 생각하는 응답자의 비율이 53%에 달할 만큼 집중적으로 나타난다. 이러한 차이는 주관적 귀속의식 측면에서 규범적으로는 여전히 스스로를 노동자계급과 동일시하는 사람들이 상당수 있지만 실질적으로 본인이 중간정도의 생활수준을 영위하고 있다고 생각하는 집단이 존재함을 의미하는 것으로 볼 수 있다. 계층귀속의식 분포의 연도별 변화를 살펴보면 2006년에서 2010년 사이에 본인을 중간층이라고 생각하는 사람들의 비율이 상대적으로 높아졌음을 확인할 수 있다.

<표 4-2> 연도별 계층귀속의식의 분포

단위 : %

계층범주 \ 연도	2006	2008	2010
상층	0.1	2.0	0.6
중상층	3.2	11.3	6.5
중중층	30.8	52.8	47.5
중하층	33.4	22.3	30.8
하층	32.5	11.7	14.6
합계	100.0	100.0	100.0

자료 : 2006, 2008, 2010CGSS

부문별로 계급귀속의식을 살펴보면 다음과 같다<표 4-3>. 스스로를 중산계급 및 그 이상으로 판단하는 응답자 중에서는 정부부문에 속한 사람의 비율이 가장 많았다. 2008년 CGSS에 의하면 사유부문의 평균 연소득이 6만 3천 위안이고 정부부문의 평균 연소득은 그보다 훨씬 낮은 2만 5천 위안이다. 그럼에도 불구하고 정부부문에서의 주관적 계급지위가 높게 나타난 것은 중국사회에서 자신의 사회계급을 판단하는 데 있어 경제자본보다 권력자본의 힘이 더 강하다는 것을 말해준다. 이는 로나타스(Rona-tas, 1994)의 연구결과와 일치하는 면을 보인다. 그는 중국에서 시장개혁과 동시에 권력을 가진 간부의 세력이 여전히 유지되면서 정치자원을 가진 간부를 중심으로 위계적인 계급분화가 나타난다고 주장하였다. 사유화의 과정에서 간부는 재분배권력을 사회네트워크 자원으로 만들어 최종적으로는 사유재산으로 전환한다는 것이다.

<표 4-3> 부문별 중산계급의 계급귀속의식

단위:%

귀속계급	부문		
	정부	공유기업	사유기업
상층계급	2.2	0.3	0.4
중상계급	8.9	2.7	3.3
중산계급	35.6	30.1	34.6
중하계급	15.6	18.9	20.7
노동자계급	28.9	36.6	26.3
하층계급	8.9	11.4	14.7
합계	100	100	100

주 : F=3.045*
자료 : 2008CGSS

다음으로는 앞서 제시한 계급분류기준을 중심으로 분류한 객관적 계급범주와 주관적 계급귀속의식 사이의 관계를 확인하였다<표 4-4>. 응답자들은 전반적으로 자신의 객관적 계급지위에 비해 스스로의 계급지위를 낮게 판단하는 경향이 있었다. 특히 객관적으로 상층에 속하는 응답자 중 자신을 '상층계급'에 귀속시키는 경우가 하나도 없다. 다만 하층의 경우에는 객관적 계급지위에 비해 스스로의 계급을 높은 쪽에 위치시키는 경우가 많았다. 이는 하층의 경우에도 자신보다 더 못한 사람들의 존재를 인식하고 있다는 사실과 노동자－농민계급 중심의 상대적으로 평등한 사회를 표방해 온 중국사회의 특성이 함께 반영된 결과로 보인다. 상층이 자신을 낮추어 판단하는 것 역시 이러한 규범적 평등지향과 중국인들의 부를 드러내지 않는(不露富) 심리가 반영된 것으로 이해해 볼 수 있다.2)

<표 4-4> 계급별 귀속의식의 분포

단위 : %

귀속계급	계급구분			
	상층	중산계급		하층
		중상층	중중층	
상층계급	0	1.3	0.3	0.1
중상계급	10.5	8.0	4.8	1.4
중산계급	44.7	46.0	45.6	24.5
중하계급	26.3	18.0	19.8	20.3
노동자계급	15.8	22.0	25.2	36.9
하층계급	2.6	4.7	4.2	16.8
합계	100	100	100	100

주 : F=48.702*
자료 : 2008CGSS

---

2) 전통적으로 중국의 부자들은 다른 사람들의 질투와 목숨을 잃는 재앙을 피면하기 위해 부를 드러내지 않았는데 이러한 습관이 현재까지 지속되고 있다. 오늘날 '부를 드러내지 않는' 현상은 부정적으로 부를 축적한 사람이 많아진 것과도 연관된다.

중산계급 역시 전반적으로 자신의 계급지위를 실제보다 낮게 평가하는 경향을 보인다. 중산계급 중 절반가량의 응답자들은 자신을 '중하계급' 혹은 '노동자계급'에 귀속시키고 있다. 이러한 경향은 인터뷰 중에서도 나타났다.

> "저는 절대로 중산계급이 아닙니다. 최소한 연소득이 50만 위안 이상이 돼야 중산계급이라고 할 수 있습니다."(사례13)

> "고급주택에서 살고 고급승용차를 운전하며 생활에 아무런 부담이 없어야 진정한 중산계급입니다."(사례9)

> "대기업 사장이나 되어야 중산계급이지 저처럼 눈에 띄지도 않는 사장은 중산계급 축에 끼이지 못하지요."(사례25)

사례13은 연소득이 15만 위안에 달하며 사례9는 연소득이 20만 위안이다. 그리고 사례25는 연소득이 60만 위안에 이른다. 이들은 소득이 상당히 높음에도 불구하고 스스로를 낮은 계층으로 평가하고 있다. 이들과의 인터뷰를 통해, 중산계급의 낮은 계급귀속의식은 스스로를 노동자계급으로 여겨야 한다는 규범의 영향도 있겠지만 그들이 인식하는 이상적 '중산계급'의 이미지가 현실에 비해 높게 설정되어 있다는 점, 현실 속에서 타인과의 비교를 통해 형성된 결과임을 확인할 수 있었다. 피면접인들이 말하는 '고급주택'과 '고급승용차'는 그들이 생각하는 '중산계급'의 대표적인 지위상징물이며 이러한 것들을 소유하고 있거나 혹은 소유할 수 있는 경제적 능력을 갖춘 사람만이 '중산계급'으로 불릴 수 있다. 따라서 그들은 '중산계급'의 이상적인 이미지와 자신의 실제 생활수준을 비교하면서 스스로를 중산계급이 아니라고 말한다. 이러한 기준 아래에서 스스로가 중산계급이라고 자신 있게 말할 수 있는 사람들은 소비수준이 비교적 높은 자영업자와 기업의 경영자 정도였다. 이들이 준거기준으로 제시하는 이상적 중산계급의 이미지는 주로 상품광고가 만들어낸 것이다. 상품판매자들이 중산계급의 이미지를 과대 포장하여 홍보하였기에 피면접인들은 중산계급을 단편적으로 인식하고 있었다. 흔히 광고는 소비이데올로기의 결정판으로 언급된다(김왕배, 2001). 소비는 단순히 물적 재화를 사용하는 것만이 아니라 물적 재화에 부여된 사회적 의미와 상징을 함께 사용하는 것이다. 소비자들은 물적 재화를 소비함과 동시에 그에 딸린 상징을 소비함으로써 정신적 욕구를 충족시킨다. 이러한 소비를 부추기는 것은 다름 아닌 광고이다. 광고는 새로운 욕구를 만들어 낼뿐 아니라 상품에 대한 동경과 존경을 불러일으키게 한다.

<그림 4-1> 중산계급의 이미지

주 : Baidu에서 중산계급 이미지 검색결과

<그림 4-1>에서 두 개의 사진은 중국사회에서 추구하는 중산계급의 이미지를 보여주고 있다. 왼쪽의 사진은 자동차판매회사의 광고용

이미지인데 세 명의 백인모델이 등장한다. 백인모델은 '서구'를 상징하며 '서구'는 '비서구'에 비해 '우월하고 문명화된 것'으로서 하나의 선망의 대상이 된다. 즉 백인모델은 중산계급의 '우월성'을 대표하는 것으로 이해할 수 있다. 또한 깔끔하게 빗은 머리에 정장차림을 한 모델들의 세련되고 지적인 모습은 중산계급의 품위와 능력을 나타낸다고 할 수 있다. 이 광고에서는 BMW, LEXUS, BENZ, AUDI 등을 고급자동차의 모델로 제시하며 이들 자동차를 '중산계급의 완벽한 선택'이라는 짧은 문구로 소개한다. 이는 이들 고급자동차를 소유하면 완벽한 중산계급이 될 수 있다는 내용을 축약해서 표현한 것이다. 즉 고급자동차는 중산계급의 지위상징물이라는 선전을 통해 중산계급을 지향하는 사람들의 욕망을 자극하고 그들의 고급자동차에 대한 동경을 불러일으킨다.

왼쪽 사진에서 중산계급이 '품위', '능력', '문명'을 상징하는 계급으로 표현된다면 오른쪽 사진에서는 '여유'와 '안락함'을 누리는 계급으로 묘사되고 있다. 오른쪽 사진은 단란한 가족이 야외에서 소풍을 즐기고 있는 모습을 담고 있는데 이는 중산계급의 여유로운 생활을 의미한다. 특히 이 사진은 자연을 배경으로 하고 있으며 편안한 분위기를 강조하고 있다. 도시의 인위적인 삶에 점차 부정적인 의미가 덧씌워지는 현대사회에서 자연, 게다가 가족과 함께 하는 자연에서의 휴식은 안락과 유토피아를 제공하는 의미로 등장한다. 게다가 이러한 휴식은 모두가 누릴 수 있는 것이 아니다. 오직 금전적, 시간적인 여유가 구비된 일부 계급에게만 그 접근이 허용된다.

이와 동시에 중산계급은 주변인들과의 비교를 통해서 자신의 지위를 판단하는 경향이 있는데 그들의 비교대상은 주로 자신이 속한 집단에서 가장 상층부에 위치한 사람들이었다. 즉 피면접인들은 비교적 강한 상향비교의식을 갖고 있는데 이 역시 그들 스스로 아직 중산계급에 도달하지 못했다고 생각하는 원인으로 작용한다. 주변인들과의 비교는 주로 자산이나 소득에 대한 비교가 주를 이룬다.

> "저는 사업상 부자들하고만 거래하는데 그들과 비하면 저의 수입은 아무것도 아닙니다."(사례21)

> "저는 원래 중산계급에 속한다고 생각했는데 대학교 동창이 받은 연말보너스를 보고 사실은 제가 빈곤층이라는 것을 알게 되었습니다."(사례17)

또한 일부 피면접인들은 현재의 소득분배가 매우 불공정하다고 보고 있었다. 중국에서는 시장화 이후 업종별 소득격차가 커졌고 같은 업종 내에서도 운영주체가 공유부문인가 사유부문인가의 차이에 따라 개별 노동자 사이의 소득격차가 심화되고 있다. 이러한 현실 속에서 일부 고등교육을 받은 중산계급은 그보다 학력이 낮은 사람에 비해 소득이 적다. 직업명성과 소득 간에 불일치가 존재하는 것이다. 또한 같은 업종에 종사한다 하더라도 사영기업에 종사하는 경우는 상대적으로 소득이 높다. 예를 들어 국립병원에서 근무하는 의사와 사립병원에서 근무하는 의사의 소득은 세배 이상 차이가 난다. 이러한 상황에서 중산계급은 상대적으로 적은 소득을 기준으로 자신의 계급지위를 낮추어 판단한다.

"저의 월급이 8천 위안이라고 하면 사람들은 안 믿습니다. 제가 박사를 졸업했고 대학교에서 근무한지 5년이 되는데 월급이 왜 그 것밖에 안되냐고 의아해합니다. 하지만 이건 사실입니다. 지금 교수의 월급이 호텔종업원보다 적습니다."(사례12)

"사람들은 제가 국립병원에서 근무한다고 부러워하지만 월급이 너무 적습니다. 지금 사립병원에서 일하고 있는 제 동창의 월급은 저의 2배가 됩니다. 거기에 인센티브까지 합치면 3배, 4배로 됩니다."(사례10)

소득분배의 공정성에 대한 불만은 전반적인 통계결과에서도 나타난다. <표 4-5>에서 "당신은 노력한 만큼 보수를 받고 있는가?"라는 질문에 '노력한 만큼 보수를 받고 있다'고 응답한 사람은 전체의 38%를 차지한다. '조금 적다'고 응답한 비중은 47%이며 '매우 적다'고 응답한 비중은 12%이다. 즉 반수 이상의 응답자가 현재의 소득분배가 본인의 노력에 비해 불공정하다고 인식하고 있다. 계급별로는 하층과 중상층의 불공정의식이 가장 높았는데 '조금 적다' 혹은 '매우 적다'라고 응답한 비율이 각각 61%를 차지한다. 노력한 만큼의 보상을 받지 못하고 있다는 인식은 중산계급으로 하여금 소득을 기준으로 본인의 주관적 계급지위를 상대적으로 낮춰 판단하게 하는 기제이자, 더 나아가 현재 중국사회의 공정성에 대한 의구심을 낳는 요소로도 작용한다.

<표 4-5>계급별 소득분배에 대한 인식
(당신은 노력한 만큼 보수를 받고 있는가?)

단위 : %

	상층	중산계급		하층
		중상층	중중층	
매우 적다	11.8	12.1	11.6	11.7
조금 적다	41.2	48.6	42.6	49.4
적당하다	47.1	34.6	42.6	36.1
조금 많다	0.0	2.8	2.8	2.2
매우 많다	0.0	1.9	0.5	0.6
합계	100.0	100.0	100.0	100.0

자료 : 2008CGSS

이와 같이 중국사회의 공정성문제는 분배제도와 밀접한 연관이 있다. 분배는 재생산과정의 중요한 단계일 뿐만 아니라 생산과 소비를 연결하는 데 있어서 관건적인 역할을 한다. 분배제도가 합리적이고 효율적인지 여부는 경제가 지속적이고 안정적으로 발전할 수 있는지와 직접적인 관련이 있으며 사회가 장기간 안정될 수 있는지에 영향을 준다. 중국에서 1956년 사회주의개조를 완성한 후부터 1978년까지 20여 년 간 노동에 의한 분배가 유일한 분배방식이었으며 그 구체적인 형식은 도시기업과 정부, 공공기관은 모두 급여제를 실시했고 농촌은 점수제를 실시했다. 우선 분배체계에서 국가는 절대적인 지위를 차지했다. 농촌에서 생산대(生産隊, 생산대별로 30가구 정도의 농가가 있다)는 기본적인 집체경영단위인데 노동량의 많고 적음, 노동 강도의 크기에 따라 점수를 계산하였으며 농민은 점수에 따라 수입을 분배받았다. 생산대의 수입은 농산물의 수량과 가격에 의해 결정되었으며 당시 농산물의 가격은 모두 국가에서 계획적으로 관리하였기 때문에 농민들의 소득은 국가의 통제를 받았다. 다음 심각한 평균주의가 존재하였다. 동일 부문, 동일 업종의 급여기준은 전국적으로 통일되었고 기업의 등급이 같으면 실적이 좋든 나쁘든 똑같은 금액의 급여를 받을 수 있었다. 농촌에서도 평균분배가 존재하였는데 농민은 단체로 노동을 하였으며 점수와 가족 수에 따라 식량과 생필품을 분배받았다.

개혁개방 이후 중국은 일련의 개혁을 실시하여 기존의 평균주의를 극복하고 사람들의 생산적극성을 불러일으키려 하였다. 따라서 일부 지역, 일부 기업, 일부 근로자가 성과가 많으면 소득을 더 많이 받고 생활이 먼저 좋아지도록 하였다. 분배제도개혁은 1980년대 농촌에서 실시하던 농가하청경영책임제(家庭聯産承包責任制)를 돌파구로 삼았다. 농가하청경영책임제는 국가, 집단, 개인의 권리, 책임 및 이익관계를 명확하게 구분하였으며 농민의 소득과 노동성과를 효과적으로 연결시켰다. 도시에서는 기업의 경영상황에 근거하여 자체적으로 직원의 급여를 결정하도록 하였으며 국가는 기업으로부터 세금을 징수하였다. 기업 내부에서는 급여수준을 차등화 하여 부지런한 사람을 장려하고 정신노동과 육체노동, 숙련노동과 비숙련노동 간의 소득차이를 확실하게 구분될 수 있도록 하였다. 또한 정신노동의 보수가 낮은 상황을 개선하도록 하였다. 2002년 중국공산당 제16기 전국대표대회에서는 생산요소에 의한 분배의 범위를 확정하였고 "효율을 우선시하고 공평을 동시에 돌보는" 원칙을 제시하였다. 첫째는 노동, 자본, 기술, 관리가 기본적인 생산요소라는 것을 명확히 하였으며 지식, 자원, 정보 등 생산요소가 부를 창출하는 과정에서 적극적인 역할을 한다는 것을 부정하지 않았다. 둘째는 생산요소를 공헌도에 따라 분배하도록 하였다. 효율과 공평의 관계에 대해서는 1차 분배는 효율을 중시하여 시장의 역할을 발휘하도록 하며 일부 사람들이 우선 부유해지는 것을 격려한다. 재분배는 공평을 중시하며 정부의 수입에 대한 조절기능을 강화하여 너무 큰 격차가 나는 수입은 조절한다. 현재 상술한 분배제도가 기본적으로 수립되었지만 소득격차가 크고 회색소득과 불법소득이 비교적 큰 비중을 차지하는 등 분배상의 문제가 여전히 존재하고 있다.

중산계급이 자신의 계급지위를 판단할 때 의거하는 기준이 무엇인지에 대해 살펴보면<표 4-6> 대부분의 사람들이 1순위는 '소득'을 꼽았고 2순위로는 '생활방식'을 꼽았다. 생활방식은 소득과 높은 상관을 갖는 것으로서 사람들이 계급을 판단할 때 경제적 수준을 가장 먼저 고려하고 있음을 알 수 있다. 반면 '직업'과 '학력'은 '소득'에 비해 계급지위 판단에 덜 중요한 기준으로 나타났다.[3]

<표 4-6> 중산계급의 계급적 지위 판단기준(복수 선택)

순위	기준	%
1	소득	87.5
2	생활방식	45.0
3	사회적 지위	40.0
4	도덕수준	37.5
5	주택	32.5
6	학력	22.5
7	직업	20.0
8	가정배경	5.0

자료 : 질문지

---

3) 이러한 현상은 중국뿐만 아니라 한국사회에서도 나타나고 있다. 서울시정개발연구원의 2002년도 조사를 보면 10명 중 8명이 본인의 계층지위 판단에서 가장 중요한 기준으로 소득수준을 선택하였고 그다음으로 소비수준을 꼽았다(홍두승, 2005).

　또한 계급지위의 판단기준에서 가장 적게 의거하는 기준이 '가정배경'인 것으로 나타났다. 이는 중산계급이 개인의 능력에 의해 생존을 모색하기 때문에 세습적인 요소가 계급지위의 확정에 결정적인 의미를 갖지 않기 때문인 것으로 판단된다. 실제로 피면접인 중에는 노동자와 농민가정 출신이 가장 많았는데 이들은 '현재의 계급적 지위에 도달하게 된 가장 중요한 요소'가 '자신의 노력'이었다고 대답했다<그림 4-2>.

　사례25는 농촌에서 태어났는데 어릴 때 생활이 너무 가난하여 큰 언니가 중학교를 자퇴하고 생계를 도왔다고 한다. 그가 가난한 생활을 벗어날 수 있게 된 첫 번째 계기는 1978년에 대학교입시제도가 회복한 것이다. 그는 간호대학에 입학하였으며 졸업하고 기층병원에 일자리를 분배받게 되었다. 그는 간호사 출신이었으나 병원 원장이 약국에 일손이 필요하다고 하여 약사공부도 하였으며 약사자격증을 따고 나서는 병원에서 일을 그만둘 때까지 약국 주임으로 근무하였다.

> "일을 할 때에는 힘든 줄을 모릅니다. 재미있습니다. 간호사를 할 때에는 간호사 일이 재미있고 약사를 할 때에는 약사 일이 재미있습니다. 일하다 보면 성취감이 있지 않습니까? 그 성취감 때문에……약국에서 일 할 때 처음에는 서약(西藥)만 있고 중약(中藥)은 없었습니다. 중약도 필요하니까 저보고 하라고 해서, 그래서 시작했는데 첫 달에는 삼백 가지가 넘는 약 명칭을 외우고 가격도 외우고……첫 달에 5천 위안의 이윤을 남겼습니다. 그다음부터는 2만, 3만, 제가 일을 그만 둘 즈음에는 매달 10만 위안 이상의 이윤을 남겼습니다."(사례25)

　어렸을 때부터 의상디자인에 관심을 가졌던 그는 병원에서 퇴근한

뒤 틈틈이 디자인학습반을 다니면서 의상디자인을 공부했다. 그는 가
계에 보탤 생각으로 자신이 만든 옷을 시장에 내다 팔았다. 당시 중국
은 시장 경제 초기라서 누구나 시장에서 물건을 팔 수 있었다. 그가
만든 것은 아동복이었는데 장사가 의외로 잘되었다고 한다. 그는 항
상 가난한 생활에서 벗어나는 것이 목표였고 언젠가는 자신의 사업을
일구려는 꿈을 가지고 있었다. 현재는 남편이 적극적으로 지지해준
덕분에 노래방을 경영하게 되었다고 했다.

> "외국에 개인기업이 많은데 우리도 그런 기업을 하나 갖고 있었
> 으면 좋겠다고 생각했습니다. 1996년에 남편이 공무로 일본에 다녀
> 오게 되었는데 돌아와서 그동안 조금씩 모은 돈으로 노래방을 시작
> 했습니다. 당시 일본에서 가라오케가 유행했는데 중국에는 많지 않
> 았습니다. 그때 제가 병원에서 근무하고 있어서 두 언니가 도와줬습
> 니다. 노래방이 굉장히 잘 됐습니다. 제 월급이 300위안 정도였는데
> 노래방 수입이 3만 위안이었습니다. 천문학적 숫자였습니다. 그래서
> 병원에서 사직하였습니다."(사례25)

그는 자신이 큰 성공은 이루지 못했어도 지금과 같은 성과를 거둘
수 있게 된 것은 배우기를 좋아하고 부지런했기 때문이라고 한다. 그는
지난해에 음식협회에 가입하였으며 지금도 매주 요리를 배우러 다닌다.

> "다른 사람들 보기에는 노래방 사장은 돈밖에 모르고, 노래방은
> 그냥 술 마시는 장소라고 생각합니다. 제가 노래방을 하게 된 원인
> 은 사람들에게 자신을 표현할 수 있는 기회를 제공해주고 싶었기 때
> 문입니다. 일반인들이 무대에서 노래할 수 있는 기회가 몇 번 있겠

습니까? 제가 노래방에 작은 무대를 설치한 것도 이러한 이유 때문
입니다. 단순히 돈을 벌려면 그냥 음식점을 하고 말지 이렇게 힘들
게 노래방을 하지 않습니다. 노래방에 대한 편견이 많습니다. 그래
서 저는 밖에 나가면 보통 저의 직업을 약사라고 합니다."(사례25)

상술한 사례에서 알 수 있듯이 사례25는 농민계급에서 중산계급으
로 상승 이동한 경우로서 그가 중산계급의 지위를 획득하게 된 중요
한 요소는 본인의 노력이었다. 그의 노력과정을 자세히 살펴보면 우
선 그는 노력을 통해 대학교에 입학 할 수 있었다. 현재와 달리 고등
교육이 보편적이지 않았던 당시 사례25가 대학교에 입학했다는 사실
은 그가 학업에 많은 노력을 기울였다는 것을 말해준다. 즉 그는 교육
을 통해 신분상승을 실현할 수 있는 기회를 얻게 된 것이다. 그가 병
원에서 약국주임으로 근무할 수 있었던 것도 대학교 교육을 받았기
때문인 것으로 볼 수 있다. 물론 주임이라는 직업지위에 오르기까지
그의 노력이 동반된 것도 사실이다. 약국주임이라는 신분은 그가 이
미 중산계급에 진입하였음을 말해준다. 하지만 그는 약국주임이었던
시절보다는 현재 노래방사장이 되기까지의 노력에 대해 더 강조한다.
여기서 그가 "가난한" 약국주임을 중산계급의 범주에 포함시키지 않
고 있음을 알 수 있다. 그렇다고 그가 "잘 사는" 노래방사장을 중산계
급으로 인식하고 있는 것도 아니다. 그는 현재의 직업에 대해 당당함
을 결여하고 있었는데 자신의 직업을 노래방사장이라고 공개하는 대
신 약사라고 말하고 있다. 즉 사례25가 인식하고 있는 중산계급은 일
정한 자산을 소유하고 있을 뿐만 아니라 전문직과 같은 "떳떳한" 직
업을 가진 사람이라는 것을 알 수 있다.

사례25의 노력과정에는 여러 가지 "기회"들이 포함되어 있다. 첫째는 대학교입시제도가 회복되어 고등교육을 받을 수 있는 기회가 열린 것이고, 둘째는 중국에서 시장화가 진행되어 돈을 벌 수 있는 기회가 생긴 것이며, 셋째는 남보다 먼저 시장에 접근할 수 있는 기회를 얻게 된 것이다. 즉 그는 남편을 통해 노래방 장사를 하면 돈을 벌수 있다는 정보를 얻게 되었는데 이러한 정보는 그가 시장에서 성공할 수 있는 중요한 요소 가운데 하나라고 볼 수 있다.

<그림 4-2> 중산계급의 지위획득 요소에 대한 평가(복수 선택)

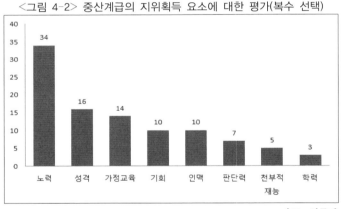

자료 : 질문지

앞서 계급지위를 판단하는 기준에서 '사회적 지위'가 3위를 차지했다. 이는 중국의 계급구조에서 권력과 특권이 중요한 역할을 하고 있다는 것을 반영한다. 일반적으로 자본주의 사회에서는 직업이 사회적 지위와 연관된다. 그것은 자본주의 사회에서 시장이 가장 중요한 자원분배의 수단이며 노동력자원의 분배가 시장에 의존하기 때문이다. 노동력자원은 직업을 기초로 하여 시장에서 가치를 인정받으며 사람들의 경제적 이익은 직업을 통해서 실현된다. 그러나 중국사회에서는 직업과 사회적 지위의 연관성은 상대적으로 약하며, 사회적 지위는 정치권력과 밀접한 연결을 가지고 있다. 시장경제로의 전환과정에서 권력은 지속적으로 사회자원의 분배에 막대한 영향을 미치고 있으며 전통적인 사회주의체제에서의 권력엘리트는 여전히 최대의 수혜자집단이다. 시장경제가 도입된 후 재산권구조와 이익배분방식이 달라졌지만 시장이 기존의 권력관계를 바탕으로 발전하였기 때문에 정치적 권력을 소유한 사람이 우선적으로 경제적 이익을 얻을 수 있는 것이다. 피면접인 중에서 여행사를 운영하는 L씨(사례8)의 경우에도 관광국 공무원이었던 경력과 그 가운데에서 쌓은 관계들이 국유기업 양도와 이후 운영에 지속적인 영향을 행사한다.

여행사를 하기 전 L씨는 공무원이었으며 관광국에 근무하고 있었다. L씨는 90년대 중반 중국에서 국유기업개혁을 실시하던 시기에 정부로부터 기업을 양도받았다. 그는 젊고 유능하여 상사들한테 신임을 받았으며 이러한 신뢰관계 덕분에 경영인 직책을 맡게 되었다고 한다. 공무원들의 해외출장은 정부의 위탁을 받아 전적으로 그가 책임지게 되었다. 최근 중국에서 부패를 근절하려는 목적으로 공무원들의 해외출장을 제한하는 새로운 정책을 추진하면서 많은 여행사들이 문을 닫고 있다. '나라 돈'으로 여행을 하는 사람들이 갑자기 줄어드는 바람에 여행 업계는 손해를 보게 되었다. 물론 그의 기업도 영향이 없는 것은 아니지만 L씨는 아직까지 기업을 유지하는 데는 별 문제가 없다고 했다. 그는 자기 여행사가 '좋은 이미지'를 갖고 있기 때문에 일반인들이 많이 찾아온다고 하였다. 그가 말하기를 대부분의 사람들은 정부가 운영하고 있다거나 정부가 위탁한 기업이라고 하면 더 많이 신뢰한다. 그는 자신이 개혁개방의 혜택을 톡톡히 본 사람이라고 말한다. 개혁개방이 있었기 때문에 자신이 현재 건물 한 채를 소유할 수 있게 되었다고 했다.

제2절 소비와 여가

1. 중국사회 소비구조의 변화

개혁개방부터 현재까지 중국의 소비구조는 대체로 4개 단계를 거쳐왔다. 첫 번째 단계는 1970년대 말부터 1980년대 전반까지인데 이 시기는 기본생활을 충족시키는 필수적 소비단계였다. 이 단계에서는 먹고 입고 쓰는 것이 소비의 중심을 이루었으며 사람들의 생활방식은 기본적으로 동일했고 생활용품소비도 선택의 폭이 좁았다. 농촌에서는 자전거, 손목시계, 재봉틀이 '3대 물품'이었고 도시에서는 흑백TV와 라디오가 사람들이 추구하는 물품이었다. 두 번째 단계는 1980년대 후반부터 1990년대 초기까지로 이 기간은 기본생활을 어느 정도 해결한 후의 초보적 소비단계였다. 이 단계 주요 소비품목은 가전제품이 주류를 이루었다. 도시에서는 전화기, 칼라TV, 냉장고, 세탁기가 유행하는 소비품목이었고 농촌에서는 TV와 라디오가 보급되었다. 이 시기 의류소비도 증가하였다. 세 번째 단계는 1990년대 중후반으로서 개성을 추구하는 소비단계에 진입하였다. 이 시기는 특히 브랜드제품의 소비가 증가하였는데 핸드폰, 에어컨, 고급가구, 컴퓨터, 오토바이 등 내구소비재의 보유율이 상승하였다. 1995년 도시주민 100가구당 내구소비재 보유량은 세탁기 93.4대, TV 124.9대, 선풍기 259.1대로서 기본적으로 포화상태에 접근했다. 그리고 오토바이 보유율이 6.8대, 오디오 10.1대 비디오카메라가 20.6대로서 소비자는 이들 제품을 구매할 때 브랜드를 중요시했다. 네 번째 단계는 1990년대 말부터 현재로 생활의 질을 추구하는 향유형(享受型) 소비단계라고 할 수 있다. 이 단계는 품위와 격조가 있는 소비 추구가 특징이다. 주택, 자가용 및 디지털 가전제품을 특징으로 하는 새로운 소비물결이 일어났으며 주택구매가 소비의 중심이 되었고 교육비와 문화오락비 지출도 크게 늘어났다. 2004년 도시주민 100가구당 칼라TV 보유율은 133.4대이며 최저소득가구에서도 107.1대에 달한다. 이 시기 또 한 가지 주요한 변화는 대출을 통해 앞당겨 소비하는 현상이 광범위하게 출현한 것이다.

<표 4-7>은 1990년부터 2011년까지 약 20년 사이 중국 도시가구의 소비구조가 어떻게 변화하여 왔는지를 보여준다. 20년 사이 기본적인 생활을 위한 지출의 비중이 크게 줄어들었음을 알 수 있다. 식료품비는 여전히 가계소비지출의 가장 큰 비중을 차지하지만 그 비중은 상대적으로 감소하고 있다. 1990년에 가계소비지출 중 식료품비가 차지하는 비율은 54.25%에 달했으나 2011년에는 36.32%로 감소하였다. 이에 비해 교통통신비와 의료보건비의 비중은 늘어나고 있다. 교통통신비는 20년 전에 비해 무려 14배가 증가하였다. 교통통신비의 증가는 자가용 승용차와 핸드폰의 급속한 보급에 따른 것으로 볼 수 있다. 2000년까지만 해도 전 세계 자동차 판매량의 37%는 미국에서 소비되었으며 중국에서 소화하는 자동차 판매량은 전 세계 판매량의 1%도 안 되었다. 그러나 현재 중국은 세계에서 가장 큰 자동차 시장이 되었으며 2009년 한해에만 1,360만 대를 판매하였다(Carlos Gomes, 2009). 또한 중국은 세계 최대의 핸드폰시장이며 현재 약 7억 명의 사용자가 있는 것으로 추정되

고 있다. 2008년 핸드폰제조회사 Nokia가 중국에서 거둔 순수매출수입
은 82억 달러로 이는 미국의 3배에 달한다(Nokia, 2008).

<표 4-7> 도시가구의 월평균 소비지출 구성

단위 : %

항목	1990	1995	2000	2010	2011
식료품	54.25	50.09	39.44	35.67	36.32
의복	13.36	13.55	10.01	10.72	11.05
주거	6.98	8.02	11.31	9.89	9.27
가정용품	10.14	7.44	7.49	6.74	6.75
교통통신	1.20	5.18	8.54	14.73	14.18
교육오락	11.12	9.36	13.40	12.08	12.21
의료보건	2.01	3.11	6.36	6.47	6.39
기타	0.94	3.25	3.44	3.71	3.83
합계	100	100	100	100	100

자료 : 중국통계연감, 각 연도

　　의료보건비 지출의 상승은 단위복지제도(單位保障制度)의 와해에 따른
것이라고 할 수 있다. 계획경제시대 개인은 단위를 통해 주택, 양로,
의료 등 복지를 제공받았다. 그러나 경제개혁을 추진하면서 국가는
경쟁에서 탈락한 국유기업을 해체시켰고 직공과 그 가족에게 제공하
던 복지서비스를 중단시켰다. 이에 따라 개인은 시장에서 제공하는
복지서비스에 의존해야만 했다. 중국은 과거의 의료보장체계를 대체
할 수 있는 새로운 보장체계를 제대로 확립하지 못했기 때문에 도시
주민의 의료비용이 급속도로 상승하고 있다. 2011년 의료보건비 지출
은 6.39%로서 가계소비지출에서 비교적 낮은 비중을 차지하고 있지
만 20년 전과 비교하였을 때 3배 이상 증가한 셈이 된다. 의료보건비
의 증가는 인구의 고령화와도 관련된다. 고령자일수록 의료보건지출

을 더욱 늘릴 수밖에 없기 때문이다. 2013년 중국의 60세 이상 노인 인구가 2억 명을 돌파하였으며 전체 인구의 15%를 차지하게 되었다. 이외에도 소득수준의 향상에 따라 건강에 대한 관심이 높아졌기에 상응한 지출이 증가한 것으로 볼 수 있다.

2011년 가계소비지출 항목을 보면 소비지출 중 가장 큰 부분을 차지하는 것이 식료품비이고 그다음으로 교통통신비, 교육오락비 그리고 의복구입비이다. 소비지출의 항목별 비중을 계층별로 살펴보면 계층마다 차이가 있음을 알 수 있다. 전반적으로 모든 계층에서 식료품비의 비중이 가장 크다. 식료품비의 비중은 상대적으로 낮은 계층에서 더 높다. 특히 하층에서는 식료품비가 가계소비지출의 40%를 차지한다. 교통통신비와 교육오락비 지출은 상층과 중상층에서 상대적으로 지출비중이 더 크다. 이 두 계층에서는 교통통신비가 교육오락비보다 더 많은 비중을 차지한다.

<표 4-8> 소득계층별 가계소비지출항목

단위 : %

항목	전체	상층	중상층	중중층	중하층	하층
식료품	31.4	25.2	30.6	34.9	36.1	40.8
교통통신	16.0	20.0	17.3	12.6	12.3	11.4
교육오락	15.0	16.3	15.1	14.9	14.9	11.5
의복	10.3	10.8	10.3	10.0	10.2	9.6
주거	8.8	9.1	8.4	8.3	8.4	9.7
가정용품	7.1	7.2	7.3	7.0	7.0	6.4
의료보건	6.9	5.5	6.4	8.6	8.0	8.1
기타	4.5	5.9	4.6	3.7	3.1	2.5
합계	100	100	100	100	100	100

주 : 위의 계층은 소득5분위계층이다.
자료 : 북경시통계연감, 2012년

<표 4-8>의 결과와 마찬가지로 필자의 인터뷰 <그림 4-3>에서
도 교육비와 식료품비는 지출비중이 큰 항목으로 꼽혔다. 반면 필자
의 인터뷰에서는 주거비가 가계소비지출에서 가장 큰 부분을 차지하
는 것으로 나타났다. 중산계급의 주거생활에 대해서는 뒤에서 분석하
기로 한다.

<그림 4-3> 중산계급가구의 지출이 가장 많은 항목(복수선택)

단위 : %

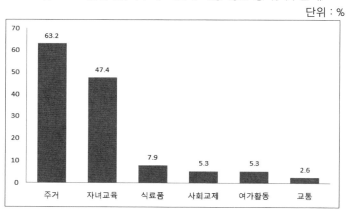

자료 : 질문지

일상적 소비지출에 있어 피면접인들은 현재 가파르게 상승하고 있
는 물가에 따른 지출부담을 호소하고 있었다.

"가상승이 너무 빠릅니다. 지금 월세가 2배로 올랐고 교통비, 전
기요금, 식료품비 안 오른 것이 없습니다. 마트에 가면 정말 놀랍습
니다. 피망 2개가 40위안(7천 원)입니다."(사례15)

"지금 저축한 돈으로는 북경에서 화장실 한 칸을 살 수 있습니다."(사례1)

"제가 출산하는 바람에 시부모님과 같이 살게 되었습니다. 그분들의 양로지출도 고려해야 합니다."(사례20)

"퇴직 후 여러 가지 문화생활을 즐기고 싶은데 현재의 양로보험으로는 어림도 없습니다."(사례6)

"회사에서 명목적으로 월급을 올려주고 있습니다. 자동차 기름값이 올라가는 만큼 제 월급도 올랐으면 좋겠습니다."(사례19)

<표 4-9> 도시주민 100가구당 내구소비재 보유량

품목	전체	상층	중상층	중중층	중하층	하층
세탁기	100	101	102	101	99	95
냉장고	103	104	104	102	101	101
전자레인지	87	92	92	87	85	74
에어컨	171	196	184	173	157	137
자가용승용차	38	60	41	29	31	22
이동전화기	215	223	222	210	209	207
칼라TV	138	149	142	137	133	125
컴퓨터	104	127	110	99	95	80
오디오	23	29	27	23	21	14
비디오카메라	21	35	26	19	14	7
피아노	4	7	5	4	4	1
헬스기구	6	11	6	5	5	3

주 : 위의 계층은 소득5분위계층이다.
자료 : 북경시통계연감, 2012년

계층별로 내구소비재 보유정도를 살펴보면 세탁기, 냉장고, 전자레인지, 에어컨, 칼라TV, 이동전화기, 컴퓨터 등 가전제품은 이미 모든 계층에 보급되었다. 오디오와 비디오카메라의 보급률은 매우 낮으며 주로 상층과 중상층이 보유하고 있는 것으로 나타났다. 사치품으로 간주되는 피아노와 헬스기구는 극소수의 가구만이 소유하고 있으며 상층의 경우에도 피아노는 100가구당 7대, 헬스기구는 100가구당 11대에 불과하다. 현재 중국에서 신분의 상징으로 간주되는 자가용 승용차는 그 소유여부가 계급적 지위를 판별하는 하나의 기준으로 작용하고 있다. 자가용승용차는 100가구당 평균 38대를 보유하고 있는 것으로 나타났는데 이는 선진국가에 비하면 매우 낮은 수준이다. 그중 상층과 중상층의 보유량이 평균수준을 넘어섰는데 상층은 100가구당 60대, 중상층은 41대이다.

<표 4-10>에서 알 수 있듯이 필자가 조사한 중산계급 소유의 승용차 가격은 대체로 25만~35만 위안(약 4,300만~6,000만 원)대였다. 승용차 브랜드는 비교적 다양하게 나타났다. 폭스바겐이 가장 많고 두 번째로 토요타, 세 번째로 아우디이다. BMW, 벤츠, 랜드로버 등 가격이 100만 위안(약 1억 7천만 원)이상인 호화승용차는 모두 자영업자 소유였다. 중국에서 10만~20만 위안의 승용차는 중급수준으로, 20만~40만 위안은 중고급수준으로 인식되고 있다. 이러한 기준으로 볼 때 북경의 중산계급은 비교적 높은 구매력을 갖고 있다고 할 수 있다. 특히 자영업자의 소비수준은 중산계급의 기타 구성원들을 훨씬 능가한다. 높은 소비수준은 높은 소득수준과 밀접하게 연관되는데 부문별로 중산계급의 소득을 살펴보면 공유부문 종사자의 평균 연소득은 16만 위안(약 2,800만 원)이고 사유부문 종사자의 평균 연소득은 41만 위안(약 7,000만

원)이며 그중 자영업자의 평균 연소득은 85만 위안(약 1억 5천만 원)이다. 즉 자영업자의 소득은 공유부문 종사자의 5배이며 사유부문 종사자의 2배에 해당한다.

<표 4-10> 인터뷰 참가자의 승용차 브랜드별 소유상황

단위 : 대

Audi	3	Kia	1
Benz	1	Landrover	1
BMW	2	Nissan	2
Buick	1	Peugeot	1
Chevrolet	1	Toyota	4
Citroen	1	Volkswagen	9
Honda	2	Volvo	1
Hyundai	1	무소유	6
Infiniti	1	합계	38

자료 : 질문지

중국에서 중산계급의 승용차소비는 상징적인 의미와는 거리가 멀어 보인다. 현재 회계사무소에 근무하고 있는 사례19는 자가용을 소유하고 있지만 평소에 지하철을 타고 출퇴근한다. 자가용 유지비뿐만 아니라 주차비가 너무 비싸기 때문이다. 북경에서 주차비는 지역에 따라 다르다. 특히 피면접인의 직장은 가장 비싼 지역에 위치해 있는데 8시간 주차하는 비용이 160위안(약 2만 8천 원)이다. 거기에 주유비까지 합치면 매달 5,000위안(약 86만 원)을 지출하게 된다. 이는 북경 전체 주민의 평균 월급에 해당하는 액수이다. 따라서 중산계급의 자가용 소비는 자신의 경제력을 토대로 한 것이며 순수한 의미에서의 상징적인 소비가 아닌 것으로 판단된다.

2. 중산계급 소비의식의 특성

현대 사회에서 소비가 사회적 이미지나 상징 등과 같은 비물질적 요소를 포함하므로 소비생활은 역사적 및 제도적 산물이며 사회가 발전해감에 따라 뚜렷이 변화하게 된다. 즉 소비는 경제적 행위일 뿐만 아니라 심리적, 사회적 및 문화적 측면이 있기 때문에 소비행위는 욕구충족을 위한 것이지만 이러한 욕구 자체가 자생적이라기보다는 한 사회의 문화적 가치관, 제도, 규범들과 관련된다. 따라서 소비의식이란 사회적 규범에서 소비자들의 특정 가치 및 행동양식에 대한 태도를 의미한다고 볼 수 있다. 이러한 의식은 소비행동을 유발시키며 소비자들의 소비행태를 결정짓는 요인 중 하나로 작용한다. 대부분의 소비자들에게 소비는 기본적이며 일상적인 것이지만 소비문화의 일부인 소비의식은 사회적 특성이 있다.

현재 중국사회에서 중산계급의 소비행위는 사회적인 여론을 형성해가고 있다. 이들은 생활의 걱정이 없고, 유행을 쫓으며, 품위와 격조가 있는 소비 집단으로 묘사되고 있으며 특히 쾌락주의자, 사회적 지위의 추구자로 불리고 있다. 즉 이들은 일반 대중들이 갈망하는 집단이다. 그러나 이와 같이 여론에서 언급하는 중산계급의 생활은 단편적인 현상에 불과하며 그들 생활의 전부는 아니다. 이는 그들의 소비의식에서 잘 나타나고 있다.

중국의 전통적 소비관념은 기본적으로 농촌문화에서 유래한 것이며 '평민적' 소비경향을 나타낸다. 즉 실용성과 내구성을 위주로 하며 기본적인 생활수요를 충족시키는 것을 목표로 한다. 또한 많이 저축하고 적게 소비하며, 먼저 저축하고 나중에 소비하는 방식을 취한다. 이러한 전통적 소비관념이 현재 어떻게 변화하였는지를 살펴보면 다음과 같다<표 4-11>. '돈을 절약하느니 차라리 잘 쓰는 것이 낫다'라는 질문에서 중산계급의 60%가 '매우 그렇다' 혹은 '그렇다'라고 응답한 반면 비중산계급은 43%가 '매우 그렇다' 혹은 '그렇다'라고 응답하였다. 즉 중산계급은 현대적인 소비관념을 받아들인 반면 비중산계급은 상대적으로 보수적인 것으로 나타났다. 양자 간의 차이는 통계적으로 유의미하였는데 이는 중국인의 소비의식에 매우 큰 변화가 생겼음을 의미한다. 잘 쓰는 것이 근검절약을 부정하는 것은 아니지만 최소한 이는 새로운 소비관념인 것이다.

<표 4-11> 근검절약에 대한 태도
(돈을 절약하느니 차라리 잘 쓰는 것이 낫다)

단위 : %

	매우 그렇다	그렇다	보통	아니다	매우 아니다	합계(N)
중산계급	34.9	25.6	11.0	12.2	16.3	100(172)
비중산계급	24.3	19.2	15.3	22.0	19.2	100(1200)
합계	25.7	20.0	14.8	20.8	18.8	100(1372)

자료 : 周曉虹(2005)

현대적인 소비방식의 가장 중요한 특징은 대출을 통해 소비하는 것이다(周曉虹, 2005). 대출소비는 먼저 저축하고 나중에 소비하는 전통적인 소비관념에 위배되는 행위이지만 이를 통해 사람들은 자신의 욕구를 즉시 만족시킬 수 있으며 앞당겨 향유할 수 있다. 중국사회에서 대출은 아직까지 널리 받아들여지지 않고 있다. 근검과 절약을 중시하는 관념이 사회에 깊게 뿌리박혀 있으며 부득이한 상황이 아닌 이상 대출을 하지 않는다. 특히 빚은 나쁘다는 고정관념으로 인해 대출을 기피하는 현상이 많으며 이는 가계 저축률의 지속적인 상승을 유발하고 있다. 현재 중국의 저축률은 46%이며 세계에서 가장 높은 수치를 기록하고 있다.4)

대출에 관한 인식을 보면 다음과 같다<표 4-12>. '대출소비는 필요한 것이다'라는 질문에서 중산계급의 43%가 '매우 그렇다' 혹은 '그렇다'라고 응답하였고 비중산계급은 29%가 위와 같이 응답하였다. 비록 중산계급이 비중산계급보다 대출소비에 대해 더욱 긍정적인 반응을 보이고 있지만 동시에 반수 이상의 중산계급이 대출소비의 필요성을 인식하지 못하고 있다. 즉 대출소비는 아직 중산계급의 소비양식으로 자리 잡지 못했음을 의미한다.

<표 4-12> 대출소비에 대한 태도
(대출소비는 필요한 것이다)

단위 : %

	매우 그렇다	그렇다	보통	아니다	매우 아니다	합계(N)
중산계급	20.3	22.7	16.3	22.7	18.0	100(172)
비중산계급	13.2	15.8	15.8	28.9	26.4	100(1200)
합계	14.1	16.6	15.8	28.1	25.4	100(1372)

자료 : 周曉虹(2005)

현재 중산계급의 대출소비는 주택구매에만 한정되어 있다. 이는 중산계급이 직업특성상 비교적 높은 소득을 확보하고 있지만 주택을 일시불로 구매하기는 어렵기 때문이다. 다른 한편 이들은 저축을 통해 자금을 마련한 뒤 주택을 구매하지 않는다. 주택가격의 폭등으로 인해 은

---

4) http://business.sohu.com/20090415/n263400984.shtml 搜狐财经

퇴할 즈음 자기 집을 마련할 수 있는데 그렇게 되면 향유할 수 있는 기간이 너무 짧아지게 되기 때문이다. 또한 주택은 중요한 투자대상이므로 대출을 통해 미리 확보하는 것이 현명한 선택이라고 인식하고 있다.

주택을 제외한 기타 소비재에 대해서는 대출을 하지 않는 것으로 나타났다. 특히 대출을 통해 명품을 구매하는 행위에 대해서 그들은 사치스러운 것으로 보고 있으며 이러한 소비행위를 하는 데는 동의하지 않았다. 그들은 자신의 능력 범위 내에서 최대한도로 향락을 누리려고 하고 이를 위해 고가의 상품을 구매하기도 한다. 그러나 이러한 소비는 계획적이고 이성적이며 사치적인 소비라고 말하기 어렵다.

일반적으로 중산계급은 사치한 소비생활을 하는 동시에 맹목적으로 외국의 문물을 숭배하는 집단으로 묘사되고 있다. 그러나 조사결과를 보면 이러한 묘사는 사실이 아님을 알 수 있다. <표 4-13>에서 알 수 있듯이 '외국산은 국내산보다 좋다'라는 질문에서 '매우 그렇다'와 '그렇다'라고 응답한 중산계급은 각각 7.6%와 16.9%를 차지한다. 즉 대다수의 중산계급은 외국산이 국내산보다 좋다는 데에 동의하지 않는다.

<표 4-13> 외국상품에 대한 태도
(외국산은 국내산보다 좋다)

단위 : %

	매우 그렇다	그렇다	보통	아니다	매우 아니다	합계(N)
중산계급	7.6	16.9	9.3	35.5	30.8	100(172)
비중산계급	9.8	9.3	12.2	41.7	27.2	100(1200)
합계	9.5	10.2	11.8	40.9	27.6	100(1372)

자료 : 周曉虹(2005)

중산계급이 국내 상품을 애용하는 것은 과학기술이 발전하면서 국내 상품의 질이 외국 상품에 비해 뒤떨어지지 않기 때문이다. 따라서 같은 품질의 상품가운데서 가격이 훨씬 저렴한 국내산을 선택하게 된다. 하지만 그들은 외국문화에 대해서는 이와 다른 반응을 보인다.

Y씨(사례1)와 만난 장소는 스테이크 전문점이었다. 이 레스토랑은 빨간색 위주로 장식되었는데 한눈에 보아도 중국 특색을 살리려고 한 것임을 알 수 있었다. 하지만 샹들리에, 테이블, 의자 등은 화려한 서양식이며 색깔만 빨간색일 뿐이었다. 전체적인 분위기도 외국 레스토랑과 매우 닮았다. 손님들은 검정색 양복을 입은 웨이터가 날라다주는 요리를 맛보면서 낮은 소리로 얘기를 나누고 있었다. Y씨가 이 음식점에 자주 오는 것은 클래식 음악이 흐르는 조용한 분위기가 좋았기 때문이다. 이런 환경에서 식사를 하면 자신이 높은 대우를 받는 것 같고 또 품위가 있어 보인다. 특히 이 음식점에는 한 가지 독특한 메뉴가 있는데 그것은 바로 완전히 익힌 스테이크이다. 필자가 봤을 때 익힌 스테이크는 스테이크라기보다는 장조림에 가까웠다. 맛도 역시 장조림과 비슷했다. 그러나 이 메뉴는 이 레스토랑에서 가장 인기가 많았다. 음식점 사장의 말로는 그가 이 메뉴를 개발하게 된 것은 아내가 덜 익힌 고기를 싫어하기 때문이었다고 한다. 그는 아내뿐만 아니라 그가 알고 있는 대부분의 중국인들이 고기를 푹 삶아서 먹는 것을 좋아한다고 설명했다. 중국인들이 생선회를 잘 안 먹는 것도 이와 같은 이유이다. 따라서 사장은 중국인들의 식습관에 맞추어 스테이크를 변형한 것이다. Y씨는 솔직히 이 음식점의 요리가 매우 맛이 있다고 느껴본 적은 없다고 했다. 그가 소비하는 것은 음식이 아닌 '분위기'였다. Y씨는 뷔페를 좋아한다. Y씨에 따르면 뷔페는 한 번에 여러 가지 요리를 맛볼 수 있을 뿐만 아니라 음식을 덜 낭비하기 때문이다.

중국에서는 전통적으로 손님을 초대할 때 '八菜一湯'(8가지 요리와 한 가지 국물)을 내놓는다. 이는 손님에 대한 예의이기 때문이다. 그러나 이러한 방식은 다른 한 면으로는 음식을 많이 버리게 된다는 단점이 있다. 뷔페는 음식 종류도 많지만 자기가 먹을 양만큼 먹기 때문에 낭비를 줄일 수 있다. 그리고 뷔페를 제공하는 음식점은 분위기도 좋다. Y씨가 방문하는 뷔페음식점은 외국계 체인점인데 가격이 만만치 않다. 일인당 600위안(약 10만 5천 원)으로서 Y씨 월수입의 10분의 1에 해당한다.

중산계급의 '분위기소비'는 카페에서도 진행되었다. Y씨와 그의 친구들은 식사를 하고나서 카페에 간다. 카페에 가서는 커피 대신 과일주스나 밀크티를 마신다. 카페가 생기기 전에 그들은 계속 음식점에서 얘기를 나누었다고 한다. 음식이 식어서 맛없게 되고 같은 장소에 지겹도록 앉아있어도 달리 갈 곳이 없었다는 것이다. 하지만 지금은 카페가 새로운 모임공간을 제공해준다. 아직까지 중국 도시에서 카페가 보편화된 것은 아니다. 카페는 주로 상거래가 활발히 이루어지는 도심, 도시 부심, 고급주택가 등에 집중되어 있다. 음식점과 카페는 멀리 떨어져있으며 그들은 자가용을 타고 카페를 찾아갔다. Y씨와 친구들은 백화점에서의 쇼핑도 즐긴다. 그들이 백화점에서 쇼핑하는 이유는 상품의 품질이 보장되는 원인도 있지만 백화점은 친절한 서비스와 편안한 분위기를 제공해주기 때문이다. 스테이크 전문점, 뷔페, 카페 이 모든 것은 외국으로부터 유입된 것이다. 이러한 장소는 상품의 소비뿐만이 아니라 분위기, 나아가 외국문화를 소비하는 공간이기도 하다. 중국의 중산계급은 외국문화를 빠르게 흡수하였으며 이를 적극적으로 실천하고 있다.

중국 중산계급의 외국문물에 대한 선호는 맹목적인 숭배보다는 합리적인 선택의 결과라고 할 수 있다. 그들은 전통적인 식습관이 낭비를 조성하기 때문에 그것을 과감히 버리고 서구식 음식문화를 받아들였다. 또한 상품의 구매에 있어서 단순히 외국브랜드를 추구하기보다는 품질을 중요시한다.

앞서 서술했듯이 중국의 중산계급은 아직 충분한 경제적 기초가 마련되지 않았으며 브랜드만 보고 가격을 고려하지 않는 수준에 도달하지 못했다. 브랜드를 추구하지만 현재의 경제상황을 고려하여 그들은 융통성 있게 상징적 소비를 한다. 특정한 의미에서 이러한 소비는 과시적 소비라고 할 수 있다. 과시적 소비란 소비자가 소비를 통해 자신의 경제력, 권력 및 신분을 타인에게 이해시키며 따라서 소비자가 명예 및 자기만족감을 얻는 행위이다(Veblen, 1953). 이때 소비는 개인이 생리적인 수요를 만족시키기 위한 것이 아니라 명예를 획득하기 위한 비생산성 지불이다. 때문에 과시적 소비의 가장 중요한 특징은 사치를 하고 불필요한 소비를 하는 것이다. 중산계급은 소비를 통해 자신의 신분과 지위를 나타내려는 면을 가지고 있다. 그러나 그들이 과시하려는 것은 금전이 아닌 직업과 학력의 우월성이다. 한편 경제적인 제한성으로 인해 이러한 소비를 극대화하기는 힘들다. 한마디로 중국의 중산계급은 소비를 함에 있어서 실용성과 과시성 양자를 모두 고려하고 있으며 그들의 소비는 주로 자기만족감을 충족하기 위한 것이다.

3. 일상적 소비양식

1) 상징적 소비로서의 명품소비

명품소비는 상징적 소비의 가장 집약된 표현이다. 상징적 소비는 소비과정에서 소비자들이 상품을 소비하는 것뿐만 아니라 상품의 상징과 의미, 기분, 미적 감각, 정서와 분위기 등을 함께 소비하는 것을 말한다. 고급브랜드는 소비자에게 상품과 서비스의 질이 우수하다는 정보를 전달하며 동시에 소비자가 상품에 대한 승인을 체현한다. 브랜드는 실물 이외의 가치를 지니고 있는데 예컨대 소비자에게 자존감과 우월감을 부여한다. 즉 브랜드는 그것을 소유한 사람의 사회적 신분과 지위를 확인시켜주는 것이다. 따라서 브랜드소비는 경제적, 사회적 차이를 드러내는 기능도 가지며 그것을 소비하는 사람들은 의식적이든 무의식적이든 타인과 다르다는 점을 강조하려고 한다. 기존연구에서는 중산계급을 명품소비의 주체로 부각시키는 경향이 있다. 중산계급이 명품구매라는 소비행위를 통해 하층과 구별 지으려는 성향이 강하다는 것이다. 즉 중산계급은 고가브랜드를 구매함으로써 자신을 돋보이게 하며 또 상류층의 생활양식을 공유한다는 만족감을 갖게 되기 때문에 명품을 소비한다는 것이다. 사치품을 사들이는 심리와 이를 조장하는 사회구조 간의 관계를 밝힌 김난도(2007)는 사치품 소비를 과시형, 질투형, 환상형, 동조형의 네 가지로 유형화했다<표 4-14>. 과시형은 '남에게 자랑하거나 뽐내기 위해 실제보다 과장하는 것'으로 신흥부자들의 소비에서 많이 나타난다. 질투형은 '자신보다 많은 것을 가진 사람의 성취를 쉽게 수긍할 수 없을 때' 나타나는 소비유형이다. 환상형은 현재와 다른 나, 근사한 나에 대한 변신의 욕망을 사치품에 투사한 경우로 사치품은 이들의 요술지팡이다. 동조형은 남들이 하니까, 뒤처지거나 따돌림 당해선 안 된다는 불안의식의 산물로 집단문화가 부채질한 경우이다.

<표 4-14> 사치소비의 4가지 유형별 특징

구분	불안의 근원	마음의 버릇	전형적 소비자
과시형	체면의 손상, 다른 사람과 동일시	계층민감	부자 2세, 사업가, 연예인
질투형	무시	평등지향	열등감이 강한 중산계급
환상형	초라함	나르시시즘	변신을 꿈꾸는 젊은이
동조형	따돌림, 뒤처짐	집단의식	유행에 민감한 계층, 젊은 여성, 자아의식이 약한 청소년

자료 : 김난도(2007) 재구성

　중국 중산계급의 사치품 소비는 이러한 유형과는 분리되는 특성을 보인다. 이를 명명하자면 '가치추구형'에 해당한다. 소비자는 본인의 만족도를 기준으로 제품을 구매하며 품질을 최우선으로 한다. 이들은 가격과 품질 사이의 정적 상관관계를 전제로 하고 고가품은 기술적으로 우월하고 섬세한 작업을 거쳐 만들어진다고 생각한다. 그렇기에 중국 중산계급은 고가 사치품을 소비할 때 기능적 가치(고급시계의 정확성, 고급승용차의 편안함)가 있는 제품을 사용하고 재확인하며 자신의 선택에 만족하는 경향이 있다. 즉 이들에게 사치품의 높은 가격은 사회적 상징성보다는 상품 자체의 우월성에 근거한 것이다. 이들은 상품지식이 비교적 풍부하고 값이 비싸더라도 기능적 측면과 품질 및 AS가 확실한 제품을 선택한다. 또한 이들은 특정한 브랜드만을 고집하지 않으며 본인에게 어울리는 것이 가장 좋은 것이라고 생각한다. 이들에게는 한 가지 소비원칙이 있는데 그것은 바로 '절약'이다. 고가제품은 기본적으로 오래 사용할 수 있는데 이는 동일한 사용기간 내에 저가제품을 여러 개 구매하는 것보다 돈을 더 절약할 수 있다. 다시 말하면 이들의 소비는 남을 의식하는 과시소비와는 다르게 실용적인 성격이 강하며, 무조건 저렴한 상품이 아닌 가격 대비 만족도가 높은 상품에 대해서 과감한 투자를 한다.

그렇다면 중국에서 사치소비를 주도하는 집단은 누구인가? '세계사치품협회'의 조사에 의하면 중국은 전 세계적으로 사치품소비의 성장속도가 가장 빠른 국가이다. 2007년 중국인의 사치품소비가 세계시장에서 점하는 비중은 18%이다. 세계의 최고급 명품회사들이 거의 모두가 중국에 분점을 갖고 있을 정도이다. 예컨대 Gucci는 2005년부터 2007년까지 3년 간 전 세계투자총액의 60%를 중국에 투자하였으며 2007년 중국에서의 수입은 2006년에 비해 168% 증가하였다(中国经济网, 2008). 2007년 중국의 경제잡지인 '신재부(新财富)'가 중국의 9개 사치품에 대해 조사한 결과, 2004년부터 2007년까지 중국시장에서 사치품의 연 증가율은 80% 이상이었다. 2007년 중국의 사치품 소비 집단은 이미 총인구의 13%를 차지하며 약 1.6억 명에 도달했다.

사치품의 소비 집단에서 진정한 부자는 몇 명 안 된다. 한 인터넷 조사에 의하면 응답자의 56.7%가 사치품을 사기 위해 일부러 저축을 한다(中国广播网, 2013). 이러한 현상은 필자의 조사에서도 나타났다.

S씨(사례9)는 현재 외자기업에서 일하고 있는데 월급이 1만 위안(약 167만 원)을 조금 넘는다. 그가 명품에 관심을 가지게 된 것은 일본에서 유학할 때였다. 그는 일본의 젊은 여성들이 거의 광적으로 명품가방을 사는 것을 보고 호기심에 끌려 자신도 하나 구매해야겠다고 생각했다. 중국으로 돌아와서 취직한 후 그는 3만 위안(약 500만 원)의 가방을 사려고 주말에도 일을 하기 시작했다. 그는 주로 통역과 번역을 하면서 꽤 많은 수입을 얻게 되었는데 그것으로 Chanel 가방을 샀다. 현재 그는 Gucci, Ferragamo, Prada 등 여러 브랜드의 가방을 소유하

고 있으며 "1만 위안 가방이 100위안 가방 100개보다 더 좋다"고 한다. 그는 명품을 구매하는 것이 남들한테 과시하기 위해서가 아니라 매일 힘들게 일하는 자신한테 주는 '보상'이라고 한다. 또한 그는 직업상 외국인 기업가들을 자주 만나야하는데 그때마다 자신의 이미지에 신경을 써야 하며 그러려면 명품가방을 사용해야 한다는 것이다. 그리고 명품가방을 들고 가면 자신감이 생긴다고 한다.

교수인 C씨(사례15)는 명품의 사용에 대해 다음과 같이 말한다.

"현재의 업무환경이 제가 반드시 좋은 브랜드를 사용하도록 만듭니다. 특히 교수라는 직업은 자신의 이미지 관리를 철저히 해야 하는데 싸구려 옷을 입으면 품위가 없어 보입니다. 최고급은 아니더라도 브랜드가 있는 옷은 입기 편하며 디자인도 세련되었습니다."(사례15)

C씨는 옷, 신발, 가방 등 명품을 구매할 때 세일기간을 이용한다.

"여유시간이 생길 때마다 백화점에 가서 아이쇼핑을 합니다. 마음에 드는 옷을 발견하면 바로 구매하지는 않습니다. 아울렛에 가서 똑같은 상품이 있나 체크합니다. 가끔 신상품도 아울렛에서 싼 가격에 판매하는 경우가 있습니다."(사례15)

또한 그는 세일하는 상품들은 유행이 좀 지난 것이지만 반드시 유행을 쫓을 필요가 없다고 한다. 그는 본인에게 어울리는 것이 가장 좋은 것이라고 한다.

"요즘 유행하는 것이 어떤 것인지 알아보기는 합니다. 그렇다고

유행하는 것을 무작정 구입하지는 않습니다. 유행하는 것이 마음에
들면 사기도 합니다."(사례15)

사치품의 주요 소비 집단은 40세 이하의 청년층이며 그중에서도
'80후 세대(80後)'가 주류를 이룬다. 80후 세대는 1980년~89년에 태
어난 세대를 지칭하는 말이다. 이들은 산아제한정책으로 형제자매가
없이 혼자인 경우가 많아 가족의 모든 사랑을 받아온 세대로 '작은
황제'로 불린다. 중국통계연감에 따르면 80후 세대는 2억 명이 넘으
며 현재 25세~34세까지의 연령층이다. 80후 세대는 개성을 중시하
고 자기표현에 능숙하며 현재를 즐기자는 특징을 갖고 있다. 소비행
태 역시 본인이 좋아하는 것이라면 대출을 통해서라도 구매하는 특성
을 가지고 있다. 2007년 China Business News가 실시한 조사에 따르
면 직장을 다니는 80후 세대의 신용카드 사용비율이 55%이며 재학생
역시 50%에 가까운 것으로 나타났다. 따라서 이들은 '월광족(月光族)',
즉 월말이 되면 용돈을 깨끗이 써버리는 사람으로 불리고 있으며 일
부는 직장생활을 하면서도 부모에게 용돈을 받아쓰거나 결혼 후에도
부모에게 의지하기 때문에 '캥거루족(啃老族)'으로 불린다.

이들 청년층은 광고매체의 영향을 쉽게 받기 때문에 사치품의 소비
는 특히 대도시 청년층에게 하나의 유행으로 되었다. 또한 청년층은
중·노년층보다 시장경제에 더 잘 적응하며 때로는 더 많은 소득을
누리고 있다. 특히 80후 세대는 서구의 소비문화로부터 강한 영향을
받았는데 이들이 성장하던 시대가 바로 소비주의가 중국에서 발아하고
부흥하기 시작한 시대였다. 소비주의는 물질향유를 중시하고 과시적, 사
치성 소비를 추구하며 그것을 생활의 목적과 인생의 가치로 삼는 특징

을 가지고 있다. 중국의 전체 소비수준이 높지 않을 때에 서구 사치품문
화의 충격은 강렬하게 청년층의 소비욕구를 자극한 것이다(李琴, 2008).

<그림 4-4> 중산계급의 소비의식

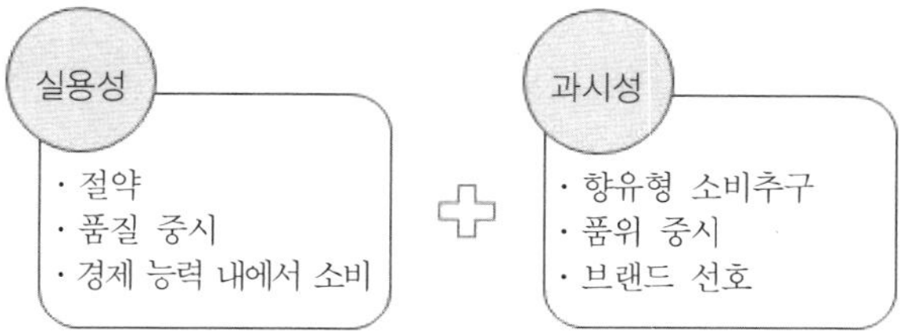

실용성
· 절약
· 품질 중시
· 경제 능력 내에서 소비

＋

과시성
· 향유형 소비추구
· 품위 중시
· 브랜드 선호

2) 부의 축적 및 재생산 수단으로서의 주택 소비

오늘날 중국사회에서 주택을 소유하는 것은 개인과 가정의 가장 중
요한 목표이며 주택은 이미 재산과 신분의 상징이 되었다. 일반적으
로 주거지위는 안정성을 가지며 짧은 기간 내에 돌변할 가능성이 적
다. 하지만 중국의 상황은 예외적이다. 주택개혁으로 인해 공유주택이
사유주택으로 전환하였고 주택과 연결된 집단의 지위가 급변하였다.
다시 말하면 주택으로 인해 계급분화가 일어났다. 그렇다면 왜 주택
의 소유여부가 계급구분의 기준으로 될 수 있는 것인가?

먼저 소비재 가운데 주택이 갖는 특수성을 들 수 있다. 주택은 생
활기회의 차이를 드러내는 핵심적인 소비재 가운데 하나이다. 주택은
또한 대다수 사회에서 사회구성원들의 사회적 지위와 문화적 수준을
드러내는 사회문화적 표상으로 자리 잡고 있으며(Bourdieu, 1984) 경제
적으로 존재론적 안정감의 원천이기도 하다. 즉 주택은 다른 소비재

에 비해 사회경제적 불평등을 드러내고 구별 짓는 속성이 강할 뿐만
아니라 중산계급에게 필수적인 생활의 안정을 가져다준다. 이러한 점
에서 주택의 소유는 계급을 판별하는 잣대로 유용하다. 다음으로 중
국경제의 성장과정에서 부동산가격이 급등하면서 부동산 가격은 절대
하락하지 않는다는 부동산 불패의 신화가 조성되었다. 이러한 상황에
서 주택소유는 개인의 보유자산 가치를 증식시킬 수 있는 요소로 자
리 잡았고 내 집 마련은 중산계급으로 발돋움하기 위한 필수적인 디
딤돌로 여겨졌다. 따라서 주택소유여부는 중산계급 판별의 척도라고
할 수 있다.[5]

　이처럼 주택자산을 기준으로 사회경제적 불평등을 파악하려는 시도는
이미 1970년대 베버의 이론을 물려받아 영국의 계층구조를 연구한 신베버
주의자들의 주거계급이론에서 그 뿌리를 찾을 수 있다(Rex & Moore, 1967 ;
Saunders, 1984). 이들은 생산영역의 불평등으로 모든 사회경제적 불평등
을 설명하려는 마르크스주의적 접근에 반기를 든 베버의 문제의식을
적극적으로 수용해서 소비영역에서 이와 구별되는 불평등현상이 존재
한다고 보았다. 따라서 무주택 중소자본가나 자가소유 노동자 등과
같이 생산 / 소비영역에서의 사회경제적 지위가 어긋나는 현상을 자본
주의 사회에 실재하는 일종의 지위불일치 현상으로 파악했다. 이러한
관점에 입각해서 생산영역에서 생산수단의 소유여부가 계급의 경계를
가르듯 소비영역에서는 가구단위의 자산, 즉 가산의 소유가 계급판별
의 잣대라고 보았다. 특히 주택을 이러한 가산의 핵심적 요소로 보았
다는 점에서 자신들의 주장을 주거계급이론으로 명명했다.

---

5) Li Zhang(2010)은 주거지위, 소비관행 및 재산권보호운동을 통해서 중산계급임을
　확인할 수 있다고 주장하였다.

이 책에서는 이러한 주거계급논의를 활용해서 중산계급을 다음과 같이 새롭게 조망할 것이다. 먼저 주택소유여부에 따라 중산계급은 유주택계급과 무주택계급으로 구분된다. 다음으로 유주택계급을 주택 1채를 소유한 자가 소유계급과 주택 2채 이상을 소유한 다주택계급으로 나눈다. 이때 다주택계급은 자산을 증식시킬 수 있는 반면에 1채의 주택만을 소유한 자가 소유계급은 주택가격이 상승하더라도 이를 자산증식의 수단으로 활용하기 어렵다는 점에서 다주택계급과 구별된다. 또 경제생활의 안정을 도모할 수 있다는 점에서 자기소유의 주택이 없어 주거불안을 겪어야 하는 무주택계급과 구분된다.

중국에서 주택개혁을 실시하기 전 도시의 대부분 주민들은 국가가 제공해주는 공유주택에서 생활하였다. 즉 주택은 개인의 직업과 연결된 일종의 복리대우(福利待遇)로서 주택의 분배는 개인의 근로년수, 직책, 직급 등과 관련되었다. 주택은 단위(單位)가 투자해서 건설하였는데 다시 말하면 주택의 양과 질은 단위의 경제적 상황에 의해 결정되었다. 주택의 소유권 역시 단위에 귀속되었다. 이 시기 도시주민들의 주거지위는 비교적 평등했다고 할 수 있다. 비록 소수의 고위간부가 큰 주택을 분배받았지만 일반 근로자에 비해 그 차이는 크지 않았다.

1998년 이후 국가는 주택분배를 중지하였으며 단위가 소유한 주택을 직공들에게 우대가격으로 넘겨주는 정책을 실시하였다. 이러한 개혁으로 대다수 도시주민들이 주택을 소유하게 되었고 주택으로 인한 사회적 분화가 생겨났다. 일부 주택소유자는 시장에서 우세한 지위를 차지하게 되었는데 90년대 이후 중국에서 부동산시장이 발전함에 따라 그들은 자신의 주택을 담보로 하여 남보다 앞서 새 주택을 구매하였으며 자산증식을 실현하였다. 이와 동시에 세대 간에 커다란 격차

가 발생하였는데 새로 취업한 청년세대는 그전 세대가 향유했던 주택
복지를 더 이상 향유할 수 없게 되었다. 대신 국가는 주택공적금제도
를 실행하여 청년층의 주택구매능력을 향상시켜보려고 했지만 급격하
게 상승한 주택가격으로 인해 청년층은 부동산시장에서 밀려나게 되
었다.

　주택개혁이후 북경의 주택가격변화추세를 보면 <그림 4-5>와 같
다. 2003년을 기점으로 주택가격은 가파르게 상승하고 있으며 10년 전
에 비해 약 4배로 뛰어올랐다. 2006년 이후부터 북경의 상품주택가격
은 급속히 상승하였으며 중산계급이 소유한 주택도 가격이 최소 2배로
불어났다. 그러나 주택가격의 상승이 자신에게 유리하다고 인식하는
중산계급은 2.74%밖에 안 된다(李春玲, 2009). 滿燕云(2010)의 연구에 의
하면 중국 중산계급의 가구소득대비 주택가격비율(PIR)은 6.97로서 이
는 중산계급이 7년 동안의 소득을 한 푼도 쓰지 않고 모두 모아야 집
한 채를 살 수 있다는 것을 의미한다. 주택가격은 이미 중산계급의 지
불능력을 초과하였다. 중산계급이 주택가격의 상승이 자신에게 유리
할 것이라는 기대를 하지 않는 것은 그들의 소비지출에서 주거비가
가장 많은 비중을 차지하고 있기 때문이다. 또한 주택가격이 무제한
적으로 높아지면 구매력도 떨어져서 이미 보유하고 있는 주택의 가치
증식을 실현할 수 없다.

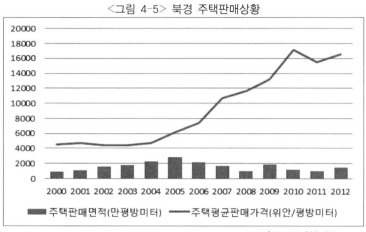

<그림 4-5> 북경 주택판매상황

자료 : 국가통계국(2013)

15년 동안 수많은 중국인들이 주택을 소유하게 되었다. 2006년 중
국건설부의 통계에 의하면 중국 도시의 주택 소유율은 82%로서 세계
에서 가장 높은 수치를 기록하고 있다. 李春玲(2009)의 조사에 따르면
기업주계급이 평균 2채의 주택을 소유하고 있는 반면 구중산계급은
1.26채, 신중산계급은 1.23채, 주변적 중산계급은 1.07채를 소유하고
있는 것으로 나타났다. 평균 거주면적은 기업주계급이 122.8㎡, 신중산
계급이 95.6㎡, 구중산계급이 80.6㎡, 주변적 중산계급이 73.1㎡이다.

<그림 4-6>에서 알 수 있듯이 인터뷰 전 사전 질문지에 응답한
피면접인 중에서도 최대 4채의 주택을 소유한 사람이 있었다. 피면접
인의 절반가량은 1채의 주택을 소유하고 있었고, 2채를 소유한 사람
도 14명으로 전체의 1/3에 달했다. 자가 소유주택이 없는 사람은 질
문지를 작성한 40명 중 세 명에 불과했다. 주택을 구매하지 못한 사
람은 나이가 30세 전후이며 직장생활을 시작한지 얼마 되지 않았다.

때문에 이들을 자가 소유주택이 없어서 주거불안을 겪는 무주택계급
으로 보기는 아직 이르다.

<그림 4-6> 피면접인들의 주택소유현황

단위 : %

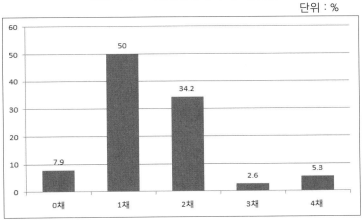

자료 : 질문지

<그림 4-7>에서 알 수 있듯이 현재 거주하고 있는 주택의 구매자
에 대해 알아보면 40명 중 22명은 본인이 직접 주택을 구매하였고,
부부가 공동으로 구매했다는 사람들은 8명이었다. 현재 거주하고 있는
주택을 부모가 구매해주었다고 답한 사람도 6명이었다. 이는 중산계급
이 어느 정도 부모의 도움을 받고 있다는 것을 말해준다. 주택구매자
가 '본인'이라고 응답한 사람의 성별을 보면 남성이 여성의 3배가 넘
는다. 남성이 압도적으로 많은 것은 남성이 가장으로서 생계를 책임지
는 역할을 맡은 것과 관련되지만 최근 젊은 여성이 배우자를 선택할
때 주택과 자가용을 소유한 남성을 선호하는 것과도 관련된다고 본다.

<그림 4-7> 주택구매자 분포

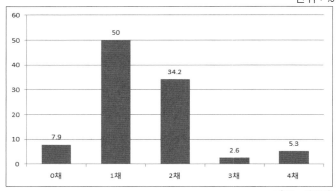

단위 : %

자료 : 질문지

선진국이나 개발도상국을 막론하고 주택은 중요한 재산이다. 주택을 2채 이상 소유하는 것은 주로 재산축적을 목적으로 한다. 주택구매를 통한 재산축적 및 투자행위는 중산계급 내부에서도 일어나고 있다. 중산계급 중에서도 주택을 통한 재테크에 성공하는 경우는 사유 재산권이 형성되고 자본주의적 경제제도가 시행되던 초기에 기회를 잘 포착한 경우가 많다. 이후 부동산이 '매매'의 대상이 되고 경제적 가치가 높아짐에 따라 자가주택을 소유하는 것은 중산계급의 경제적 토대로 작용하게 되었다. 한 경영인의 주택구매 과정을 보면 아래와 같다.

L씨(사례8)는 현재 여행사경리 겸 건물소유주이다. 그가 소유한 건물은 소위 '노른자위'라고 불리는 지역에 위치해있으며 여행사도 그 건물 안에 자리 잡고 있다. 건물은 8층이며 여행사를 제외한 다른 구역은 모두 세를 주었다. 그의 주요한 수입내원은 임대료이며 물론 여행사도 잘 되고 있지만 그 수입만으로는 기본적인 생활비만 충족할 수 있다고 한다. 그가 부동산에 발을 들여놓게 된 계기는 1989년 홍콩과

동남아를 시찰하러 간 것이다. 그때 그는 홍콩인 가이드를 만나게 되었는데 가이드는 높은 빌딩들을 가리키며 이제 중국 대륙에서도 개인이 빌딩을 소유할 수 있게 될 것이라고 하였다. 그는 처음에는 터무니없는 말이라고 생각하였지만 개인이 빌딩을 소유한다는 사실이 나쁘지 않다고 느꼈다. 당시 중국은 가난한 국가였으며 사람들은 빨리 가난에서 벗어나길 기대하고 있었다. 그도 공무원의 쥐꼬리만 한 월급으로 생활하기가 어려워서 어떻게 하면 돈을 좀 벌수 있을지 고민하던 중이었다. 그는 돌아와서 가이드의 말대로 한번 실행해보기로 결심했다. 그는 먼저 자전거를 타고 새로 선 아파트들을 구경하러 다녔다. 그리고 거의 전부의 재산을 털어 아파트 하나를 마련했다. 남편은 처음부터 반대하였고 주위 사람들도 이상한 눈으로 그를 바라보았다. 1994년 주택 사유화가 본격적으로 시작되자 그는 자신의 선택이 옳았다는 것을 깨달았다. 얼마 지나지 않아 그가 초기에 구입한 아파트는 가격이 올랐고 그는 그 아파트를 팔고 좀 더 큰 아파트를 구입했다. 이렇게 반복하다 보니 지금은 건물 한 채를 소유할 수 있게 되었다. 부동산을 시작한 사람들이 모두 성공한 것은 아니다. 그는 자신이 성공하게 된 원인에 대해 시대적인 배경도 있지만 본인이 남보다 판단력이 뛰어나고 끈기가 있었기 때문이라고 얘기한다. 그는 지금의 젊은 세대가 자신만큼 성과를 거두기가 힘들 것 같다고 말한다. 이제는 법제도가 구비되어 부동산 매매가 여러 가지 제한을 받으며 또한 경쟁력도 높아졌기 때문이다.

중산계급의 주택구매는 이미 거주를 위한 목적을 넘어서 '부자 되기'의 전제조건이 되었다. 그것은 주택가격의 끊임없는 상승이 노동소득보다 훨씬 많은 불로소득을 보장해주었기 때문이다. 따라서 집을 팔아 부자가 된 사람은 선망의 대상이며 대출을 받아 집을 구하는 것은 당연한

일로 여겨졌다. 주택구매를 통한 '잘 살기' 또는 '부자 되기'는 사회구조
적 산물이라고 할 수 있다. 단위복지체제의 해체, 특히 주택분배가 중단
된 이후 사람들은 이전과 다른 방식으로 자신의 삶과 미래를 조직해야
한다는 압력에 부딪히게 되었다. 고용, 건강, 양로 등 영역에서 국가는
최소한의 보장만 제공해주므로 개인은 생존문제와 결부된 경제적 안정성
을 스스로 구축할 수밖에 없게 되었다. 이러한 상황에서 주택구매는 생
활의 안정성을 확보할 수 있는 돌파구로 받아들여졌으며 일부 발 빠른
사람들은 주택구매를 통해 일시에 부를 늘릴 수 있었다. 동일한 중산계
급이지만 주택 몇 채를 소유하고 있느냐에 따라 그들의 생활은 현저히
달라진다. 3채 이상을 소유한 사람은 주택을 통해 자산을 증식할 뿐만
아니라 여가를 즐기고 심지어 이민을 할 수 있는 여건도 갖추게 된다.

> "저는 지금 북경에 두 채를 구매했고 대련에도 한 채를 구매했습니
> 다. 대련에 있는 주택은 바닷가와 가까운 곳에 있는데 일 년에 두세
> 번씩 다녀옵니다. 북경 공기가 나빠서 이제 퇴직하면 대련에 가서 살
> 려고 합니다. 부산에 가서 살려고도 생각해봤습니다. 북경 집 한 채를
> 팔면 부산에 가서 좋은 아파트를 구매할 수 있습니다. 제가 바다를 좋
> 아해서 부산에 가서 살려고 했지만 친구가 없어서 그냥 중국에서 살
> 기로 했습니다. 북경에 있는 다른 한 채는 임대하였습니다."(사례4)

반면 주택 한 채를 소유한 사람은 주택대부금을 상환하기까지 여유
로운 생활을 누리기 힘들다. 그들은 자신을 '아파트 노예(房奴)'로 부르
며 스스로를 중산계급으로 규정하지 않는다.

> "제 월급으로 주택대부금을 물고 아내의 월급으로 세 식구가 생

활하고 있습니다. 먹고 입고 쓰는 데는 부족하지 않지만 아직 가족
여행은 한 번밖에 다녀오지 못했습니다."(사례13)

하지만 그들의 주거부담은 하층과는 다른 것이다. 주택 구매력이
없어서 주거불안을 겪는 하층과는 달리 중산계급의 주거부담은 그들
의 생활을 위협하지 않는다.

3) 중산계급의 주거 공간

소비가 계급별로 차등화 되듯이 공간의 소비 역시 그렇다. 부와 권
력 등 자원이 계급에 의해 분배되는 것과 마찬가지로 공간 역시 계급
에 의해 점유되고 분할되는 자원이다. 주거공간도 마찬가지이다. 주거
공간은 희소한 자원으로서 계급에 의해 차별적으로 점유된다. 인터뷰
를 통해 중산계급의 주거공간에 대해 살펴보면 다음과 같다.

교수인 C씨(사례15)의 집은 북경 동북쪽에 위치해 있는데 그곳은 외
국인들이 주로 거주하고 있는 지역 중의 하나이다. C씨의 집은 지하
철역에서 도보로 5분 거리라서 교통은 편리하지만 주위에 편의시설이
적다. 고급빵집 하나와 편의점 하나가 전부이다. 즉 이 지역은 순수
주거지역으로 이 지역의 사람들이 자신들의 생활공간에 타인들의 출
입을 허용하고 있지 않음을 간접적으로 보여준다. 또한 이 지역 주민
들의 활동반경이 비교적 넓음을 의미하기도 한다. 적어도 생활용품을
사기위해서 주거지 밖으로 상당히 먼 거리까지 이동해야 함을 알 수
있다. 즉 타인과 접촉하는 사회생활공간과 개인의 사생활이 이루어지
는 거주공간이 엄격하게 분리되어 있음을 시사한다. C씨가 거주하고
있는 아파트는 싱가포르 건축회사에서 지은 것으로서 북경에서 세 번

째로 비싼 주택이라고 한다. C씨가 2011년에 구매할 때 가격은 800만 위안(14억 5천만 원)이었는데 2년 후인 현재, 1천만 위안(18억 원)으로 올랐다고 했다. 아파트는 C씨 부부가 공동으로 구매한 것이며 전에 소유하고 있던 작은 아파트 2채를 팔아서 자금을 마련하였다고 한다.

아파트단지 내에는 녹지가 무성하게 자라있으며 인조경관, 실외운동장소, 실내운동장소, 보안 및 무인단속시스템 등을 모두 구비하고 있었다. 특히 정문에는 감시카메라를 눈에 띄게 설치해놓았고 세 명의 경비가 지키고 있었다. 즉 이 아파트단지는 철저한 보안체계에 의해 외부로부터 폐쇄되어 있음을 알 수 있다. 이러한 공간적 폐쇄성은 타 계급과는 일정한 거리를 두고 타 계급의 접근을 배제하는 상류계급의 적극적인 구별 짓기의 한 양상으로 이해할 수 있다(김왕배, 2000). 주차장입구는 정문 바로 옆에 위치해있었는데 자가용을 비롯한 승용차들이 지하에서만 다니고 지상은 보행자만 다닐 수 있게 되었다. C씨는 이러한 사람 위주의(人性化) 설계가 마음에 들었다고 한다. C씨의 집은 150㎡(50평)인데 실내장식이 심플하여 집안이 더 넓어보였다. 실내장식은 입주할 때 그대로라고 한다. 이는 장식성을 중요시하는 상류계급의 생활양식과는 대조되는 것으로 볼 수 있다. 가구는 화려하지 않았고 가장 눈에 띄는 것은 와인을 배열한 진열대였다. C씨는 출국할 때마다 와인을 사온다고 한다. 그리고 한 달에 한번 정도 친구들을 집에 초대해서 와인을 마신다. C씨는 집안 곳곳에 알 공예품을 장식해놓았는데 메추리알부터 타조 알까지 여러 가지가 있었다. C씨는 예술품을 수집하는 취미가 없다고 한다. 지인 중에 알 공예사가 있어서 선물을 받았는데 예뻐서 장식해 놓았을 뿐이라고 했다.

일반적으로 생활수준이 비슷한 사람들끼리는 동일한 주거공간에 모여 비슷한 생활방식을 만들어가며 이와 동시에 같은 공간에서 생활하더라도 다른 계급과는 은연중에 구별 짓기가 이루어진다.

"저의 부모는 90년대 말에 지은 주택에서 살고 있는데 이 주택단지에는 단위주택과 저소득임대주택이 함께 있습니다. 이곳에서 서로 다른 아파트에 거주하는 사람들 간에 교류가 거의 이루어지지 않습니다. 저의 부모가 살고 있는 아파트는 단위주택이며 주민은 퇴직한 간부들입니다. 그들은 같은 직장동료이기도 하지만 생활조건도 비슷하여 함께 취미생활을 즐기고 여행도 다니며 노인대학에서 공부도 합니다. 하지만 저소득임대주택의 주민들은 취미생활을 하지 않습니다. 주민위원회에서 체육대회를 조직해도 그들은 참가하지 않습니다. 그래서 단위주택과 저소득임대주택의 주민들은 서로 친하게 지내지 않습니다. 주택단지의 조건이 낙후해지면서 부모가 살던 아파트 주민들은 대부분 이사를 갔고 저소득임대주택의 주민들은 관리비를 제대로 납부하지 않아 현재 아파트단지의 관리가 잘 되지 않습니다. 그래서 저의 부모님도 지금 살고 있는 아파트를 임대하고 새 아파트에 이사할 준비를 하고 있습니다. 새 아파트는 외국에서 투자하여 건설한 것인데 환경이 매우 좋습니다."(사례16)

상술한 인터뷰는 주택이 이미 계층분화의 상징이 되었음을 말해준다. 즉 같은 공간에서 생활하고 있지만 다른 계층 사이에는 교류가 단절되어있다. 이와 같이 중산계급과 저소득계층이 같은 주거공간을 사용하게 된 것은 정책적 배치에 의해서이다. 저소득임대주택은 정부가 저소득계층 및 소외계층에게 임대의 방식으로 제공하는 복지주택을 말한다. 사례 16의 부모가 살고 있는 지역의 저소득임대주택은 외관상 단위주택과 전혀 구별이 없으며 주거면적을 제외하고는 거주조건이 동일하다. 평균주거면적은 단위주택이 120㎡이고 저소득임대주택은 60㎡이다. 북경시 정부가 규정한 저소득임대주택의 입주조건은 입주가정이 반드시 '증명서'를 소지하고 있어야 한다. 증명서에는 '혁명열사증명서', '상이군인증명서', '정기구휼수령증(定期抚恤领取证)', '정기보조수령증(定期补助领取证)' 등이 있다. 사례16에 의하면 저소득임대주택의 주민가운데서 상이군인을 포함하여 열사가족이 80% 좌우를 차지한다. 상품주택이 시장과 금전, 단위주택이 근로년수와 직급에 의해 획득되었다면 저소득임대주택의 획득은 정책이 인정한 신분자격의 선별을 거쳤다고 할 수 있다.

중산계급이 주택을 구매할 때 가장 먼저 고려하는 요소는 교육환경이다. 이는 교육이 상승이동과 계급유지의 수단이 됨으로써 학교입학경쟁이 심화된 것과 관련된다. 따라서 중산계급 부모는 모든 재산을 털어서라도 좋은 학구에 아파트를 마련하려고 한다.

"그때는 내 집만 있으면 된다고 생각했는데 이사하고 보니 애를 좋은 학교에 보낼 수 없다는 사실을 알게 되었습니다. 제가 살고 있는 동네는 새로 개발한 지역인데 새 학교가 세워지지 않아서 시골학교에 보내야 합니다. 좋은 학구에 중고주택(二手房)이라도 있으면 살려고 합니다."(사례21)

두 번째로 고려하는 요소는 교통조건인데 교통조건은 대도시라는 환경 속에서 부득이하게 고려해야 할 사항이다. 특히 상대적으로 업무량이 많은 중산계급은 직장과 가까운 거리에 위치한 주택을 구매하려고 한다. 조사에 의하면 북경 중산계급의 평균 노동시간은 8.58시간이며 이는 비중산계급에 비해 3시간 더 많은 셈이 된다(周晓虹, 2005).

"아파트를 사긴 했는데 회사와 너무 멀리 떨어져서 회사 근처에 서 전셋집을 구했습니다. 평일에는 전셋집에서 살고 주말에는 아파 트에 돌아가서 생활합니다."(사례19)

교육환경과 교통조건 외에 주택의 투자가치와 문화시설의 설치여부 가 고려사항에 포함되었다.

<그림 4-8> 주택구매시 가장 먼저 고려하는 사항 (복수응답)

단위 : %

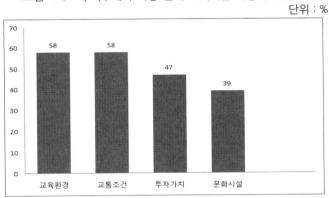

자료 : 질문지

4. 중산계급의 여가생활

개혁개방 이후 중국 국민들의 여가생활은 급속한 발전을 가져왔다. 특히 중국은 국가적인 차원에서 국민들의 여가의식을 높이고 여가참 여도를 증가시키며 여가시설건설을 추진하여 여가산업을 발전시키고 국제수준과 맞먹는 여가도시, 여가상품, 여가브랜드를 육성하였다.

2013년 2월, 중국 국무원 사무국에서는 "국민여행 · 여가강요(國民旅游 休閑綱要)"를 반포하여 여가발전에 관한 사업이 정부의 행정체계를 통하여 전면적으로 추진될 수 있게 하였다. 이러한 환경 속에서 중국 중산계급의 여가생활은 다양한 형태로 신속한 발전을 할 수 있게 되었다.

먼저 중국 중산계급의 여가시간에 대한 지배 상황을 보면 다음과 같다. 1995년부터 중국은 주5일 근무제를 실시하고 1999년부터 '5·1노동절', '10·1국경절', 춘절 등 세 개의 장기휴일을 실시하여 매년 여가시간은 120여 일이 되었다. 1년 중 대략 3분의 1에 해당하는 시간이 공식 휴일로 지정되어 이론상으로는 중산계급은 여가시간이 대폭 증가된 셈이다. 그러나 실제 생활 가운데서 중산계급의 여가생활을 방해하는 가장 주요한 요인은 "여가시간이 없다"는 사실이다. 인터뷰 결과 중산계급의 주요한 구성원들은 업무량이 많아서 늘 피곤한 상태에 처해있다. 그들은 현재 여가생활을 충분히 향유하지 못하고 있으며 여가를 희생하여 업무에 매진하는 경향을 보이고 있다.

> "저는 사업 때문에 여가가 거의 없습니다. 일요일 하루는 무조건 쉬고 있는데 그날에는 딸을 데리고 학원에 갑니다. 딸애가 영어, 피아노, 미술 등 학원에 다니고 있습니다. 애가 수업을 마치면 저의 주말도 끝납니다."(사례21)

> "여가는 아직 저에게 사치입니다. 저는 지금보다 더 성공하고 싶습니다. 성공해서 다른 사람 밑에서 일 하지 않고 제가 하고 싶은 일을 하면서 살고 싶습니다. 그리고 제가 성공해야 가족도 잘 살 수 있습니다."(사례11)

> "새벽 2시까지 야근하는 바람에 명절날 가족과 함께 있지 못했습니다."(사례18)

> "제가 지금 30대인데 신체연령은 60대입니다."(사례20)

이는 그들의 조직에서의 '중간적 위치'와 관련되는데 위로는 상사의 눈치를 살피고 아래로는 부하들을 감독해야 하며 동료들 사이에서는 먼저 승진하려면 더 많은 업무를 능숙하게 다루어야 하기 때문이다. 더욱이 현재 정보사회에서 지식갱신의 속도가 빠르기 때문에 여가시간을 이용하여 재충전하지 않으면 안 된다. 許海峰(2003)의 중국 화이트칼라에 관한 연구에 의하면 조사대상의 90%가 퇴근 후 매일 평균 30분 이상을 공부에 할애한다.

여가시간의 부족은 기타 자본주의 국가에서도 공통적으로 드러나는 상황이다. 영국의 경우에도 업무시간이 가장 긴 계층은 경제적 수입이 가장 낮은 노동자들이 아닌 중산계급과 고위관리자들이었다. 20세기 초에는 부유한 사람들이 여가시간과 여가활동이 많았다. 그래서 그들은 여가를 통해 사회적 지위를 증명하려고 하였으며 중산계급 역시 여가가 자신들의 계층과 지위를 규정짓는 상징(label)이라고 자부하였다. 그런데 20세기 말부터 미국과 영국을 중심으로 부유한 사람과 사회 권력층의 여가시간이 오히려 적어졌고 '공사다망함'은 그들의 신분적인 상징이 되었다.

중국도 마찬가지로 중산계급은 상층인사들처럼 마음대로 시간을 지배할 수 없고 하층이 가지고 있는 자유로운 시간도 없다. 그들 중의 대부분 사람들은 항상 시간이 부족하다. 북경, 상해, 광주, 남경, 무한 등 5대 도시에서의 조사에 의하면 조사대상 전체의 하루 평균 업무시간이 6.79시간인데 비해 '소득 중산계급'의 업무시간은 8.04시간이고 '직업 중산계급'은 7.58시간, '학력 중산계급'은 7.27시간, '소비 중산계급'은 7.94시간이다. 소득, 직업, 학력 등 세 가지 기준을 통합한 중산계급의 하루 업무시간은 8.51시간에 달한다. 이것은 비중산계급에 비해 거의 2시간 정도 많은 셈이다(周曉紅, 2005).

중국의 중산계급은 여가시간의 제한을 받고 있긴 하지만 그렇다고 해서 여가생활이 그들의 생활에서 무의미한 것은 아니다. 중국 중산계급은 여가의 중요성에 대해 비교적 충분하게 인식하고 있다. 천진, 상해, 항주, 광주, 성도, 서안, 하얼빈, 무한, 심천, 절강 등 11개 중소도시의 중산계급 4,674명을 대상으로 조사한 결과, 조사대상의 71.5%가 여가는 개인생활 가운데서 '중요하다'고 대답하였으며 '중요하지 않다'고 대답한 사람은 조사대상의 3.9%밖에 안 된다(邵雪梅, 2010). 또한 북경, 상해, 광주, 남경, 무한 등 5개 도시에서의 조사결과, '일이 가장 중요하고 여가는 부차적인 것이다'라는 질문에 중산계급의 55.2%가 '아니다'라고 대답하였다(周曉虹, 2005). 중산계급은 여가에 대한 선택권을 가지고 있으며 그들만의 스타일을 과시한다. 중국 중산계급의 여가방식 선택은 기타 계급과 비슷하면서도 그들만의 특징을 보인다. 여가방식을 학습형여가, 소비형여가, 재택형여가, 사업형여가 등 유형으로 나누어 중국의 28개 도시를 대상으로 조사한 결과에 따르면 성별, 세대별, 계층별로 여가방식은 뚜렷한 차이를 나타낸다(郯彦輝, 2010).[6] 도시주민 가운데서 여성들의 여가생활은 여전히 전통적인 재택형 여가가 우위를 차지한다. 즉 남자는 밖에서 일하고 여자는 안에서 살림하는(男主外, 女主内) 전통이 아직도 남아있다고 볼 수 있다. 세대별로 보면 청장년층의 여가생활은 학습형과 사업형이 위주이고

---

6) 저자는 여가방식을 다음과 같이 나누었다. 학습형여가(독서, 웹서핑, 음악감상), 소비형여가(까페 또는 술집이용, 마작 또는 트럼프놀이, 외출 또는 여행, 외식), 재택형여가(TV시청, 가사활동), 사업형여가(사업상의 일처리) 등 네 가지 유형이다. 그리고 전체 계층은 주관적 계층귀속의식을 근거로 하여 상층, 중상층, 중중층, 중하층, 하층 등 다섯 개로 나누었다.

노년층은 재택형 위주이다. 계층별로 보면 중산계급과 상층의 여가생활은 학습형 여가 중심인데 반해 하층은 여전히 전통적인 재택형 여가가 주를 이룬다. 중상층은 학습형 여가 다음으로 소비형 여가 활동이 많았고, 중중층은 학습형 여가 다음으로 사업형 여가 활동이 많았다.

중산계급이 가장 많이 진행하는 여가활동을 보면 TV시청, 독서, 웹서핑, 스포츠 활동 등이 있다. TV시청은 중산계급의 여가활동에서 1순위를 차지하며 조사대상의 64.5%가 이를 선택하였다. TV시청은 어떤 내용을 시청하는가에 따라서 재택형여가와 학습형여가의 복합적인 방식으로 볼 수 있다. 국내외 시사에 대한 이해 혹은 관련 지식에 대한 공부는 학습형여가로 파악되며 드라마나 기타 오락프로에 대한 시청은 휴식을 위한 재택형여가로 구분된다.

독서 다음으로 인터넷은 중산계급의 여가생활에서 중요한 부분을 차지한다. 중산계급은 인터넷이라는 새로운 매체를 통해 다양한 정보를 신속하고, 자유롭고, 편리하게 많이 접한다. 인터넷을 통한 상호교류, 채팅, 영화나 드라마 시청, 게임에 참여하기 등 다양한 활동은 여가생활의 내용을 보다 풍부하게 발전시켰다.

스포츠 활동 역시 중국 중산계급의 주요한 여가방식이다. 중산계급의 49%가 스포츠 활동에 참가하는 것으로 조사되었는데 그중 18%가 고정된 시간에 스포츠 활동에 참가하며 평균 매주 1차 이상이다. 나머지 31%는 고정된 시간은 없으나 시간만 나면 스포츠 활동에 참가하고 있다(邵雪梅, 2010). 이것은 최근 중국 언론매체에서의 스포츠에 대한 홍보와 국가차원에서의 전 국민 운동 계획 실시, 그리고 도시 마을공동체(社區)에서의 운동공간 및 운동시설 증가, 건강관련 서비스업계의 발전 등 사회적인 환경과 중산계급의 건강에 대한 인식의 변화 등 주

관적인 요소와 관련된다고 볼 수 있다. 중산계급이 참가하는 스포츠
활동은 대체로 40여 종에 달한다. 중국의 전통운동인 무술과 태극권을
포함하여 배드민턴, 조깅, 농구, 탁구, 축구, 테니스, 요가 및 최근 유
행하기 시작한 등반, 등산, 도보여행, 승마 등이다. 10순위 안에 속하
는 항목으로는 배드민턴, 조깅, 농구, 수영, 탁구, 축구, 테니스, 헬스,
요가, 무술 등이다. 중산계급이 즐기는 운동항목은 다양하지만 대부분
5순위 이내 항목에 집중되어 있다. 45.8%의 사람들이 1개 항목에 주
기적으로 참여하며 2개 항목에 주기적으로 참여하는 사람은 42.7%, 3
개 이상 항목에 참여하는 사람은 11.5%를 차지한다(邵雪梅, 2010).

<그림 4-9> 중산계급의 여가활동순위

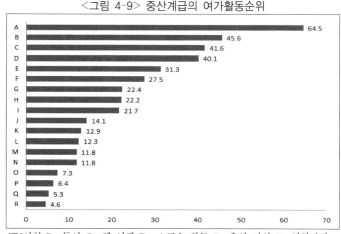

주 : A－TV시청 B－독서 C－웹 서핑 D－스포츠 활동 E－음악 감상 F－영화관람
　　G－사교모임 H－마작, 트럼프놀이 I－여행 J－참관, 구경 K－휴식 L－채팅
　　M－쇼핑 N－취미생활 O－녹화영상보기 P－공연관람 Q－봉사활동 R－노래방, 무도장 등
자료 : 邵雪梅(2010)

<표 4-15>는 2010년 중국종합사회조사자료를 바탕으로 여가활동
의 계급별 차이를 살펴본 결과이다. 독서, 문화 활동, 친구모임, 스포

츠 활동, 인터넷서핑 등 여가활동 참가 빈도는 계급에 따라 유의미한
차이를 보이고 있는데 그중 중상층이 가장 적극적으로 참가하는 것으
로 나타났다. 인터넷서핑은 매일, 독서와 스포츠 활동은 매주 여러 번,
친구모임은 매달 여러 번, 문화 활동은 매년 여러 번 참가하고 있다.
중산계급은 비중산계급에 비해 전반적으로 여가활동을 더 많이 하는
것으로 나타났다.

<표 4-15> 계급별 여가활동 참가상황

	계층	평균	F값
독서	상층	3.37	101.533*
	중상층	2.50	
	중중층	2.89	
	하층	3.63	
문화활동(음악회, 공연, 전시회 등)	상층	4.35	50.65*
	중상층	4.12	
	중중층	4.23	
	하층	4.55	
친구모임	상층	3.13	41.703*
	중상층	3.16	
	중중층	3.24	
	하층	3.56	
스포츠활동	상층	3.22	69.003*
	중상층	2.86	
	중중층	3.17	
	하층	3.79	
인터넷서핑	상층	2.57	179.769*
	중상층	1.59	
	중중층	2.18	
	하층	3.41	

주 : 1점=매일, 2점=매주 여러 번, 3점=매달 여러 번, 4점=매년 여러 번, 5점=
전혀 참가하지 않음.

자료 : 2010CGSS

중산계급의 여가는 그들의 건강과 휴식, 그리고 삶의 질적 향상을 위한 생활이자 동시에 일종의 사회교제수단 기능을 한다. 중산계급은 친구, 가족, 직장동료의 순서로 여가활동의 파트너를 정한다(朱力 & 陳如, 2004). 중산계급은 여가활동의 파트너를 동료 혹은 친구로 정하고 자신의 생활권과 사회관계망을 자연스럽게 형성하고 넓혀간다. 일상적인 생활가운데서 동료와의 접촉은 많지만 그것은 단순한 사업관계이며 감정적 투입이 없는 관계이다. 하지만 운동이후의 휴식시간이나 운동장소를 오가는 길에서 그들은 서로 정보를 교류하고 감정적으로 가까워질 수 있는 기회를 가지게 된다. 이렇게 형성된 친밀한 관계는 사회자본을 구성한다.

모든 여가활동이 곧 소비행위라고 할 수 없지만 소비와 연관되는 것은 사실이다. 조깅을 하려면 운동복, 운동화를 구매해야 하며 등산이나 등반운동을 하려면 필요한 기구가 있어야 한다. 여가활동에 참가하는 중산계급 가운데서 2.5%를 제외하고는 모든 사람들이 여가소비지출이 있었다. 연 지출 500위안(8만 원)이하는 35.5%, 500~1000위안(17만 원)은 27.3%, 1000~2000위안(34만 원)은 16.9%, 2000~3000위안(50만 원)은 9.4%, 3000위안 이상은 8.4%이다. 이러한 중산계급의 여가소비지출 규모는 전체 국민의 평균수준에 비해서 비교적 높은 편이다. 우선, 스포츠 활동을 위해 지출을 한 적 있는 비율을 보면 중산계급은 97.5%인데 비해 전체 국민은 72.7%이다. 둘째, 지출이 500위안 이하의 비율은 중산계급이 훨씬 낮은 바 중산계급은 35.5%를 차지하며 전체 국민은 66.2%를 차지한다. 셋째, 중산계급 중 연간 스포츠 활동을 위한 지출이 1000위안 이상의 사람들의 비율은 국민 전체 수준인 16.6%보다 훨씬 높으며 그 차이가 18.1%나 된다(王建平, 2007).

이러한 상황은 중산계급의 경제적 우위를 증명해 주는 것이다. 스포츠 활동에 대한 지출은 향유형 소비에 속하며 이는 중산계급의 향유형 소비가 기타 계급에 비해 비교적 높다는 것을 말한다.

여행은 중산계급의 정체성을 나타내는 중요한 상징 중의 하나이다. 여행의 목적과 여행지의 선택 그리고 여행과정에서의 소비행위는 여행주체가 어떠한 사람인가를 보여줄뿐더러 어떠한 사람으로 되고자 하는가도 보여준다. 중산계급은 여행을 선호하는 것으로 보인다. 심천시(深圳市) 시민을 대상으로 '여행은 생활의 필수품이라고 생각하는가?'라고 질문한 결과 중산계급의 85%가 '그렇다'라고 대답한 반면 비중산계급은 65%가 '그렇다'고 대답하였다(左珈, 2005). 5대 도시 중산계급에 대한 조사에서는 60.5%의 중산계급이 주기적으로 여행을 하는데 비해 비중산계급 중에서는 36.3%가 주기적으로 여행을 하는 것으로 나타났다(周曉虹, 2005). 중국 국가여행국의 2004년에 진행한 국내 여행자들에 대한 조사에 의하면 비중산계급의 여행 동기는 여전히 명승지 유람과 친척과 친구방문이 위주이다. 그러나 중산계급이 여행을 즐기는 가장 주된 동기는 '사업의 압력에서 벗어나기 위하여', '시야를 넓히기 위하여', '자극적인 쾌감을 위하여' 등으로 나타나고 있다(国家統计局, 2005). 중산계급은 여행을 통하여 그들의 사업에서 누적되었던 스트레스를 해소하며 다음 단계의 사업을 위해 충분한 휴식을 취한다는 것이다. 동시에 그들은 여행을 통하여 견식을 넓히고 새로운 문물을 접하면서 미래의 도약을 위한 문화적 자본을 축적하고 있다.

여행목적지 선택은 같은 중산계급에 속할지라도 여행자의 연령, 성별과 경제적 지위에 따라 취향의 차이를 나타낸다. 아울러 여행지의 선택은 여행자의 동기와 직접적인 연관이 있다. 중국 중산계급의 여행목적지를 크게 국내여행과 해외여행으로 나누어 본다면 여전히 국내여행의 비중은 해외여행보다 높다. 그러나 최근 중국의 해외여행규모는 세계적인 주목을 받을 정도의 성장세를 보이고 있다. 중국 관광연구원에서 발표한 "중국해외여행발전연차보고(中国出境旅游发展年度报告)"에 의하면 2012년 해외여행은 8318.27만 회에 달한다. 중국은 이미 독일과 미국을 초과하여 세계에서 제일 큰 해외소비국가로 되었다. 2012년 중국의 여행객들이 외국에서 소비한 총액은 1,020억 달러에 달한다. 중국 해외여행객의 소비에서 65%는 쇼핑에 지출된다. 구매한 품목은 대체로 보석, 명품가방, 와인, 향수, 화장품 등 사치품과 의복과 같은 일용품, 심지어 아기분유까지 있다. 면세품매장에서 세금을 면제하려는 이성적인 소비심리와 함께 신분을 과시하려는 동기가 있음을 부인할 수 없다.

"여행을 갈 때는 절대로 단체여행을 선택하지 않습니다. 예전에 단체여행을 한 적이 있는데 몇십 명의 온갖 부류의 사람이 다 있어 난잡했습니다. 음식도 맛이 없었고 숙박시설도 별로였고 스트레스 해소는 고사하고 기분만 망쳤습니다. 지금은 인원수가 적은 단체를 따라 가는데 비록 가격이 비싸지만 서비스는 매우 훌륭합니다. 특히 수준이 높은 사람들이 많아서 좋습니다."(사례6)

"저는 주로 친구 한명이랑 여행을 갑니다. 남편과 같이 갈 때도 있는데 남편은 사업 때문에 휴식시간이 별로 없습니다. 친구와 단둘이서 가는 것은 여러 명이면 의견의 차이가 반드시 생기기 때문에 오히려 스트레스가 될 수 있기 때문입니다. 저는 직업이 교수라서 방학이 있습니다. 그래서 저는 1년에 최소 2번은 해외여행을 합니

다. 국내여행지는 사람이 너무 많아서 피하고 있습니다. 저는 바다
를 좋아해서 동남아에 많이 갑니다. 저의 여행원칙은 무조건 최고급
호텔을 선택하는 것입니다. 환경이 좋아야 휴식을 잘 할 수 있습니
다. 특히 고급호텔이 자리 잡고 있는 바닷가는 호텔투숙객만이 사용
할 수 있기에 매우 조용하고 깨끗합니다. 저는 휴양목적으로 여행을
가기 때문에 여행지에서 관광하거나 쇼핑을 하지 않습니다. 계속 바
닷가에서 놀거나 호텔 안 술집에서 와인을 마시면서 쉬고 있습니
다."(사례15)

위의 사례에서 알 수 있듯이 중산계급이 여행을 떠나는 주요 목적
가운데 하나는 스트레스를 풀기 위해서이다. 휴식을 위해 그들은 복
잡한 단체여행을 피하고 비용이 많이 들더라도 개인여행을 선택한다.
특히 숙박시설의 환경과 서비스의 질은 그들이 여행지를 선택함에 있
어서 가장 먼저 고려하는 사항으로 되고 있다.

중국 중산계급은 비록 다양한 여가활동에 열중하고 있고 여가생활
에 대한 추구를 가지고 있지만 그들의 여가동기에는 비교적 선명한
실용성과 공리성이 존재한다. 일부분 중산계급 구성원들의 여가는 사
업을 더욱 잘 진행하기 위한 재충전 활동이며 다른 일부분 구성원들
은 자신의 사회자본을 확대하기 위하여 여가활동과 사회교제에 적극
적으로 참여한다. 이러한 여가는 생활의 여유와 질을 누리는 유유자
적한 여가와는 거리가 있다.

상술한 것을 종합하면 아래와 같다. 첫째, 중산계급은 비중산계급에
비해 여가시간이 상대적으로 부족하다. 이는 중산계급이 조직에서 중
간적 위치를 차지함으로 인해 업무량이 많은 것과 관련되지만 또한
그들의 여가에 대한 인식과도 관련된다. 대부분 중산계급은 여가의

중요성에 대해 긍정적으로 인식하고 있지만 아직도 여가를 부차적인 것으로 보고 있다. 그들은 재산과 경제적 수익을 인생의 중요한 위치에 놓고, 일하는 것은 가치를 창조하는 것이며 일하지 않는 것은 가치가 없다는 관념을 가지고 있다. 이로 인해 그들은 여가에 대해 보다 더 적극적이고 긍정적인 태도를 형성하지 못하게 된다. 더욱이 중국 전통문화에 의하면 '한가함'은 '게으름'과 일맥상통한다. 이는 사람들로 하여금 일하는 가운데서 개인의 만족과 개인적 경험의 가치와 의미를 찾도록 한다. 바꾸어 말하면 여가생활이 경제적 수익과 연관되지 않는다면 가치가 없다는 것이다.

둘째, 중국 중산계급의 여가방식은 독서, 웹서핑 등 학습형 여가가 위주이며 그다음으로는 여행, 외식 등 소비형 여가가 많다. 지위상승 열망이 강한 중산계급은 여가시간을 이용하여 학습을 진행하며 경쟁에서 낙오되지 않도록 노력하고 있다. 특히 중국의 중산계급은 본인의 노력에 의해 비교적 높은 학력을 취득한 후 그에 상응한 경제적 수입과 사회적 지위를 확보하였기 때문에 교육은 중산계급이 사회적 이동을 실현하는 기제로서 중요한 의미를 가진다.

또한 중국 중산계급의 여가생활은 소비문화의 영향을 받아 여가소비지출이 가중되는 현상이 비교적 강하게 나타나고 있다. 중산계급의 여가소비지출은 비중산계급보다 훨씬 높다. 이는 그들의 경제적 우위를 말해주고 있다. 현재 사회적 전환기에 처해 있는 중국은 발전도상국이긴 하지만 이미 대중소비시대에 들어섰다. 특히 대도시와 연해지역은 경제가 발달한 지역으로서 소비는 주민들의 주요한 생활방식으로 정착되었다. 소비사회에서 소비는 자신을 타인과 구분하고 사회적 차이를 만들어 내는 과정이며 또한 개인의 정체성 판단의 기제로 작용하고 있다. 중산계급은 여행지에서 고급호텔에 투숙하거나 명품을 구매하는 행위를 통해 자신의 신분을 과시하는 경향을 보이고 있다.

셋째, 중국 중산계급의 여가 동기는 공리적인 측면을 갖고 있다. 여가는 휴식을 취하고 삶의 질을 향상시키는 동시에 사회관계망을 넓혀가는 역할을 수행한다. 중산계급은 여가활동의 파트너를 업무상의 동료나 친구로 정하고 자기들의 사회자본을 적극적으로 확대해 나간다.

제3절 사회의식과 사회이동

1. 현실에 대한 만족도와 사회갈등인식

먼저 중산계급의 현실에 대한 만족도를 보면 다음과 같다<표 4-16>. '본인은 현재 행복한가?'라는 질문에서 대다수의 응답자들은 '비교적 행복하다'를 선택하였다. 좀 더 구체적으로 살펴보면 상층의 89%, 중상층의 88%, 중중층의 83%, 하층의 71%가 '매우 행복'하거나 '비교적 행복'하다고 느끼고 있다. 이로부터 중산계급의 현실에 대한 만족도는 비교적 높음을 알 수 있다. 주관적 행복감은 계급별로 차이가 나는데 낮은 계급으로 갈수록 행복감을 덜 느끼는 것으로 나타났다. 특히 하층의 주관적 행복감은 기타 계급에 비해 훨씬 낮으며 이러한 차이는 통계적으로도 유의미한 것으로 나타났다.

<표 4-16> 계급별 주관적 행복감과 사회갈등의식

측정항목	계급분류				F
	상층	중상층	중중층	하층	
주관적 행복감[1]	4.08	4.00	3.96	3.78	9.865*
부자와 가난한 자의 갈등[2]	2.53	2.51	2.29	2.39	2.583
노동자계급과 중산계급의 갈등	2.89	3.07	2.96	3.00	0.931
관리자와 노동자의 갈등	2.83	2.82	2.63	2.77	2.82
사회의 상층과 하층의 갈등	2.60	2.50	2.32	2.50	3.283*

주 : [1]1점-매우 행복하지 않다, 2점-별로 행복하지 않다, 3점-보통이다, 4점-비교적 행복하
다, 5점-매우 행복하다
[2]1점-매우 심하다, 2점-비교적 심하다, 3점-보통이다, 4점-별로 심하지 않다, 5점-갈등
이 존재하지 않는다.

자료 : 2010CGSS

갈등의식은 '부자와 가난한 자', '노동자계급과 중산계급', '관리자
와 노동자', '사회의 상층과 하층' 등 네 가지 그룹의 갈등상황에 대
한 판단을 통해 측정되었다. 이에 대한 응답을 분석한 결과 많은 사람
들은 '부자와 가난한 자의 갈등'을 가장 심각하다고 인식하였으며 그
다음으로 '사회 상층과 하층의 갈등'을 심각하다고 여겼다. 특히 중중
층은 갈등상황에 대해 더 민감하게 인식하는 것으로 나타났다.

한 가지 주목할 것은 '노동자계급과 중산계급'간의 갈등이다. 비록
이들 집단 간의 갈등정도가 가장 약한 것으로 판단되었지만 그래도
갈등은 존재하는 것으로 인식되고 있다. 30년 전까지만 해도 중국사
회에는 노동자계급과 농민계급이 절대다수를 차지했으며 중산계급은
공식적으로 존재하지 않았다. 따라서 노동자계급과 중산계급 사이의
갈등 역시 표면적으로 존재하지 않았다. 그러나 개혁개방 이후 노동
자계급은 국유기업정돈 등 일련의 개혁을 거치면서 지위가 하락하였
고 반면 중산계급은 개혁의 수혜자로서 현재 국가에 의해 중요한 집

단으로 부각되고 있다. 이러한 지위의 역전에 의해 양자 간에 갈등에
대한 인식이 생겨난 것으로 보인다.

이와 같이 현재 중국사회에 갈등이 존재하며 또한 그 정도가 비교적
심한 것으로 인식되고 있는 것은 중국에서 빈부격차가 계급으로까지 확
대되었음을 말해준다. 이제까지 중국에서 빈부격차의 문제는 주로 지역
격차나 도농격차의 범주 속에서 다루어져 왔다. 사실 빈부격차는 단순히
소득격차의 문제가 아니라 법률, 사회보장, 교육 등을 포함하고 있다. 계
급 간 빈부격차에 주목하는 이유는 지역격차나 도농격차와 마찬가지로
계급격차가 심화할 경우 사회통합의 위기를 가져올 수 있어서이다. 중국
의 계급분화는 급격하게 전개되어왔으며 이 과정에서 보이는 계급 간
갈등상황은 중국사회 발전에 많은 우려를 안겨줄 것으로 보인다.

2. 사회적 부패에 관한 인식 및 권위의식

앞서 살펴보았듯 중국 중산계급은 현재 중국사회의 소득분배가 불공
정하다는 인식을 하고 있다. 중국사회에서 소득분배의 불공정성 문제는
주로 비공식소득의 증가와 연결되어있다. 비공식소득에는 '흑색소득'과
'회색소득'이 있는데 '흑색소득'은 불법소득을 가리키며 '회색소득'은
반 합법소득을 말한다. 회색소득의 주요 원천은 다음과 같다. 첫째, 재정
자금이 정부 내부에서 여러 단계를 거치면서 관리상의 빈틈을 통해서
누출된다. 2005년에는 재정자금 가운데 5,600억 위안이 누출된 것으로
추정된다(百度百科). 둘째, 금융부패가 보편적으로 존재한다. 중국에서 금
융기관의 대출은 공식적인 대출이자 외에 금융기관과 양호한 관계를 유
지하기 위한 비용을 지불하는 것이 불문율로 되어있다. 이러한 이자 외

의 부담은 대출총액의 9%에 이른다. 즉 금융기관의 담당자에게 어마어마한 액수의 돈이 흘러들어가는 것이다. 셋째, 행정심사 및 허가과정에서의 지대추구 행위이다. 세계은행이 2006년에 실시한 중국의 120개 도시 경쟁력 조사에 따르면 기업이 여행·오락비 명목으로 정부 관료에게 지출한 돈이 약 5,000억 위안이다. 넷째, 독점산업의 수입이다. 2005년 전력, 전신, 석유, 금융, 보험, 수도, 가스 등 산업에 종사하는 직공은 833만 명이다. 이는 중국의 전체 직공의 8%에도 못 미친다. 하지만 이들의 소득 총액은 1조 700억 위안이며 이는 직공 전체 임금총액의 55%에 상당하는 수치이다. 회색소득은 고위관리자나 고위관료 등 상층에 해당하는 집단만이 획득할 수 있는 소득이다. 그리고 그들은 공식적인 소득보다는 회색소득으로 사치품을 살 가능성이 많다.

　<표 4-17>에서 알 수 있듯이 부패에 대한 인식을 살펴보면 '오늘날 성공하려면 부패행위를 해야 한다'라는 질문에 중산계급을 포함한 전체 응답자의 31%가 이에 찬성하는 태도를 보이고 있다. 또한 20%의 응답자가 부패행위에 대해 묵인하는 태도를 취하고 있으며 이들을 포함하면 절반이상의 응답자가 부패행위를 반대하지 않는 것으로 나타나고 있다. 이러한 인식은 아직까지 중국 사회에서 부패에 대한 경각심이 크지 않음을 반영하는 것으로 볼 수 있다. 일부 중산계급의 경우 현재의 경제적 자원을 확보하는 데 있어 본인들 스스로도 관료와의 비공식적 연결망을 활용한 경우가 있었다는 사실 역시 부패행위에 대한 관용적인 태도와 연관이 있는 것으로 미루어 볼 수 있다.

　일반적으로 부패행위는 사적 관계가 중시되고 관료의 영향력이 큰 나라에서 성행하는데 중국이 대표적인 나라이다. 조사에 의하면 2013년 1년간 중국 공무원 10만여 명이 당국에 신고한 뇌물자금은 그 규모가 5억

2천만 위안(약 940억 원)에 달한다고 한다. 또한 1년간 부정부패로 유죄 판결을 받은 공무원이 3만 명에 이른다(新华通讯, 2014.10.10). 고위직 공무원뿐만 아니라 하위직 공무원의 부패행위도 만연하고 있다.[7]

<표 4-17> 계급별 부패에 대한 인식
(오늘날 성공하려면 부패행위를 해야 한다)

단위 : %

	상층	중상층	중중층	하층
매우 그렇다	5.6	6.1	5.6	6.6
그렇다	27.8	22.6	23.5	26.1
보통이다	11.1	22.6	21.8	20.3
아니다	33.3	41.7	39.3	37.4
매우 아니다	22.2	7.0	9.8	9.6
합계	100.0	100.0	100.0	100.0

자료 : 2008CGSS

---

7) SBS 뉴스 : <앵커> 중국에서는 큰 규모의 부패를 저지른 고위 관료를 호랑이, 이보다 작은 비리를 저지른 말단 관료는 파리에 비유합니다. 그런데 부패 규모가 호랑이를 뺨치는 '슈퍼 파리'가 잇따라 적발되고 있습니다.
<기자> 중국 허베이성 기율위원회 조사관들이 우리나라의 구청급 수도공급소 소장 마차오쳔의 집에서 찾아낸 금품들입니다. 현금이 2백 10억 여 원, 황금 37kg, 부동산 증서가 68건이나 나왔습니다. 마 소장은 이 재산이 물려받은 유산과 절약해서 모은 것들이라고 해명했지만, 중국 감찰 당국은 수도관 가설 과정에서 챙긴 돈으로 보고 있습니다.
<허베이 기율위 주임> 돈을 줘야 일을 추진해주는 것이죠. 자기 영역에서 가장 지위가 높다 보니 절대 권력을 갖게 됩니다.
<기자> 중국 기율위는 최근 일제 감찰을 벌여 법규위반을 봐주고 22억 원을 챙긴 교통경찰, 토지 사용권을 주면서 1억 8천만 원을 받은 촌서기, 의료보험금 36억 원을 가로챈 병원과 보건소 등을 무더기로 적발했습니다. 모두 비리 규모가 고위 부패 관료를 뺨치는 말단 공무원, 이른바 '슈퍼 파리'들입니다.
<베이징대 연구센터 주임> 권력의 가장 밑부분에 위치하지만 권한이 작지 않습니다. 오히려 감독, 관리가 취약해 부패하기 쉽죠.
<기자> 중국 언론은 호랑이의 비호 속에 슈퍼 파리가 생기는 것이라며 구조화된 부패 고리를 잘라내야 한다고 목소리를 높이고 있습니다.

권위의식은 어떤 일을 권위에 맹목적으로 의지하여 해결하려고 하는 사고방식 또는 행동양식이다. 한마디로 권위에 순종하는 사상이다. '부하는 상사의 명령에 무조건 복종해야 한다'는 질문과 '만약 상사가 매우 유능하다면 모든 결정은 그에게 맡겨야 한다'는 질문에 대한 응답을 통해 중산계급의 권위의식을 살펴본 결과, 상대적으로 높은 권위의식을 갖고 있음을 알 수 있다.

먼저 첫 번째 질문에서는 전체 응답자의 75%가 '매우 그렇다' 혹은 '그렇다'라고 응답하였는데 이는 전반적으로 높은 권위의식을 갖고 있음을 의미한다. 그중 중중층의 권위의식이 가장 높은 것으로 나타났는데 중중층의 79%가 이에 찬성하는 태도를 보이고 있다. 반면 상층의 권위의식이 가장 낮은 것으로 드러났다<표 4-18>.

<표 4-18> 계급별 권위의식1
(부하는 상사의 명령에 무조건 복종해야 한다)

단위 : %

	상층	중상층	중중층	하층
매우 그렇다	5.0	5.9	10.3	10.2
그렇다	65.0	70.3	69.4	65.0
보통	20.0	9.3	12.0	7.9
아니다	10.0	14.4	8.3	16.3
매우 아니다	0.0	0.0	0.0	0.5
합계	100.0	100.0	100.0	100.0

자료 : 2008CGSS

<표 4-19> 계급별 권위의식2
(만약 상사가 매우 유능하다면 모든 결정은 그에게 맡겨야 한다)

단위 : %

	상층	중상층	중중층	하층
매우 그렇다	0.0	11.9	7.0	10.2
그렇다	65.0	61.0	62.4	61.5
보통	15.0	11.0	12.4	12.3
아니다	20.0	15.3	18.2	15.7
매우 아니다	0.0	0.8	0.0	0.3
합계	100	100	100	100

자료 : 2008CGSS

다음으로 두 번째 질문에서는 전체 응답자의 70%가 '매우 그렇다' 또는 '그렇다'라고 응답하였으며 첫 번째 질문에서와 마찬가지로 높은 권위의식을 보여주고 있다. 질문에 찬성하는 응답자중 중상층의 비중이 73%로서 가장 높으며, 상층의 비중은 65%로서 가장 낮다. 즉 상층은 기타 계급에 비해 권위의식이 약하지만 전반적으로는 권위와 능력을 중시하는 사고방식에서 벗어나지 못했음을 말해준다<표 4-19>.

<표 4-20> 계급별 권위의식3
(공공장소에서 정부를 비판하는 행위에 대해 정부는 간섭하지 말아야 한다)

단위 : %

	상층	중상층	중중층	하층
매우 아니다	7.5	8.7	8.2	9.2
아니다	34.0	26.6	26.9	31.5
보통	17.0	17.4	17.0	23.1
그렇다	24.5	33.0	31.2	24.6
매우 그렇다	17.0	14.2	16.7	11.6
합계	100	100	100	100

주 : F=4.356*
자료 : 2010CGSS

마지막으로 '공공장소에서 정부를 비판하는 행위에 대해 정부는 간섭하지 말아야 한다'라는 항목에서는 전체 응답자의 38%가 찬성하는 것으로 나타났다. 이는 대부분 중국인들이 정부의 절대적인 권위를 인정하고 있음을 말해준다. 정부의 간섭에 대해 반대하는 입장을 취하고 있는 응답자중 중상층과 중중층의 비중이 가장 높은데 각각 47%를 차지하고 있다<표 4-20>.

중국 중산계급은 권위의식이 강한지 아니면 민주의식이 강한지를 살펴보면 이 책에서는 권위의식이 상대적으로 더 강한 것으로 나타났다. 중산계급의 민주의식에 관해서는 정치의식부분에서 더 자세히 다루려고 한다.

3. 사회이동과 교육기회에 대한 인식

중국에서의 사회이동은 순전히 개인적 노력을 통해 지위를 획득한 것을 바탕으로 한 것이 아니라 국가의 제도적 인도에 의해 이루어졌다고 할 수 있다. 즉 국가가 구체적 제도를 조정함으로써 특정 집단들에게 이동기회를 제공하고 집단 중의 개인들이 그 기회를 이용한 결과 상향 또는 하향으로의 이동이 발생하였다.

먼저 이러한 제도변천의 출발점을 되돌아보면 중국공산당이 계획경제에서 벗어나려고 시도하기 이전에는 공산주의 이데올로기가 굳건했다. 사회이동 측면에서는 개인적 이동의 기본조건은 공산당에 대한 충성과 당이 그를 필요로 하는지 여부였다. 이러한 전제에서 거시적 제도의 안배는 계급의 구성에 직접적인 영향을 끼쳤다. 첫째로 계급 등급제도이다. 계급은 곧 하나의 등급이며 개인이 출생할 때 계급성분의 구분이 사실상 그의 사회적 지위에 영향을 미친다. 문화대혁명 종결 직전에는 '적(敵)'과 '아(我)'라는 두 개 계급으로 나뉘었는데 '아' 진영 내부에는 노동자계급이 모두를 영도한다는 신조가 있었다. 그러나 이는 노동자계급이 상향이동 할 수 있는 기본조건일 뿐 각 시기의 정책에 따라 노동자계급의 상향이동수준이 달라졌다. '적' 진영 내에서도 상향이동의 기회는 있었지만 '적'에서 '아'로 이동하려면 특수한 정책적 지도가 필요했다. 전형적인 예가 바로 '계급의 딱지를 바꾸는 것(脫帽)'8)이다. 둘째는 도시-농촌 등급제도이다. 전반 사회는 호구제도를 통하여 도시와 농촌 두 영역으로 나뉘며 영역에 따라 소득분배제도, 복지제도와 사회이동의 기회가 완전히 달라진다. 예컨대 국가는 도시주민에게 쌀, 식용유 등 식품을 저가에 공급하기 위해 보조금을 지출했지만 농촌은 보조금이 없었다. 도시에서는 공유주택제도가 실시됐지만 농촌에서 주택은 완전히 개인이 책임져야 했다. 도시의 교육체계는 국가가 책임지지만 농촌에서 교육은 농민 개인이 책임진다.

도시에서 개인의 사회경제적 지위는 단위행정등급, 개인행정등급과 개인기술등급 등 세 등급에 의해 결정된다. 모든 사람은 하나의 구체적인 행정등급의 단위에 속하며, 단위 내부에서 개인은 행정등급과 기술등급을 하나씩만 보유하거나 양자 모두 보유하는데 행정등급과 기술등급 간에는 일대일 대응관계가 있다. 만약 한 명이 둘 다 갖고 있다면 높은 등급을 우선하는 원칙을 따랐다. 또한 개인은 아무리 능력이 대단하더라도 소속단위의 행정등급을 초과할 수 없다는 상한선이 있었다. 모든 등급에는 일련의 제도안배가 수반되었는데 즉 소득분배, 주택보장, 의료보장, 교육기회, 교통보장에 이르기까지 모두 등

---

8) 지주, 부농, 반혁명분자 등이 개조를 거쳐 계급성분을 개변시키는 것을 말한다.

급에 따라 실시됐다. 이러한 관본위등급제도에 따라 개인의 사회이동은 곧 등급제도에서의 위치, 즉 사회신분의 제약을 받았다.

1978년 12월 중국공산당 11기 3중전회는 다시는 계급투쟁을 하지 않을 것임을 결정했다. 이는 곧 계급등급의 취소를 의미한다. 따라서 계급성분상 상층이동의 통로가 없는 집단에게는 하나의 기회가 되었다. 예를 들어 문화대혁명 중 타도되었던 정부관원, 지식분자는 원래 자신의 상태로 되돌아갈 수 있었다. 이와 동시에 시장경제로의 전환은 도시—농촌등급제도와 단위등급제도에 의해 가로막혔던 직업이동 기회를 개방하였다. 그러나 원 등급제도의 하층에 위치한 집단은 비록 직업을 바꿀 수 있지만 원래의 신분은 여전히 바꿀 방법이 없었다. 농민이 도시로 들어가 취업하더라도 도시주민이 될 수 없었다. 이처럼 신분의 측면은 여전히 시장화되지 않았고 신분에 따른 사회보장제도가 수행되었다.

1990년대 중반까지 시장화개혁은 사회이동 기회를 제공했지만 국유기업 직공, 정부관원 및 전문기술자와 같은 일부 집단은 사회이동에 참여할 이유가 별로 없었다. 주택보장, 의료보장 등 일련의 사회복지제도가 여전히 존재했기 때문이다. 이런 상황에서 자영업에 종사하는 것이 훨씬 많은 수입을 얻을 수 있었지만 매우 적은 인원만이 직업을 버리고 자영업자의 대열에 합류하는 것을 바랐을 뿐이다.

중국의 국유기업은 계획경제의 중추였다. 1990년대 초 경영자주권을 확대하고 조건이 충족될 경우 시장진입을 허용한 국유기업개혁이 실시되었으며, 1990년대 중반 '조대방소(抓大放小)'9) 정책을 펼쳐 국가

---

9) 이윤이 많은 대형국유기업은 국가가 중점적으로 관리하고, 적자상태 또는 이윤이 적은 중소형 국유기업은 시장원리에 따라 판매, 합병시키는 정책.

경제와 관련되지 않은 기업들은 시장화되었다. 이러한 일련의 제도를 통해 국유기업의 지위는 변화하였으며 동시에 국유기업 직공의 지위 또한 변화하였다. 2001년까지 중국에서는 대량의 국유기업 직공이 해고되었는데 국가통계국(2011)의 자료에 따르면 국유기업 직공 총수는 1996년 1만 1천여 만 명에서 2003년 6천여 만 명으로 감소하였다. 이는 10년도 안되어 거의 절반에 가까운 국유기업 직공들이 강제로 기본의 관본위등급체제에서 퇴출되었음을 의미한다.

1990년대 중반 이후 국유기업개혁과 향진기업개혁 과정에서 당시 행정등급의 중하위 집단에게 직업이동의 기회가 있었다. 향진기업은 1950년대 사대기업(社隊企業)[10]에서 발전한 이래 1990년대까지 농촌의 집체기업으로 변화했고 당시 농촌경제발전과 농민의 사회이동에 직접적인 영향을 미쳤다. 향진기업은 농민의 도시이동이 허용되기 전에 농촌잉여노동력 전이를 위한 공간으로 되었으며 1994년 향진기업은 전국 공업, 농업 총생산액 증가량의 40%이상과 농민 1인당 순수입의 60%를 제공했다(农业部乡镇企业司, 1998). 그러나 1994년 이후 향진기업의 발전은 급속히 느려지기 시작했다. 향진기업 생산액 증가폭이 1993년 65.1%에서 1997년 15.4%로 감소했으며 평균효율이 지속적으로 하락하여 기업의 채무상환은 악화되고 적자가 끊임없이 증가하였다(农业部乡镇企业司, 1998). 따라서 2000년까지 거의 모든 향진기업은 소유제 개조를 완성하였는데 주로 사영 또는 주식제 기업으로 변화했다. 소유제 개조에 참가한 사람들은 사실상의 소유자인 향진정부, 향진기업

---

10) 과거 인민공사가 직접 운영했던 사기업(社企業)과 생산대대가 운영했던 대기업(隊企業)을 합쳐서 이르는 말이다. 인민공사와 생산대대가 필요로 하는 농기구의 제작과 수리 등을 담당했으며 개혁개방 이후 향진기업의 모태가 되었다.

경영자, 노동자, 명의상의 소유자인 향진 주민, 채권자인 은행 등 다섯 부류였는데 개조과정에서 양방향의 게임, 즉 향진정부와 향진기업 경영자 간의 게임으로 변했으며 80%의 향진기업이 현임 경영자에게 양도되었다(张建君, 2005). 다시 말하면 향진기업개혁은 향(진)장과 경영자 간의 이익분배과정이 되었다.

국유기업의 개혁과정에서 행정주관부문의 관료들 또한 이러한 기회를 가졌으나 매우 적은 사람만이 행정체계에서 상공업 영역으로 이동했고 절대다수의 사람들은 향진 지방관원과 같은 방법을 선택하였다.

오늘날 관본위등급체제가 형식상 해체되었음에도 불구하고 과거 등급제도의 중·상위 집단들은 새로운 제도를 우선적으로 이용할 기회를 얻었다. 즉 주택제도, 의료제도, 임금제도의 개혁에서 모두 혜택을 보았다. 예컨대 등급이 높았던 사람들이 주택시장화 초기에 적은 금액으로 훨씬 좋은 품질의 주택을 획득할 수 있었으며 주택개혁과 마찬가지로 의료개혁에서 '노인은 옛 방법을, 신인은 새로운 방법을'이란 방침을 사용하여 원래 지위가 높았던 집단은 새로운 체계에서도 우월한 지위를 계속 유지하고 무료 또는 매우 저렴한 비용으로 의료서비스를 누릴 수 있었다.

이와 같이 제도의 변화가 개인의 사회이동을 가능케 하는 거시적 변수라면 가정배경은 미시적 변수라고 할 수 있다. 仇立平(2004)의 조사에 의하면 부친 직업이 당정간부와 기업경영자인 경우 본인이 당정관료가 될 가능성이 가장 높았다. 80년대 이후가 80년대 이전보다 세대 간 계승이 강하다. 예를 들어 80년대 이전 당정간부 중 10.6%가 당정간부와 경영자 가정출신인데 80년대 이후 취업한 당정간부는 25%가 당정간부와 경영인 가정에서 유입되었다. 또한 80년대 이전에는 당정간부의 53.2%가 농민가정 출신인데 80년대 이후에는 31.3%가 농민가정 출신이다. 결국 개혁개방 이후 농민의 자녀가 당정간부가 될 기회는 개혁이전보다 적어졌고 개혁이 진행되면서 당정간부와 경영자의 자녀가 당정관료가 될 확률이 높아졌다. 한편 기업경영자의 경우 세대 간 이동에서 가정배경의 영향을 적게 받는 편이다. 78.1%가 농민가정출신이며 이들은 자신의 능력과 노력에 의해 경영자가 되었다고 보인다. 그러나 부분적으로는 당정간부와 국유기업 경영자의 경우 국가자원과 경영상의 특권을 통해 자녀들이 경영자가 되는데 도움을 주었다. 전문기술자의 경우는 19.8%가 부친의 직업이 전문기술자였다. 80년대 이후 취업한 전문기술자 중 24.5%가 노동자가정 출신이었으나 80년대 이후에는 13.7%만이 노동자가정 출신이다. 譚奕飛(2012)의 연구에 따르면 개인의 사회적 지위의 획득은 학력, 정치신분 등 후천적 요소와 관련될 뿐만 아니라 부모의 지위와도 밀접한 연관을 가진다. 예컨대 당원이 간부로 될 가능성은 비당원의 8배이며 학력이 고졸이상인 사람이 간부로 될 가능성은 고졸이하의 7배이다. 동시에 부친이 간부인 자녀가 간부로 될 가능성은 부친이 간부가 아닌 자녀의 2배이다.

다음으로 전문가지위의 획득에서 당원이 전문가로 될 확률은 비당원의 2배이며, 고졸이상이 전문가로 될 확률은 고졸이하의 3배이다. 그리고 부친이 간부인 자녀가 전문가로 될 확률은 부친이 간부가 아닌 자녀의 2배이며, 부친이 전문기술자인 자녀가 전문가로 될 확률은 부친이 전문기술자가 아닌 자녀의 3배이다.

간부지위와 전문가지위를 동시에 획득할 경우, 당원이 양자를 모두 획득할 가능성은 비당원의 5배이며, 고졸이상은 고졸이하의 7배이다.

그리고 부친이 간부인 자녀는 부친이 간부가 아닌 자녀의 2배이다. 반면 부친의 전문기술자 신분은 유의미한 영향을 미치지 않는다. 이외에 부친이 간부인 자녀는 사회자본의 획득에서도 매우 유리한 위치를 차지하고 있는데 부친이 간부가 아닌 자녀에 비해 고졸이상 학력을 취득할 확률이 2배로 증가하며, 정치신분을 획득할 가능성도 2배가 된다.

<표 4-21> 직업별 세대 간 이동

단위 : %

본인직업 부친직업	관리자	전문 기술자	사무직	서비스직	농민	노동자
관리자	10.3	10.2	8.4	7.2	5.0	4.1
전문기술자	17.1	24.3	18.2	9.4	5.0	8.9
사무직	12.2	12.3	12.6	7.5	10.0	6.4
서비스직	2.7	2.8	5.8	5.7	0.0	3.4
농민	33.5	26.4	25.8	41.7	55.0	47.6
노동자	24.3	24.0	29.2	28.5	25.0	29.6
합계	100	100	100	100	100	100

<표 4-21>를 보면 자녀의 직업은 부친의 직업과 밀접한 상관관계를 갖고 있다. 그중 농민의 세대 간 계승이 가장 강한 것으로 나타났는데 자녀가 농민인 경우 부친도 농민일 가능성이 55%였다.

중산계급의 직업범주에 포함되는 관리자, 전문기술자 및 사무직의 세대 간 이동을 살펴보면 관리자의 58%, 전문기술자의 50%, 사무직의 55%가 농민과 노동자가정출신이며 그 외에는 모두 중산계급 가정에서 유입되었다.

<표4-22> 부문별 중산계급의 세대 간 이동

단위 : %

부친 직업 ＼ 본인	공유부문 중산계급	사유부문 중산계급
관리자	9.3	8.4
전문기술자	23.8	13.1
사무직	13.1	9.4
서비스직	3.7	4.4
농민	25.8	39.2
노동자	24.3	25.7
합계	100	100

자료 : 2010CGSS

<표 4-22>에서 알 수 있듯이 부문별로 중산계급의 세대 간 계승을 살펴보면 부친의 직업이 관리자, 전문기술자, 사무직인 경우는 공유부문에 더 많고 반면 부친의 직업이 서비스직, 농민, 노동자인 경우는 사유부문에 더 많다. 이러한 결과는 서로 다른 부문에 속한 중산계급이 현재의 지위를 획득함에 있어서 서로 다른 경로를 거쳤음을 말해준다. 즉 공유부문 중산계급은 가정배경 등 선천적인 요인의 영향을 더 많이 받았고 사유부문 중산계급은 후천적 요인에 더 많이 의존했음을 알 수 있다.

공유부문 중산계급은 가정의 학력자본과 정치자본 방면에서도 사유부문 중산계급에 비해 우위를 차지하고 있다. 즉 부친의 학력이 중졸, 고졸, 대졸인 비율이 모두 공유부문에서 더 높게 나타나고 있으며 특히 대졸자의 비율은 사유부문의 2배나 된다. 또한 부친의 공산당원비율도 공유부문이 사유부문보다 더 높으며 이러한 차이는 통계적으로 유의미하게 나타나고 있다.

<표 4-23> 부친 학력과 정치신분

단위 : %

		공유부문 중산계급	사유부문 중산계급	F
부친 학력	초등학교 이하	37.6	51.8	57.705*
	중학교	24.6	24.0	
	고등학교	23.8	16.9	
	대학교 이상	13.9	7.3	
	합계	100.0	100.0	
부친 정치신분	공산당원	38.6	24.3	48.44*
	민주당파	0.4	0.8	
	공청단원	0.6	0.7	
	일반군중	60.4	74.2	
	합계	100.0	100.0	

자료 : 2010CGSS

중산계급의 성장경로는 크게 두 가지가 있다. 하나는 국가권력기제를 통한 것이고 다른 하나는 시장권력기제를 통한 것이다. 사례7은 당 간부가 국가권력에 의존하여 경영자신분으로 전환한 경우이다.

음식점 경리인 C씨(사례7)는 원래 현(縣)정부에서 당서기로 일하다가 음식점 경리로 임명되었다. 당시 음식점은 국유기업이었는데 파산될 위기에 처해있었다. 결손금이 160만 위안이었는데 현재의 금액으로 계산하면 2천만 위안(35억 원)이 된다. 음식점 경리를 하라는 제의가 들어오기 전, C씨에게 출세의 기회가 두 번 있었다. 하나는 시(市)상업국의 당서기로 되는 것이었고, 다른 하나는 ××호텔의 경리로 되는 것이었다. ××호텔은 지금은 사라졌지만 그 무렵에는 소득이 매우 높은 국유기업이었다. 출세의 길을 마다하고 파산될 회사의 경리를 선택하게 된 이유에 대해 C씨는 다음과 같이 말했다.

"제가 공산당원이기 때문에 조직에 복종해야 되고 또 저만이 그 기업을 구할 수 있다고 생각했습니다. 제가 정치를 하는 것보다 경제를 하는 것이 제 적성에 더 맞을 것 같기도 했습니다."(사례7)

그가 음식점의 관리를 맡은 후 매출은 계속 상승하였으며 현재 북경, 상해, 청도 등 도시에 5개 분점이 세워졌다. 그는 지금까지 15년 동안 시 인민대표대회 위원으로 활동하고 있으며 '사회적 업무(社會工作)가 회사일보다 더 많다'고 한다. 2012년 국가에서 주도한 반부패운동으로 인해 대형 음식점과 호텔들은 수익에 큰 타격을 입었다. 정부관원들의 접대가 대대적으로 줄어들었기 때문이다. 물론 C씨의 음식점도 매출이 줄어든 것이 사실이다. 대신 정부관원들의 접대가 적어졌다고 그는 '잘된 일'이라고 강조했다.

"20년 넘게 저녁을 집에서 먹은 적이 없습니다. 접대가 너무 많아서…… 술을 물처럼 마셨는데 다행히 간은 정상입니다. 하하하. 시의 지도자들을 모두 접대했습니다. 지도자들이 저를 많이 아껴주고 좋은 일이 있으면 계속 저를 부릅니다. 매년마다 정부에서 돈을 지원해줘서 여행도 다녀옵니다."(사례7)

오랜 세월 정부관원들과의 친밀한 관계 덕분에 그는 아들을 시 인민대표대회 대표로 추천할 수 있게 되었다. 현재 그의 아들은 음식점 경리자리를 물려받을 준비를 하고 있다.

사례26과 사례24는 시장개혁초기 남보다 먼저 기회를 포착하여 성공적으로 재산을 축적한 경우이다.

호프집 사장 P씨(사례26)는 비교적 부유한 농민가정에서 태어났다. 그

의 기억에 따르면 어릴 적에 방이 여덟 개가 있는 집에서 살았다. P씨
가 대여섯 살 되는 해에 아버지가 병으로 돌아가시고 어머니는 재가
를 하였다. 그래서 P씨는 외삼촌 집에서 살게 되었는데 외삼촌과 외
숙모를 부모처럼 모셨다고 했다. 당시 외삼촌은 출판사에서 근무하였
는데 월급이 80위안이었고, 외숙모는 영화관에서 근무했으며 월급이
50위안이었다. 그때 평균 월급이 30위안인 것을 고려하면 매우 잘 사
는 집안이었다고 할 수 있다. 그러나 외숙모는 친아들만 편애했다고
한다.

  "그때는 손목시계를 차는 것이 최고였어요. 외숙모는 아들한테만
  사주고 저한테는 안 사줬어요. 그리고 제가 대학교입시를 앞두고 있
  었는데 매일 심부름을 시키고 공부에 집중할 수가 없었어요. 대학교
  시험을 두 번 치렀는데 떨어지고 말았어요. 아들은 4년 동안 시험을
  보고 대학교에 갔어요."(사례26)

  P씨는 문화대혁명을 겪은 세대인데 고등학교를 졸업하고 하향(下
鄕)[11]하게 되었다. 3년 간 농촌에서 생활하고 돌아온 뒤 취직문제에
부딪히게 되었는데 당시 규정에 의하면 하향지식청년은 부모의 직장
에 취직할 수 있었다. 그러나 P씨는 외삼촌과 외숙모의 무관심 때문
에 유리공장에 취직하게 되었다.

  "당시 부모가 출판사에 있으면 자녀도 출판사에 들어가고 부모가
  신문사에 있으면 자녀도 신문사에 들어갔어요. 외삼촌과 외숙모는

---

11) 1968년 12월 모택동은 "지식청년은 농촌에 내려가서 중하층 빈농의 재교육을 받
   을 필요가 있다"고 말하면서 하방을 지시하였다.

능력이 있는 분들이라서 두 분이 적극적으로 나서면 저는 외삼촌의 직장에 취직할 수 있었어요. 하지만 그분들은 저한테 별로 신경을 쓰지 않았어요."(사례26)

유리공장에 취직한 뒤 P씨는 계기검침원으로 일하게 되었다. 그러다가 한번은 불공정한 대우를 받게 되었다. 공장에서 회계사를 뽑는 시험이 있었는데 P씨가 일등을 하였다. 그러나 다른 사람이 공장장의 인맥을 통해서 선발되었다고 한다. 당시 유리공장 옆에 호프집이 하나 생겼는데 장사가 매우 잘 되었다. P씨는 공장일이 재미도 없고 또 억울함을 당한 적도 있어서 일을 그만둘 생각이었는데 호프집 장사가 잘 되는 것을 보고 본인도 장사에 뛰어들려는 결심을 하게 되었다. 그래서 그는 자신이 살던 집을 개조해서 호프집을 만들었다.

장사경험이 없었던 그는 유리공장 옆에 있는 호프집을 관찰하면서 영업하는 것을 배웠다. 그의 노력에 의해 장사는 점점 잘 되었고 P씨는 집에 가정부도 둘 수 있게 되었다. 하지만 P씨의 인생에 굴곡이 없었던 것은 아니다. 남편이 보일러공장의 공장장을 했었는데 담보를 잘못 서는 바람에 빚을 떠안게 되었다. 남편이 구속되자 P씨는 가게를 팔아서 빚을 갚았다.

"남편이 그런 일을 당해서 창피했다기보다는 자식들한테 나쁜 영향을 미칠까봐…… 장사가 정말 잘됐었는데 할 수 없이 팔아버렸어요."
(사례26)

사실 P씨와의 인터뷰는 어렵게 이루어졌다. P씨의 남편은 자신의 과거가 남한테 알려지는 것이 싫어서 인터뷰를 거절하라고 P씨에게 못을 박았다고 한다. P씨는 직접 필자를 만나러 와서 인터뷰를 못하게 되어 미안하다고 사과하였다. 그러면서 자신의 상황에 대해 조금 털어놓았다. 필자와 잠깐 얘기하는 동안에 P씨의 남편은 P씨에게 두 번이나 전화를 하여 빨리 집에 돌아오라고 재촉하였다. 2주 뒤 필자는 P씨가 경영하고 있는 호프집을 찾아갔다. 남편의 빚을 갚은 뒤 P씨는 다시 호프집을 운영하고 있다. 손님이 적은 오후 시간에 방문하여 P씨와의 인터뷰를 다시 할 수 있게 되었다.

헬스장 사장인 K씨(사례24)는 큰 사업가가 되는 것이 목표라고 한다. 그가 헬스장을 운영한지는 3년 가까이 된다. 헬스장 사장을 하기까지 그의 인생경로를 살펴보면 다음과 같다. K씨의 아버지는 공장장이었고 어머니는 농민이었다. 아버지가 집체기업의 공장장을 하면서 다종생산을 시도하였으나 실패하여 빚을 졌다. 결국 아버지는 공장에서 쫓겨났고 어머니 혼자서 가계를 책임지게 되었다.

> "아버지는 공부만 할 줄 알았지 일을 할 줄은 몰라요. 집안일, 바깥일 모두 어머니가 책임졌어요. 그때 농가책임제(家庭聯産承包責任制)가 실시되어 어머니가 농사하여 번 돈으로 온 가족이 생활하였어요."(사례24)

어머니가 고생하는 것을 보고 자란 K씨는 고등학교를 졸업하자마자 도시로 일자리를 찾아 떠났다. 화장품 공장에 취직한 그는 화장품을 고향마을에 가져다가 팔면서 차비도 벌고 가계에 보탬을 하였다.

그러다가 부모의 소개로 결혼을 한 뒤 공장 일을 그만두고 고향에 남았다. 하지만 K씨는 가만히 앉아서 놀고먹는 성격이 아니라서 아이를 키우면서도 계속 무슨 일을 하면 돈을 벌 수 있을지를 고민했다.

> "저는 어떻게 하면 돈을 벌 수 있을까 이것만 생각하고 있었는데 저를 시집가라고 너무 졸라서…… 연애도 못해보고 결혼했어요. 결혼하고 애 키우면서 큰 언니가 옷 장사하는 것을 도와서 옷도 팔아주고 그때부터 장사에 눈을 뜬 것 같아요."(사례24)

애가 2살이 되던 해에 K씨 가족은 도시에 올라와서 국수와 물만두를 파는 장사를 시작했다.

> "애가 젖을 떼고 나니까 생활이 너무 지루하게 느껴지고 꼭 농촌을 벗어나고 싶었어요. 당시 국수가 유행하고 있었는데 그래서 집을 임대하여 국수장사를 시작했어요."(사례24)

K씨는 옷을 팔면서 모은 돈 6천 위안(약 120만 원)을 밑천으로 하여 장사를 시작했는데 시작하고 보니 아는 사람도 없고 손님도 모이지 않았다. K씨는 고민 끝에 인쇄공장을 찾아가서 광고전단지를 만들어 골목골목 다니면서 국수를 홍보하였다. K씨가 다른 국수집에 비해 양을 많이 주고 식재료를 속이지 않은 덕분에 장사가 점차 잘되었다. 하지만 4년 뒤, 정부에서 도시화를 추진하면서 철거명령을 내려 할 수 없이 국수장사를 그만두게 되었다. 그 뒤 K씨는 시장에서 가게를 하나 임대하여 공예품 장사를 시작했다. 90년대 초반 도자기, 그림, 조각 등 공예품이 유행하기 시작했는데 고객은 주로 외국인이었다. 공

예품 장사를 시작하고 나서 2년 뒤 K씨는 가게를 하나 더 임대하였으며 남편과 둘이 가게 하나씩을 맡아서 물건을 팔았다. 그렇게 15년 동안 공예품을 판매하면서 경제적 여유도 생기고 200㎡ 되는 영업집도 구매할 수 있게 되었다.

> "국수장사를 할 때 매년마다 집세가 올랐는데 나중에 꼭 내 집을 사서 장사해야겠다고 다짐했어요."(사례24)

K씨가 영업집을 구매한 또 다른 이유는 공예품판매가 예전보다 신통치 않았기 때문이라고 했다. 그러나 장기고객이 있어서 장사를 그만두지는 않았고 새로 산 영업집을 여관으로 개조해서 운영했다. 여관영업이 잘 되자 옆에 있는 영업집을 구매하여 여관을 확장시켰다.

> "경제적인 여유가 생기게 되자 좀 더 나은 삶을 살고 싶어졌어요. 지금까지 하루도 쉬지 않고 열심히 일하니까 일한 만큼 생활도 좋아졌는데 큰 발전을 이루지는 못했다고 봐요. 이젠 나이도 먹었지만 그래도 아직 늦지 않으니까 사업을 하나 해보자고 계획하고 있어요."
> (사례24)

K씨는 그동안 장사를 하면서 돈을 모으고 가족의 생활을 개선시키는 데에만 집중하다보니 다른 사람들은 어떻게 살고 있는지, 어떻게 하면 의미 있는 삶을 보낼 수 있는지 등에 대해 하나도 모르고 있었다고 한다. '삶의 의미'를 찾던 중 우연히 K씨의 단골손님이 경영자교실을 추천해주었다. K씨는 이튿날 바로 경영자교실에 등록했으며 지금까지 10년 동안 꾸준히 다니고 있다.

"가장 많이 변화된 것은, 저는 사회생활을 못해봤고 다른 사람과 어울릴 줄 몰랐어요. 경영자교실에 다니면서 남들이 하는 것을 보고 들으면서 어떻게 처신하는지를 익히게 되었어요."(사례24)

현재 K씨는 여관을 다른 사람한테 임대주고 헬스장을 운영하고 있다. 헬스장은 지인한테서 인수받은 것이다. 장사만 해오던 K씨에게 사업은 결코 쉬운 일이 아니라고 했다.

"조그만 가게를 운영하다가 사업을 하려고 하니까 힘들었어요. 사업에 대해서 아는 것도 별로 없고, 전에는 남편과 둘이서만 장사를 해서 직원을 구하지 않았어요. 이제는 사람을 많이 써야 하는데 사람관리가 너무 어려워요."(사례24)

K씨는 헬스장 운영이 벅차서 포기하려고 했던 적이 많았다고 한다. 예전에는 혼자 부지런히 일하기만 하면 장사가 잘 되었는데 이제는 여러 명의 사람들을 관리해야 한다. 즉 경영인으로 전환해야 하는 것이다. 그가 헬스장 운영을 포기하지 않은 것은 자식을 위한 것이기도 했다.

"경영자교실을 다니는 분들이 자식들한테 물려준 재산이 많아요. 그때면 저는 기가 죽게 되요. 다른 부모들은 자식한테 회사나 공장을 물려주는데 저는 물려줄게 없어요. 앞으로 10년 동안 애를 위해서 사업에 꼭 성공하고 싶어요."(사례24)

사례26은 직업이동과 동시에 신분이동을 경험한 경우로서 공장노동자에서 중산계급으로 지위가 상승하였고, 사례24는 자영업자로서의 계급적 지위는 변하지 않았지만 치열한 시장경쟁을 뚫고 이제는 고용인을 둘 정도에 이르렀다. 특히 사례7은 간부에서 경영자로 신분이 바뀌었지만 여전히 중상층이라는 지위를 유지하고 있으며 정치자본에 경제자본이 추가되면서 권력이 더 강화된 것으로 볼 수 있다. 반면 사례26과 사례24는 계급분류기준으로 볼 때 중중층에 속한다. 여기서 국가권력체계를 통해 상대적으로 더 높은 사회적 지위를 획득할 수 있음을 알 수 있다.

현대사회에서 계급을 구성하고 재생산하며 사회이동을 가능케 하는 또 하나의 중요한 요소 중 하나는 교육이다. 교육은 지식과 기술훈련을 통해 노동력의 가치를 높여 사회적으로 승인된 지위역할을 수행할 수 있도록 하고 그에 따른 높은 소득과 위세를 보장하기도 한다. 교육을 통해 세대 간 상승이동이 발생하고 있고 특히 중산계급의 확대는 바로 교육기회 확대의 결과로 간주되고 있다. 그러나 교육기회의 확산이 전반적인 사회이동과 계급상승을 이루었는지 아니면 오히려 불평등을 확대, 재생산시키고 있는지에 대해서는 서로 대립되는 주장이 존재한다. 미국의 연구자들은 사회적 배경이 교육기회의 획득에 많은 영향을 주며 또한 교육은 직업획득에 큰 영향을 주고 있다고 말한다(Blau and Duncan, 1967). 교육이 사회적 상승이동의 기회를 주는 것도 사실이지만 그 기회는 이미 계급에 따라 제한되어 있고 또 불평등한 계급구조를 재생산하는데 기여한다고 주장한다. 교육이 과연 인적자본의 자질을 높여 생산성을 증대하는가에 대한 질문을 제기하는 입장도 있다. 콜린즈(Collins, 1977)는 학교교육이 기술이나 능력을 제공하는 것이 아니라고 말한다. 학교교육이 복잡해지는 것은 직업구조가 복잡한 기술이나 지식을 요구해서가 아니라 직업을 독점하기 위해 기득권 집단들이 자체의 기준을 강화하기 때문이라는 것이다. 그는 교육을 잘 받은 노동자가 반드시 그렇지 못한 노동자보다 더 생산적이라고 말할 수 없다고 주장하면서 학교의 주요활동은 신분문화를 가르쳐 집단의 특권을 누리게 하기 위한 것이라고 말한다. 교육은 결국 부와 권력을 둘러싼 특정 신분집단의 이익을 높이기 위한 수단인 것이다. 교육은 또한 지식과 기술의 제공과 더불어 지위를 상징하는 재화로서 기능한다. 특정한 학교의 학위는 사회적 지위나 명예를 반영한다. 명문 학교의 학위는 실제적인 능력뿐 아니라 사회적인 위신을 높여주는 상징으로서 의미를 갖는다.

중국에서 교육은 성공적인 사회진출을 위한 가장 중요한 통로로 인식되고 있다. 중국사회에서 교육은 전통적으로 계급상승을 위한 수단이었다. 역사적으로 과거제도를 통해 관료를 선발함으로써 문관들이 사회를 지배하였다. 현대사회에 이르러서도 교육은 출세의 가장 중요한 수단으로 되고 있다. 중국은 급속한 경제발전의 과정에서 많은 노동인력이 요구되었고 그중에서도 공업화기술에 필요한 인적자본이 요구되었다. 공업화에 의한 새로운 지식 및 기술의 습득요구가 학교교육에 반영됨으로써 학력이 중요한 사회적 선별기준으로 작용하게 되었다. 특히 문화대혁명12)을 거치면서 학력이 낮았던 부모세대는 자녀

---

12) 1965년부터 1976년 모택동이 사망할 때까지 이어진 이 사건은 모택동이 당내에 존재한다고 주장한 자본주의 길을 가려는 수정주의자인 주자파(走資派)들을 전면적으로 숙청하자고 하는 데서 출발했다. 문예비판에서 시작하여 정치권력투쟁으로 발전하였으며 여기에 학생, 노동자들이 홍위병을 조직하면서 전반적인 대중운동으로 성장했다. 문화대혁명은 당내에 존재하던 좌익과 실용주의 노선 간의 투쟁이라고 볼 수 있다. 결과는 좌익 노선의 승리였다. 이 과정에서 당 내부 노선투쟁이 사회 전반으로 확산되면서 모든 분야와 지역에서 대립과 갈등이 심화, 확대

들에 대한 교육투자를 통해 상승이동을 실현하고자 한다. 피면접인들의 자녀의 학력에 대한 기대는 매우 높다고 할 수 있다. 그들은 모두 자녀가 최소한 4년제 대학교는 졸업하길 바란다고 대답했다. 그중 자녀가 석사이상 학력을 취득하기를 바라고 있는 피면접인이 절반을 차지했다. 또한 피면접인들의 가계지출에서 자녀교육비가 주거비 다음으로 큰 비중을 차지하고 있는데 이는 그들의 자녀교육에 대한 열기가 매우 높다는 것을 말해준다.

호프집 사장 P씨는 딸의 교육에 일심전력하였다고 강조했다. P씨의 딸은 일곱 살부터 피아노를 시작했는데 처음에는 단순히 지력발달을 위한 목적에서 가르쳤다고 했다. 그러나 딸한테 잠재적인 능력이 있다고 판단한 피아노교사가 딸을 예술학교에 보내라고 적극적으로 추천하자 P씨는 이왕이면 가장 좋은 학교에 보내려고 1년 동안 딸과 함께 레슨을 받으러 다니면서 입시준비를 하였다. 현재 그의 딸은 명문대인 중국음악학원(中國音樂學院)에서 석사공부를 하고 있다.

> "딸한테 돈을 얼마나 많이 썼는지 몰라요. 저는 항상 좋은 선생님을 찾아주려고 노력했어요. 딸의 학부 때 지도교수는 세계적으로도 유명한 분인데 레슨비가 시간당 500위안(9만 원)이었어요. 지금은 시간당 1천 위안(18만 원)입니다. 일반가정에서는 부담하기 어려운 가격이에요. 딸한테 천부적인 재능이 있다기보다는 부모의 노력인 것 같아요."(사례26)

되었다. 이 시기는 반대와 투쟁이 용인되었고 모택동을 제외한 모든 기존 권위에 대한 반대와 투쟁이 허용되었다. 그 결과, 전사회적으로 피해가 상당했다. 정상적인 교육기관이 10년 동안 제대로 기능하지 못했고 약 20만 명의 교수, 교사 등이 박해를 받았다.

P씨는 아들의 교육에도 열성적이었다고 했다. 아들이 고등학교를 졸업할 때까지 매주 담임선생님에게 전화를 하여 아들의 공부에 대해 상담하였다. 아들의 학교에서 P씨를 모르는 사람이 없었을 정도였다고 한다. 올해 그의 아들은 대학교 졸업을 앞두고 있는데 취직을 안 하고 P씨의 가게를 물려받으려고 한다. 그러나 P씨는 본인이 장사하면서 고생을 많이 하였기에 아들은 안정된 직장생활을 하기를 바란다고 했다.

> "아들이 물려받고 싶다면 물려주려고 해요. 저는 원래 가게를 팔고 편안하게 노후를 보내려고 했어요. 아들은 다른 사람 밑에서 눈치를 보면서 일하기보다는 혼자서 돈을 벌고 싶대요."(사례26)

P씨의 입장과 비슷하게 L씨(사례8) 역시 공부를 해서 출세하는 것이 가장 현실적인 방법이라고 강조하면서 아들은 대학원을 나오기를 바란다고 하였다. 현재 아들은 미국에서 대학교를 다니고 있으며 건축학을 전공하고 있다. 그는 아들이 교수가 되기를 기대하고 있는데 그가 보기에 교수야말로 가장 존경받는 직업이기 때문이다.

> "아들이 곧 대학교에 가게 되는데 미국에 유학 보내려고 계획하고 있습니다. 현재로서는 부담입니다."(사례4)

> "미국에 가서 출산할 계획입니다. 그러면 나중에 미국에서 교육을 받기가 수월해지죠. 미국국적을 가지면 학비가 일반유학생에 비해 적다고 들었습니다."(사례23)

위의 사례들은 교육이 중산계급의 계급적 지위를 공고히 하는 수단으로 되고 있음을 말해준다. 특히 미국으로의 유학은 계급 재생산의 주된 전략으로 채택되고 있다. 사례4는 경제적으로 부담이 되더라도 유학을 통해 자녀를 상승 이동시키려는 강한 의지를 내비치고 있었다. 한편, P씨의 사례를 통해 부모의 직업계승을 통한 재생산이 시작되고 있음을 알 수 있다.

교육이 계급지위 공고화에 중요한 역할을 한다는 인식은 교육기회와 교육불평등에 대한 민감도와도 연결된다. 90년대까지만 해도 중국에서 교육 불평등은 농민에게만 해당하는 문제였다. 주로 낙후한 지역에 사는 아동들이 마을에 학교가 없어서 교육을 받지 못하거나 학비를 낼 수 없어서 학교에 다니지 못했다. 그러나 이제는 중산계급까지 확대되었다. 계급별로 교육기회에 대한 인식을 살펴보면 다음과 같다. <표 4-24>에서 보이듯이 '부자만이 대학교 학비를 부담할 수 있다'라는 질문에서 전체 응답자의 절반이 이에 찬성하는 입장을 표시하였으며 특히 하층의 찬성도가 가장 높았다. 중산계급의 47%도 이에 찬성하는 것으로 나타났는데 이는 그들이 현재 중국의 교육 불평등 상황에 대해 비교적 심각하게 인식하고 있음을 알 수 있다.

1978년 대학교 입시제도가 회복된 후, 농민 및 노동자계급 출신의 자녀들은 대학교 입학시험을 통해 출세의 길에 올랐으며 자신뿐만 아니라 가족 및 그 다음 세대의 운명을 바꿔놓았다. 피면접인 가운데서도 대학교육을 거쳐 중산계급의 일원으로 된 사람들이 대부분을 차지하고 있다. 그러나 현재 '개천에서 용이 나는' 경우의 수는 점점 줄어들고 있다. 인민일보의 조사에 의하면 중국농업대학교(中國農業大學)의 신입생 중 농촌출신 학생의 비중은 2001년 39%를 차지하던 데로부터 2007년에는 31%로 감소하였다. 남개대학(南開大學)에서도 농촌출신 신입생은 2006년 30%에서 2008년 24%로 감소하였다(人民日報, 2010). 농촌출신 대학생의 비중이 감소하게 된 원인은 크게 두 가지 요인 때문인 것으로 보인다. 1999년 중국에서 대학입학정원을 늘리는 정책을 실시한 뒤 고등교육을 받을 수 있는 기회는 현저히 증가하였지만 이와 동시에 대학교 학비도 급격히 상승하였다. 1992년 대학교 학비는 400위안(7만 3천 원) 좌우였는데 현재 6천 위안(110만 원)으로 뛰어올랐다. 이러한 액수는 일반적인 농민가정에서 부담하기 어려운 것이다. 2013년 농민 일인당 연수입이 8천 위안이 채 안 된다(중국국가통계연감). 다른 한편으로는 대학교 졸업생 취업이 점점 어려워지고 있으며 '졸업은 실업이다'라는 말이 유행할 정도이다. 대학교육을 받은 농민의 자녀 중 35%가 취직을 못한 것으로 조사되었는데 이는 관리자 자녀의 15%가 취직을 못한 것에 비하면 매우 높은 비율이라고 할 수 있다(人民日報, 2010). 교육에 대한 투자비용은 점점 많아지고 반대로 수익이 불확실한 상황에서 '지식이 운명을 바꾼다'는 말은 설득력을 상실하게 된다.

<표 4-24> 계급별 교육기회에 대한 인식
(부자만이 대학교 학비를 부담할 수 있다)

단위 : %

	상층	중상층	중중층	하층
매우 그렇다	5.0	4.2	5.4	9.7
그렇다	35.0	43.2	37.9	40.4
보통이다	30.0	22.0	19.2	19.0
아니다	20.0	24.6	33.8	25.0
매우 아니다	10.0	5.9	3.8	5.9
합계	100.0	100.0	100.0	100.0

자료 : 2008CGSS

현재 중국에서 호구제도는 이러한 교육 불평등 상황과 연결되어 있는 것으로 보인다. 중국은 1958년부터 개인의 거주이전을 엄격히 제한하는 호구제도를 실시해왔다. 호구는 농업호구와 비농업호구 두 가지로 나뉘는데 농민은 비농업에 종사하더라도 신분이 변하지 않는다. 또한 호구에 따라 취업, 교육, 의료, 주택 등 복지혜택이 좌우되기 때문에 능력보다는 출신지역에 의해 개인의 권리와 의무가 달라진다. 예컨대 북경 호구가 없이 북경에 거주할 경우 북경시가 제공하는 복지혜택을 받을 수 없다. 유치원이 부족한 북경에서 호구가 있는 경우 월 300위안에 공립유치원을 이용할 수 있으나 호구가 없으면 월 1,500위안을 부담해야 한다. 오늘날 호구제도는 일종의 특수한 신분제도가 되었으며 도시와 농촌은 물론 동부 연해와 중서부 간 지역격차의 원인으로 되었다.

호구제도가 50년 이상 유지되어 온데는 다음과 같은 원인이 있다. 먼저 호구제도는 중공업육성에 기여하였는데 농민의 도시 진입을 제약하는 동시에 농업생산물을 저가에 도시에 공급함으로써 도시주민의 생활비를 절감하고 도시기반시설 건설과 중공업발전에 필요한 자본을 확보하였다. 즉 경제개발 과정에서 호구제도의 유지가 불가피했다고 보는 것이다.

다음으로 호구제도는 각 지방정부가 지역중심의 경제발전을 추구하는 도구로 사용되기도 한다. 중국에서는 토지, 자본 등 생산요소를 지방정부가 관리한다. 따라서 도시에서는 이미 노동력이 풍부한 상황에서 질 낮은 인적자원의 진입을 제한하고자 한다. 북경의 경우 다른 지역의 주민 한사람이 북경시민이 되는 순간 북경시정부는 약 50만 위안(9천만 원) 상당의 복지예산이 필요하여 재정부담이 적지 않다.

도시호구를 취득하는 것은 매우 어려운 일이다. 북경의 경우 북경에 있는 국가기관에 취직을 하거나 해외 우수한 대학을 졸업하고 북경에서 취직을 하면 호구를 가질 수 있다. 또 자영업자로 3년 연속 80만 위안 이상의 세금을 내거나 북경시민과 결혼하여 45세에 이르면 호구를 취득할 수 있다. 이외에는 호구를 취득하기란 하늘에서 별을 따기만큼 어렵다. 2012년 북경의 거주인구 2,019만 명 중 북경호구가 없는 외지인이 720만 명으로 36%를 차지한다.

피면접인 중에 호구문제로 고민하는 사람이 여러 명 있었는데 그들 가운데 부부가 모두 북경호구가 없는 경우도 있었다. 그 부부(사례13, 사례19)는 모두 중국의 명문대학교에서 석사를 졸업하고 현재 외자기업에서 일하고 있다. 그들이 처음으로 호구 때문에 불이익을 겪었던 것은 집을 마련할 때였다. 북경호구가 아닌 관계로 150만 위안(약 2억 7천만 원)을 더 지불해야 했다. 그다음으로는 지역사회에서 제공하는 복지를 향수할 수 없었다. 그들이 현재 살고 있는 지역에 복지센터가 있는데 그곳에서 지역주민들을 위해 다양한 서비스를 무료로 제공하고 있다. 그러나 이는 북경호구를 갖고 있는 사람에게만 해당하는 것이며 호구가 없는 사람은 비싼 가격으로 서비스를 받아야 한다.

이들은 가장 골치 아픈 문제로 자녀의 교육 문제를 꼽았다. 중국에서는 호구에 등록된 거주지에 따라 초등학교와 중학교를 배정받는다. 만약 다른 학구로 전학을 하려면 '학교선택비용(擇校費)'을 납부해야 하는데 좋은 학교일수록 많이 납부해야 한다. 북경에서 좋은 학교에 입학하려면 학교선택비용을 지불하는 외에 또 한 가지 방법이 있는데 그것은 그 학교가 속한 지역의 아파트를 구입하여 거주지를 변경하는 것이다. 일반적으로 좋은 학구는 아파트가격이 비싸다. 예를 들어 해

전구(海澱區)에 있는 30평 아파트의 평균 가격은 1,200만 위안(약 21억 원)이다. 이는 중산계급이 평생에 걸쳐도 마련하기 힘든 것이다.

2010년 중국국가교육부에서는 학교선택비용으로 인해 교육 불평등이 발생한다고 보고 그것을 폐지시켰다. 그러나 위에 정책이 있으면 아래에 대책이 있기 마련이라고 일부 학교들은 '찬조금(贊助費)'으로 명칭을 바꾸어 비용을 받고 있다. 그 외의 학교들은 국가정책에 따라 다른 지역 학생의 입학을 허락하지 않는다. 피면접인의 자녀는 내년에 초등학교에 입학해야 한다. 새로운 정책이 나오기 전에는 비록 학교선택비용이 부담이 되지만 그래도 아이를 좋은 학교에 보낼 기회는 있었다. 그러나 지금은 많은 학교가 학생을 받지 않으니 이젠 기회조차 없어졌다. 또한 중국에서 대학교 입학시험은 호구소재지에서 치러야 하는데 북경에서 고등학교를 다녔어도 다른 도시의 호구라면 시험을 볼 자격이 없다. 피면접인은 자녀가 중학교를 졸업할 때까지 호구를 취득하지 못하게 될 경우를 우려하여 북경과 인접해 있는 천진시(天津市)에 새로 아파트를 구입하였다. 자녀가 고등학교를 천진에서 다니고 그곳에서 대학교 입시를 보는 것이다.

일부 사례에서는 결혼을 통한 중산계급의 재생산 움직임도 발견할 수 있었다. 결혼은 부와 권력을 연계시키며 세대를 통해 그 자원을 재생산하는 가장 중요한 통로와 수단이다. 결혼을 매개로 하여 맺어지는 관계망은 혈연을 제외한 다른 어느 관계망보다도 결합력이 높으며 이러한 결혼을 통한 관계망은 계급의 지위유지 기제로서의 중요한 역할을 한다. 실제로 피면접인들은 자녀의 결혼을 정략적으로 추진하지는 않았지만 자연히 그들 나름의 통혼권을 형성하고 있었다. <그림 4-10>에서 볼 수 있듯이 피면접인의 가족은 모두 중산계급에 해당한다. 피면

접인과 그의 남편은 농촌출생으로서 대학교육을 통해 신분상승을 실
현한 경우에 해당하며, 그의 아들은 계급재생산을 통해 중산계급의
지위를 유지한 경우에 해당한다.

> "며느리는 심양에서 자랐는데 어머니는 중학교 교장이고 아버지
> 는 치과의사입니다. 대학교에서 둘이 만나서 결혼했습니다. 며느리
> 는 우리 아들보다 공부를 조금 못했지만 매우 똑똑합니다. 지금 상
> 해에서 살고 있는데 집도 있고 차도 있습니다. 집은 며느리 집에서
> 사줬습니다. 아무래도 치과의사가 저보다 더 잘 버니까요."(사례25)

신분적 지위가 비슷한 두 가족이 자녀의 연애결혼을 통해 '자연스
레' 만나게 되었지만 이러한 결혼망의 형성을 우연한 결과로 보기 힘
들다. 아들과 며느리는 명문대학교 출신인데 명문대학교 학력 그 자
체로서 희소성을 갖고 있으며 능력과 가족배경 등을 상징적으로 드러
내기 때문이다.

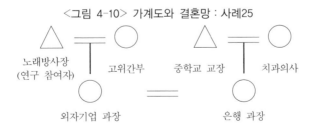

<그림 4-10> 가계도와 결혼망 : 사례25

= 결혼관계. - 직계관계. ○ 남. △ 여

제4절 정치에 대한 신뢰와 참여의식

정치참여는 국민이 각종 방식[13]을 통하여 정치생활에 자발적으로 참여하면서 정치체계의 구성, 운영방식, 운영규칙 및 정책과정에 대한 영향을 목적으로 하는 일종의 정치행위이다. 중산계급의 정치참여는 정치민주화를 추진함에 있어서 중요한 의의를 가진다. 현재 중국의 중산계급이 어떠한 정치적 태도를 갖고 있는지는 계층연구의 핵심적인 문제로 되고 있는데 이에 관해서 학계에서는 대체로 세 가지 서로 다른 관점을 제기하고 있다.

첫째, 중국의 중산계급은 비교적 급진적이며 미래 정치변혁의 주역이라는 것이다. 이것은 주로 정치학자들이 중산계급의 권리보호운동에 대해 분석하면서 도출한 결론이다. 張磊(2005)에 의하면 북경시 주택소유주들이 지방정부를 포함한 부패집단을 상대로 집단행동을 전개하였는데 부패집단으로부터 자신들의 재산을 성공적으로 보호하였다. 그는 사회적 약자(弱勢群體)의 구성원인 실업노동자와 농민들의 집합운동 및 집단적인 상방(上訪)[14]과는 달리 주택소유주들의 권리보호운동은 시민사회를 대표하는 운동이라고 평가하고 있다. 陳映芳(2006)에 따르면 상해 주택소유주들은 건축 및 주택관리(物業)분쟁에서 강렬한 권리의식과 행동능력을 과시하였다. 그들은 '중산계급'으로서의 정체성을 명확하게 인지하고 있었는데 언론매체를 통한 발표에서 자신들의 행동을 '중산계급 마을공동체(中産階級社區) 권리보호운동'이라고 정의하였다. 또한 陳

---

13) 중국에서의 정치참여형식은 투표, 선거, 결사 외에도 투서신방(정부에 투서하고 정부에서 특설한 信訪사무실에 가서 면담하는 형식), 정부관원과의 직접적인 대화 및 인터넷을 통한 상호작용 등 여러 가지 형식이 있다.
14) 上訪-정부기관에 가서 민생문제 해결을 위해 의견을 제기하는 것.

映芳은 업주들의 조직화 정도가 높고 동원능력을 구비하였기 때문에 그들이 앞으로 사회적으로 파괴력이 있고 정치적으로 모험성이 강한 집단행동을 선택하여 자신들의 이익을 실현할 것이라고 주장하고 있다. 그리고 黃衛平 등(2003)은 2003년 심천시(深圳市) 인민대표대회선거에서 중산계급이 자기추천의 방식으로 선거에 참가하는 현상에 대해 분석하면서 그들이 경제상의 유권을 위하여 정치적 지위의 향상을 요구하고 있음을 지적하였다. 또한 이러한 자기추천식의 경선활동은 현재의 정치적 상황에 대한 불만의 표시이며 정치체제에서 소외된 국민들이 그들을 배척하는 정책에 대해 반대논조를 펴는 행위라고 주장하였다.

상술한 연구들은 중국 중산계급의 정치태도에 대한 분석을 위해 실증적 자료를 제공하고 있다. 하지만 연구대상으로서의 중산계급이 단일한 신분 혹은 직업적 특징을 갖고 있기 때문에 그들의 연구는 중산계급의 전체적인 면모를 반영할 수 없다는 비판을 받고 있다(陈金英, 2012).

둘째, 중국의 중산계급은 비교적 보수적이다. 이러한 관점이 제기된 것은 중산계급의 대부분 구성원들이 체제내부에 위치해 있거나 국가와 긴밀한 연결을 가지고 있기 때문이다. 중국 중산계급은 주로 기업경영자, 전문기술자 및 정부관원으로 구성되었는데 그들은 개혁개방 정책의 수혜자로서 모두 국가와 밀접한 관계를 유지하고 있다. 따라서 그들은 현재의 정치체제를 개혁할 욕망이 없으며 국가와 충돌이 발생할 가능성도 적다(周晓虹, 2002). 중산계급의 보수주의적 성향은 중국뿐만 아니라 다른 나라에서도 발견할 수 있다. 70년대 한국 중산계급은 경제성장의 우선적 수혜자가 됨으로써 민주화를 포기하고 권위주의체제를 수용하게 되었다(조돈문, 1996).

중산계급은 서구의 개념이며 중산계급의 중요한 특징은 경제적인 면과 정치적인 면에서 동시에 반영되고 있다. 그러나 중국의 중산계급은 정치적인 특징이 결핍하며 중산계급으로서의 특징은 다만 소비의 측면에서만 나타날 뿐이다. 중국의 신부호계층, 특히 경영자계층은 정치체제와 독립적으로 존재하거나 정치체제로부터 배제된 것이 아니며 반대로 정치체제는 그들을 적극적으로 흡수하려고 한다. 그러므로 중국의 중산계급은 진정한 의미에서의 중산계급이 아니라 미래 통치계급의 중견세력으로 될 것이다(David, 1999). 또한 중산계급은 사회적 재부와 지위를 보유하고 있기 때문에 사회변혁을 희망하지 않는다. 경제적 이익은 중산계급의 가장 큰 관심사이므로 그들은 자신들의 협소한 이익을 보호하는 데에만 열중하며 정치체제에 도전하려고 하지 않는다. 따라서 그들은 소비생활에서 선도적인 역할을 하고 있지만 정치적으로는 냉담하다(吳海云, 2010).

셋째, 중국의 중산계급은 통일적인 정치태도를 갖지 못하고 있다. 이러한 주장은 중산계급의 내적 이질성을 근거로 한 것이다. 중산계급의 내부 구성원들은 직업, 신분, 현유의 정치체제와의 관계 등 여러 방면에서 차이가 존재한다. Lu의 연구에 의하면 공유부문에 종사하는 중산계급은 민주의식이 비교적 낮은 반면 사유부문에 종사하는 중산계급은 비교적 강한 민주의식을 갖고 있다(Lu Chunlong, 2007). 이와 비슷하게 李路路(2007)도 중산계급을 공유부문 등 체제 내에서 성장한 "내원(內源)중산계급"과 사유부문 등 체제 밖에서 성장한 "외생(外生)중산계급"으로 구분하였는데 내원중산계급은 외생중산계급에 비해 보수적인 것으로 나타났다. 張翼(2005)는 신중산계급이 구중산계급보다 사회를 개혁하려는 욕망이 더 강하다고 주장하였으며 朱姸(2011)은 전문기술자집단이 관리자집단에 비해 자신의 정치적 영향력을 더 낮게 평가한다고 지적하고 있다.

중산계급의 내적구성이 다양하고 복잡하기 때문에 그들의 정치태도를 급진적이냐 아니면 보수적이냐 하는 이분법적 방법으로 판단하기 어렵다. 중국 중산계급은 아직 정치적으로 공통된 인식을 형성하지 못했는데 그들 중 일부는 사회의 안정을 주장하고 일부는 현존 질서의 부분적인 불합리성에 대해 비판을 가하고 있으며 이들의 정치적인 입지에서의 분기는 중국사회의 주류가치관을 형성하는 데 있어서 방해요인으로 되고 있다(韓方明, 2010).

상술하듯이 중국 중산계급의 정치태도에 대한 학계의 판단에는 비교적 큰 차이가 존재한다. 이러한 차이가 나타나게 된 주요한 원인은 우선 중산계급에 대한 정의가 통일되지 않았기 때문이다. 다음으로 많은 연구자들이 명확한 구분이 없이 막연하게 중산계급의 정치태도를 논의하면서 정치태도와 관련되는 중요한 변수들을 세밀하게 분석하지 못한 데 있다. 서구의 개념과 연구방법을 그대로 도입하여 중산계급의 민주의식과 비제도적인 집단행동 그리고 비교적 높은 정치참여의식을 하나의 통일체로 보고 그중 하나가 부정되면 따라서 기타 두 개도 함께 부정해 버리는 것이다. 그러나 동아시아 중산계급의 역사가 증명해 주듯이 민주의식과 비제도적인 집단행동 그리고 높은 정치참여의식을 동등한 것으로 보아서는 안 된다. 20세기 70년대 한국 중산계급의 역사를 돌이켜 본다면 그들은 당시 진보적인 민주의식을 가지고 있었음에도 불구하고 비제도적인 정치행동은 지지하지 않았다. 20세기 80년대 대만의 중산계급 역시 민주의식은 있었으나 정권과의 대항을 피해왔다. 그러면 실제로 중국 중산계급의 정치태도와 정치참여의식은 어떠한가?

첫째, 중국 중산계급의 정치참여의식은 비교적 높은 편이다. 심천시의 중산계급에 관한 조사를 보면 '당신은 정치에 참여할 생각이 있는 가'라는 질문에 '참여할 생각이 없다'라고 응답한 사람은 14.8%밖에 안 되며 '적극적으로 참여하려고 한다', '보통이다', '나더러 참여하라 면 하겠다'라고 응답한 사람은 각각 22.2%, 33.1%, 28.1%를 차지하 며 참여의사가 있는 사람이 전체의 83.4%에 달하였다. 常州市의 중산 계급 조사에서는 85%에 달하는 사람들이 정치참여는 매우 필요하다 고 응답하였으며 나머지 15%의 사람들만이 참정은 필요하지 않다고 응답했다(吳德星, 2007).

이와 같이 중국 중산계급은 정치참여의 필요성에 대해 인식하고 있고 또 정치에 참여하려는 욕구를 갖고 있지만 실제로 그들이 정치에 참여한 상황을 보면 그다지 만족스럽지 않다. <표 4-25>에서 알 수 있듯이 정치참여의 가장 기본적인 단계인 투표에 대해 살펴보면 마을공동체 주민위원회(社區居民委員會) 선거에서 투표를 한적 있는 중산계급은 30% 미만이다. 중산계급뿐만 아니라 전반적으로 투표 참여율은 매우 낮았다. 그중 하층의 참여율이 34%로서 가장 높은 것으로 나타났다.

<표 4-25> 지난 1년 간 주민위원회선거에서 투표한적 있는가?

단위 : %

계층	있다	없다	합계
상층	24.4	75.6	100
중상층	30.7	69.3	100
중중층	22.9	77.1	100
하층	34.0	66.0	100
합계	30.6	69.4	100

자료 : 2010CGSS

주민위원회는 도시주민의 자치조직으로서 민주선거, 민주결책, 민주관리, 민주감독의 원칙을 실시하고 있다. 90년대 말 단위체제(單位體制)가 와해된 후 주민위원회가 도시기층의 관리를 담당하고 있다. 그러나 실제로 주민위원회는 주민들의 적극적인 참여를 이끌어내지 못하고 있다. 중산계급이 주민위원회 선거에 적극적으로 참여하지 않는 이유는 그들이 주민위원회가 그다지 중요한 조직이 아니며 지역사회 내의 중대한 문제를 해결할 능력이 없다고 인식하기 때문이다. 현재 주민위원회는 빈곤계층을 상대로 복지사업을 전개하고 있는데 이러한 복지사업은 하층의 생활과 밀접하게 연관되어 있다. 따라서 하층은 복지서비스를 이용하면서 자연히 주민위원회 사무에 관심을 가지게 되며 선거 등 활동에도 적극적으로 참여할 가능성이 많아진다. 반면 중산계급으로서는 주민위원회가 상대적으로 직접적인 관심사가 아니다.

"제 인상 속에 주민위원회는 퇴직간부나 아주머니들이 있는 곳입니다. 권력도 별로 없습니다. 만약 마을공동체(社區)에 무슨 일이 일어났다고 하면 주택소유주들을 조직하여 지방정부와 교섭하는 편이 더 나은 것 같습니다. 주민위원회에 기대는 것은 그다지 좋은 방법이 아니라고 봅니다."(사례20)

<표 4-26> 부문별 중산계급 투표참여현황

단위 : %

부문	있다	없다	합계
공유부문	28.9	71.1	100
사유부문(고용)	28.0	72.0	100
사유부문(피고용)	18.9	81.1	100
합계	25.6	74.4	100

주 : $F=3.186*$
자료 : 2010CGSS

　부문별로 중산계급의 투표참여 상황에 대해 살펴보면<표 4-26> 공유부문에 종사하는 중산계급의 참여율이 가장 높고 사영부문에 종사하는 피고용 중산계급의 참여율이 가장 낮다. 세 집단 간에는 통계적으로 유의미한 차이가 존재하는데 이는 중산계급은 내적 이질성이 강하다는 기존의 연구를 뒷받침해주는 것이다. 기존연구에서 중산계급의 내적 이질성에 대해 분석할 때 귀속부문에 근거하여 공유부문의 중산계급과 사유부문의 중산계급 두 집단으로 분류하였다. 이 책에서는 사유부문 안에서도 종사상의 지위, 즉 고용과 피고용에 따라 명확한 차이가 존재하는 것으로 나타났는데 공유－사유의 이분법적 구분만으로는 중산계급의 내적 이질성을 충분히 설명할 수 없다고 본다. 다시 말하면 현재 중국 중산계급은 공유부문 중산계급, 사유부문 고용 중산계급, 사유부문 피고용 중산계급 등 이질적인 세 개 집단으로 구성되었음을 알 수 있다.

　둘째, 중산계급 내부구성원들의 정치의식과 정치참여욕구는 불일치성을 보여주고 있다. <표 4-27>에서 알 수 있듯이 중산계급을 상술한 세 개의 집단으로 구분해서 그들의 정치참여의식을 살펴보면, 이미 지적했듯이 그들은 대체로 높은 정치참여의식을 갖고 있다. '기회가 되면 적극적으로 투표에 참여하겠다'라고 의사를 밝힌 응답자중 사유부문 고용 중산계급은 73%, 공유부문 중산계급은 80%, 사유부문 피고용 중산계급은 72%를 차지한다.

<표 4-27> 중산계급의 정치참여의식

	기회가 되면 적극적으로 투표에 참여하겠다.	정치는 복잡한 것이라서 나는 잘 모르겠다.	전문가만이 결책과정에서 발언권이 있다.
공유부문	2.96	2.35	2.47
사유부문(고용)	2.82	2.70	2.75
사유부문(피고용)	2.90	2.51	2.49
합계	2.94	2.41	2.51
F	1.201	6.899*	3.476*

주 : 매우 반대-1점, 반대-2점, 찬성-3점, 매우 찬성-4점
자료 : 2006CGSS

다음으로 중산계급은 '정치는 복잡한 것이라서 나는 잘 모르겠다', '전문가만이 결책과정에서 발언권이 있다'라는 주장에 대해서는 반대하는 경향을 보이고 있다. 이 두 질문에서 사유부문 고용 중산계급의 점수가 가장 높은데 이는 그들이 정치에 대해 비교적 냉담하다는 것을 말해준다. 세 집단 중 공유부문 중산계급의 정치태도가 가장 적극적인 것으로 나타났으며 이는 아마도 기타 두 집단에 비해 공유부문 중산계급이 국가와의 관계가 더 친밀하며 국가의 정치적 사무에 참여할 기회를 더 많이 획득하기 때문일 것으로 보인다.

<표 4-28> 중산계급의 정치적 행동에 대한 태도

	집회	시위	파업	상방(上訪)
공유부문	2.77	3.00	3.01	2.25
사유부문(고용)	2.65	2.83	2.89	2.24
사유부문(피고용)	2.56	2.80	2.90	2.43
합계	2.72	2.95	2.98	2.27

주 : 매우 찬성-1점 찬성-2점 반대-3점 매우 반대-4점
자료 : 2006CGSS

비제도적인 정치적 행위에 대해서 중산계급은 대체로 반대하는 입장을 취하고 있다. 중국에서 집회, 시위, 파업 등은 합법적인 활동으로 규정되어 있지만 법률상 구체적이고 명확한 정의가 없기 때문에 이러한 정치행위는 일정한 위험이 뒤따른다고 할 수 있다. <표 4-28>에서 볼 수 있듯이 중산계급은 이 세 가지 방식을 통한 의견표명에 찬성하지 않는 것으로 나타났다. 앞의 세 가지 방식과는 달리 상방은 제도적으로 보장된 방식이며 중산계급은 상방에 대해서는 긍정적인 태도를 보이고 있다. 즉 중국 중산계급은 비제도적이고 급진적인 방식보다는 제도적이고 온화한 방식을 선호하고 있다.

전반적으로 현재 중국 중산계급은 정치참여에 대해 비교적 적극적인 반응을 보이고 있는 것으로 이해할 수 있다. 하지만 중산계급의 부분적인 구성원들은 여전히 정치참여의식이 높지 못한 것이 사실이다. 필자의 인터뷰에서는 모임에서 정치관련 화제를 꺼낸다는 사람이 24% 밖에 되지 않았다. 이외 대부분 사람들은 일을 하고 돈을 버는 것에 가장 큰 관심을 보이고 있으며 정치는 그냥 시사정도만 알고 있으면 된다고 생각한다.

마지막으로 중국의 중산계급은 정치적 안정을 추구한다. 앞에서 살펴본 바와 같이 중국 중산계급은 현실에 대해 대체적으로 만족하고 있다. 李春玲(2011)의 연구에 의하면 중산계급의 정부에 대한 신뢰도 역시 상당히 높은 것으로 나타났는데 신중산계급의 94.1%, 구중산계급의 94.8%, 주변적 중산계급의 95.4%가 정부를 신뢰한다고 응답하였으며 노동자계급은 94.2%가 정부를 신뢰한다고 응답하였다. 필자의 조사에서는 정부를 '매우 신뢰'하는 중산계급이 6%를 차지하였으며 대부분은 '보통' 정도로 정부를 신뢰하고 있었다. 즉 중산계급은

대체적으로 정부를 신뢰하고 있으며 이러한 신뢰감은 그들의 민주의
식에도 영향을 미치고 있다. <표 4-29>에 제시했듯이 반수이상의 중
산계급은 '국민은 정부에 복종해야 한다'는 데 동의하고 있다. 이와
같이 중산계급이 정부에 대해 긍정적인 입장을 나타내는 것은 정부가
수행해온 역할과 관련된다고 본다. 우선 중국의 시장화 개혁은 계획
경제에서 시장경제로 전환하는 과정인 동시에 공업화와 도시화 과정
이기도 하다. 이 과정에서 여러 가지 사회모순이 복잡하게 뒤얽혀 있
고 사람들의 행동방식을 바꾸고 건전한 사회질서를 수립해야 하는데
이는 정부의 주도적인 역할을 필요로 한다. 다음으로 중국은 지역이
넓고 지역적 차이가 큰 국가이기 때문에 정부의 강력한 힘이 없이는
어렵다. 따라서 중국의 체제전환과정에서 정부가 큰 역할을 해온 것
은 부인할 수 없는 일이라고 본다.

<그림 4-11> 중산계급의 정부에 대한 신뢰도

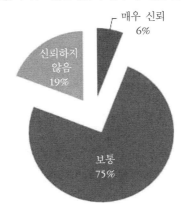

자료 : 질문지

또한 중산계급은 현재 중국사회에서 가장 필요한 것이 민주주의의 실현보다는 사회의 안정이라고 보고 있다. 그들이 사회 안정을 선택한 직접적인 이유는 근래 식품약품의 중독사고, 불특정 다수를 노린 반사회적 범죄가 증가하여 불안감이 늘었기 때문이다. 이외에도 중국 전통문화와 역사의 영향으로 인해 중산계급은 사회의 안정을 선호하고 있는 것으로 보인다. 전통적으로 중국은 유가사상의 지배를 받았는데 유학(儒學)의 목적은 '예(禮)'로써 사회질서를 수립하는 것이다. 다시 말하면 사회신분질서에 도덕적인 의미를 부여함으로써 여러 계층이 서로 화목하게 지내도록 하는 것이다. 이러한 유가사상의 지배로 인해 중국전통문화에는 평등이라는 관념이 존재하지 않았다. 비록 일부 농민봉기의 지도자들이 '균전(均田)'과 같은 평등사상을 제기하였지만 이는 단지 물질적 이익의 평등이며 권리의 평등에는 주목하지 않았다(Chen Jie and Zhong Yang, 1998). 특히 개혁개방 이후 중국은 상대적으로 안정된 사회 환경 속에서 경제발전을 실현하였는데 경제발전의 우선적 수혜자인 중산계급은 현재의 사회 안정이 파괴되는 것을 바라지 않는다.

중산계급이 민주화에 대한 열망이 적다고 하여 민주주의를 지지하지 않는 것은 아니다. '경제발전이 보장된다면 민주화개혁을 진행할 필요가 없다'라는 견해에 대해 대부분 중산계급은 반대하는 입장을 취하고 있다. 즉 그들은 경제발전이 정치민주의 발전을 대체할 수 없는 것으로 이해하고 있다.

<표 4-29> 중산계급의 민주의식

	국민은 정부에 복종해야 한다.	경제발전이 보장된다면 민주화개혁을 진행할 필요가 없다.
공유부문	2.66	2.21
사유부문(고용)	2.65	2.30
사유부문(피고용)	2.49	2.46
합계	2.63	2.26
F	1.888	3.90*

주 : 매우 반대-1점, 반대-2점, 찬성-3점, 매우 찬성-4점
자료 : 2006CGSS

　　중산계급은 정치적 민주에 대해 모순적인 심리를 갖고 있다. 한편으로 그들은 서구식 민주주의에 대해 긍정적으로 생각한다. 특히 외국에서 공부를 했거나 일 때문에 외국에 자주 다녀온 사람들은 중국 정치체제에 존재하는 일부 비민주적인 관행과 직권남용, 부패 등 현상에 대해 강한 불만을 표시한다. 하지만 다른 한편으로 그들은 현재 중국에서 서구식 민주주의를 실시하는 것은 시기상조라고 주장한다. 그들에 따르면 중국은 아직 경제발전수준이 높지 않으며 국민들의 문화적 자질도 비교적 낮다. 이런 상황에서 서구식 민주주의제도를 도입하면 오히려 정치적 혼란을 일으킬 것이며 이는 중국이 앞으로 경제를 발전시키는데 있어서 방해가 될 것이다. 그리고 그들은 개인이 특별한 노력을 기울여서 민주주의를 추진해야 한다고 생각하지 않는다. 반대로 그들은 정부가 민주화개혁을 잘 진행할 것이라고 기대한다.

　　"현재 정부가 반부패운동을 철저하게 하는 것을 보고 정부에 대해 자신감을 가지게 되었습니다. 전에는 정부에 대해 별로 관심을 가지지 않았습니다."(사례9)

"중국 공산당이 집권한지 60년이 넘는데 지금까지 여러 가지 위기를 무사히 넘기는 것을 보면 앞으로 민주주의개혁도 잘 할 수 있을 거라고 생각합니다."(사례1)

<그림 4-12> 현재 중국사회에 가장 필요한 것

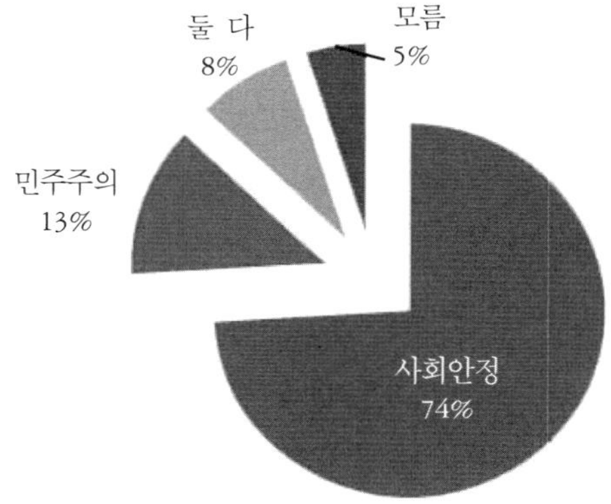

자료 : 질문지

전반적으로 중국의 중산계급은 급진적인 개혁으로부터 초래될 정세의 혼란과 정세의 혼란으로 인한 경제적 손실을 원하지 않는다. 그들의 정치의식은 비교적 보수적이며 온화한 개량주의에 속한다고 볼 수 있다. 민주화개혁도 사회 안정이 보장된 전제하에서만 진행해야한다. 그들은 자신의 경제적 위치와 정치적 권리의 보장을 희망하며 점진적인 개량의 과정을 통하여 더욱 큰 발전공간과 기회를 얻으려고 한다. 따라서 중국의 중산계급은 앞으로 장시기 동안 '사회 안정장치'의 역할을 담당할 가능성이 더 큰 것으로 보인다.

제5장

중국 중산계급의 성격과 미래

 개혁개방 이후 중국사회는 많은 변화를 겪어왔다. 변화는 '두 가지 전환'으로 요약할 수 있는데 첫째는 계획경제체제에서 사회주의 시장경제체제로의 전환이며, 둘째는 공업화 초기단계에서 전면적인 소강사회(全面小康社會)로의 전환이다. 이 두 가지 전환은 서로 밀접히 연관되어 오늘날 중국사회의 변혁을 선도하는 중요한 흐름이 되고 있다. 이러한 전환 속에 중국사회의 계급구조는 새롭게 구성되고 있으며 중산계급이 빠르게 성장하고 있다. 현재 중국에서 중산계급은 사회를 안정시키고 빈부격차를 줄이며 사회가 지속가능하게 발전할 수 있는 중심세력으로 각광받고 있다. 하지만 아직까지 중산계급에 관한 체계적인 연구는 부족한 상황이다. 이에 이 책에서는 중국 동부지역을 중심으로 중산계급의 구성과 규모 및 생활양식상의 특성에 대해 종합적으로 살펴보았다.

 우선 이 책에서는 중국의 계급분화기제는 생산관계, 노동분업, 권력등급 및 제도적 분할이라고 주장한다. 생산관계는 생산수단의 소유여부에 따라 고용자와 피고용자를 분화시키는 기준이며 노동분업은 직업에서의 기술등급을 분화시키는 기준이다. 권력등급은 관료조직 내에서의 관리등급을 분화시키는 기준이며 제도적 분할은 체제 내부와 체제 외부, 체제 내 핵심부와 주변부를 분화시킨다. 이 네 가지 기준에 따라 사람들은 경제자원, 문화자원, 정치자원을 소유하는 정도가 달라진다. 필자는 라이트의 계급모델이 중국의 계급분화를 잘 드러낼 수 있다고 판단하고, 라이트의 계급모델을 중국의 상황에 맞게 계층 분석모형으로 전환했다. 즉 중국 도시의 계층을 상층, 중상층, 중중층, 하층으로 구분하여 분석했다. 필자의 분석결과, 2010년 중국 동부지역의 중산계급은 전체 인구 중 약 37%를 차지하고 있다. 이 가운데 61.2%는 공유부문에 속하고 38.8%는 사유부문에는 속했다. 이와 같이 중산계급이 일정한 규모를 갖춘 집단으로 성장하였지만 계급귀속 의식은 형성되지 않은 것으로 드러났다. 객관적으로 중산계급에 속하는 사람들 중 절반은 자신의 실제 지위보다 낮게 판단하였다. 이러한 낮은 주관적 귀속의식은 중산계급의 상향비교의식, 현재 중국 사회의 소득분배에 대한 불만 및 과중한 업무부담 등 원인으로 인한 것으로 볼 수 있다. 특히 중국에서 계급분화는 30여 년이라는 짧은 기간에 발생하였으며 세대교체가 충분히 이루어지지 않았다. 이는 현재 중산계급이 통일된 계급정체성을 형성하지 못한 것과 연관된다. 또한 중산계급은 계급적 지위를 판단할 때 주로 소득에 의거하고 있으며 학력이나 도덕수준 등은 부차적인 것으로 인식되고 있다. 이는 시장화개혁이 심화되면서 직업별, 업종별로 소득격차가 발생하고 경제적인 성공이 가장 중요한 평가기준으로 부각되고 있기 때문인 것으로 보인다.

생활양식은 계급을 구분하고 계급을 재생산하는 데 중요한 역할을 한다. 중산계급의 생활양식을 경제, 사회, 정치 등 측면을 통해 살펴본 결과 다음과 같은 몇 가지 특징이 존재한다.

먼저 중국 중산계급의 소비생활은 이중적 성격을 지니고 있다. 그들은 실용성 소비와 과시성 소비경향을 동시에 나타내고 있는데 한 면으로는 상품의 품질을 중시하고 경제적 능력 내에서 소비하고자 하며 다른 한 면으로는 품위를 중시하고 브랜드를 선호한다. 그들의 과시성 소비는 소득이나 재산과 같은 경제적인 측면이 아닌 자신의 직업적 위세를 드러내려는 측면에 집중되어있다.

그다음 중국 중산계급의 강한 신분상승 욕구가 소비생활에서도 나타나고 있다. 중산계급은 독서, 문화 활동, 스포츠 활동, 여행 등 여가활동에 비교적 적극적으로 참여하며 여가소비도 기타 계층에 비해 높은 편이다. 하지만 그들은 여가시간의 부족으로 인해 충분한 여가생활을 즐기지 못하는 것으로 나타났다. 이는 중산계급의 성공에 대한 갈망과 지위상승에 대한 욕구가 비교적 강하기 때문인 것으로 보인다.

마지막으로 중산계급의 소비생활에서 주택과 승용차는 상징적 의미를 갖고 있다. 현재 중국에서 일반대중들의 인식 속에 고급주택과 고급승용차는 중산계급의 지위상징물로 각인되어있다. 이 책에서는 실제로 중산계급이 고급주택에 거주하며 고급승용차를 소유하고 있는 것으로 조사되었다. 한편 주택가격이 급격히 상승하고 있는 가운데 주택구매는 일부 중산계급의 지불능력을 초과하였지만 다른 일부 중산계급의 구성원들은 주택을 최고 4채 소유하고 있었다. 주택은 중산계급과 타 계급을 구분하는 상징일 뿐만 아니라 중산계급 내부에서도 구별 짓기의 수단으로 되고 있다. 주택을 많이 보유한 구성원과 한 채를 소유한 구성원 간에는 생활방식의 차이가 존재하는 것으로 나타났다. 따라서 북경과 같은 대도시에서는 소득과 직업에 비해 주택을 소유하고 있느냐, 나아가 어떤 주택을 소유하고 있느냐가 중산계급을 구분하는 가장 중요한 기준이 된다고 본다.

중국의 중산계급은 중국사회의 안전판 역할을 하고 있다. 중국 중산계급은 현재 중국사회의 갈등상황과 교육 불평등 상황에 대해 비교적 심각하게 인식하고 있는데 이는 그들이 사회문제에 대해 민감한 집단이라는 것을 반영한다. 반면 중산계급은 부패행위에 대해 묵인하는 경향을 보이고 있으며 권위의식이 비교적 높은 편이다. 그들은 대체적으로 정부의 절대적인 권위에 대해 인정하는 입장을 취하고 있으며 정부를 비교적 신뢰하는 편이다. 그렇다고 중산계급은 민주의식이 없는 것은 아니며, 그들은 경제발전이 민주주의 발전을 대체할 수 있다고 생각하지 않는다. 그들은 아직 중국사회에 서구식 민주주의를 도입하는 것은 시기상조라고 본다. 중국 중산계급은 현재 민주주의의 실현보다는 사회의 안정을 추구하고 있는데 이는 중산계급이 개혁개방의 수혜자로서 국가와 밀접한 관계를 형성하고 있기 때문인 것으로 보인다.

중산계급의 정치참여의식은 높지만 실제 정치활동의 참여율은 매우 낮은 편이다. 또한 정치에 대해 비교적 냉담하며 정치행위에 대해서는 온화하고 제도적인 행위를 선호하며 급진적이고 비제도적인 행위에 대해서는 반대하는 입장을 보이고 있다. 특히 사유부문의 중산계급은 공유부문의 중산계급에 비해 정치의식과 정치참여율이 낮은 것으로 나타났는데 이는 공유부문의 중산계급이 국가와의 긴밀한 연결 속에서 자연스럽게 정치에 대해 관심을 가지고 정치활동에 적극적으로 참여할 기회를 더 많이 획득한 것으로 볼 수 있다.

중국 중산계급의 구성요소는 복합적이다. 현재 중국 중산계급은 주

로 두 가지 경로를 통해 성장한 것으로 이해할 수 있다. 하나는 국가
권력기제를 통한 것이고 다른 하나는 시장권력기제를 통한 것이다.
간부를 비롯한 국가체제의 핵심부에 위치했던 사람들은 시장전환과정
에서 자신의 조직에서의 권력, 즉 조직자원을 경제자원으로 전환하였
으며 이와 동시에 간부에서 경영자로 신분의 전환을 실현하였다. 이
러한 신분전환은 그들이 중산계급의 상층부에 위치할 수 있도록 하였
다. 한편 시장화의 추진에 따라 능력에 따른 분배제도가 형성되었으
며 시장에서 재빨리 기회를 포착한 집단은 자신의 실력과 노력에 의
해 사회적 상승이동을 실현하였다. 중산계급의 사회적 이동은 개혁개
방의 급속한 추진과 함께 빠르게 진행되어왔으며 중산계급으로의 상
승은 대체로 한 세대 만에 이루어졌다. 이러한 이동은 주로 고등교육
을 통해서 진행되어왔으며 현재 중산계급 내부에서 교육을 통한 재생
산이 시작되고 있다. 중산계급은 자녀교육에 대해 매우 적극적인데
가계지출에서 자녀교육비가 많은 비중을 차지하고 있으며 주택을 구
매할 때도 가장 먼저 교육환경을 고려하고 있다. 이들의 자녀교육에
대한 기대치도 비교적 높은 것으로 나타났는데 자녀가 최소한 4년제
대학교를 졸업하기를 바라고 있다. 이외에도 부모의 직업계승을 통한
재생산과 결혼망을 통한 재생산이 존재한다. 중산계급 구성원들 중
절반가량이 중산계급가정에서 유입되었고 특히 공유부문에서 계급 간
세대이동이 더 뚜렷한 것으로 나타났다.

　이상과 같이 중국 중산계급은 규모면에서는 성장의 여지가 크다고
볼 수 있다. 생활양식 면에서는 신분상승 욕구가 크며 다른 계층과 구
분되는 특징을 보이고 있다. 사회적, 정치적면에서는 중국사회의 안정
적인 발전을 뒷받침하는 역할을 하고 있다. 구성면에서는 이질적인

요소로 구성되었기 때문에 계급으로서 통일적인 관념 및 태도를 형성하기 힘들어 보인다.

중산계급의 합리적인 소비는 현재 중국사회의 소비경향을 반영하고 있으며 특히 고급주택과 고급승용차 등 내구소비재에 대한 구매력으로 볼 때 중산계급은 미래 중국사회뿐만 아니라 글로벌 소비를 이끌어가는 유력한 집단으로 성장할 것으로 보인다. 또한 현재 양극화 경향이 심해지고 "부자 증오(仇富)" 현상이 만연해지고 있는 가운데 부정당한 재산축적이 아닌 노력을 통해 상승이동을 실현한 중산계급의 성장경험은 부정적인 사회심리를 완화할 수 있다. 그리고 그들의 사회안정을 추구하고 급진적인 정치행위를 반대하는 정치적 성향에 비추어볼 때 중국의 중산계급은 앞으로 중국사회의 발전에 있어서 "안정기" 역할을 할 것으로 전망된다.

이 책에서는 현재 중국 중산계급에 대한 연구가 부족한 상황에서 중산계급의 구성과 규모 및 생활양식에 대해 종합적인 연구를 진행하였는데 이는 중국 중산계급에 대한 심층적인 이해에 도움을 줄 수 있을 것으로 생각된다. 또한 이 책에서 라이트의 계급모델을 중국의 상황에 알맞게 변형하여 새로운 계급구분모델을 제시하였는데 이는 서구자본주의 사회와는 달리 국가가 경제발전을 주도하는 나라들에서 계급분류를 하는 데 있어 유용하게 쓰일 수 있다고 생각된다.

이 책의 조사지역은 중국 동부지역으로 한정하였기 때문에 연구결과를 중국 지역 전체에 적용하기에는 무리가 있다. 향후 중국 전체로 확대한 연구가 필요할 것으로 보인다. 특히 다른 지역, 다른 국가와의 비교를 통해 보다 심층적으로 진행한 연구가 필요하다.

참고문헌

고영복, 「중간계층의 사회적 배경」, 『정경연구』 4월호, 1966, 118~128쪽.

구해근, 「한국 중간계급 연구의 이론적·방법론적 문제점」, 『사회계층−이론과 실제』, 다산출판사, 1991, 143~153쪽.

김경동, 「한국 중간계급 연구동향」, 『사회계층−이론과 실제』(서울대 사회학연구회 편), 다산출판사, 1991,

김광수, 「브랜드 의식에 기초한 소비문화 연구」, 『한국언론학보』 50권 1호, 2006.

김난도, 『사치의 나라−럭셔리 코리아』, 미래의 창, 2007

김병조, 「한국인 주관적 계층의식의 특성과 결정요인」, 『한국사회학』 34집 여름호, 2000.

김영모, 『한국 중산층 연구』, 중앙대학교출판부, 1997.

김왕배, 『산업사회의 노동과 계급의 재생산』, 한울아카데미, 2001.

_____, 「계급, 표현, 재생산 : 상류계급 잡지의 광고에 대한 텍스트분석」, 『사회발전 연구』 제7호, 2001, 215~235쪽.

_____, 『도시 공간 생활세계』, 한울, 2008.

김왕배·이경용, 「사회자본으로서의 신뢰와 조직몰입」, 『한국사회학』 36집 3호, 2002, 1~23쪽.

김인철, 「우리나라 도시중산층의 정치 경제적 형태와 사회안정」, 『한국정치학회보』 28권 1호, 1994.

남은영, 『한국사회 변동과 중산층의 소비문화』, 나남, 2011.

박상수·서운석, 「개혁개방 이후 중국의 국민의식 변화 분석」, 『아시아연구』, 2008.

방하남, 「기회와 불평등 : 고등교육 기회에 있어서 사회계층간 불평등의 분석」, 『한국사회학』 36집 4호, 2002.

배성동, 「중산층의 정치적 의의 : 모든 논의들의 종합에서」, 『청맥』 5월호, 1966, 180~185쪽.

백경미, 「우리나라 소비문화에 대한 고찰」, 『한국소비문화의 방향』, 한국소비자학회, 1997.

서관모, 「신중간제계층과 계급분석」, 『경제와 사회』 4권, 1990.

석현호 외, 『한국사회의 불평등과 공정성의식의 변화』, 성균관대출판부, 2005.

신광영, 「한국의 사회계급과 불평등 실태」, 『경제와 사회』 59호, 2003.

신용하, 「한국근대화와 중산층의 개편」, 『정경연구』 4월호, 1966, 106~117쪽.

양종희, 「한국인의 여가문화와 사회계급」, 『한국인의 놀이의식과 여가문화』, 여가문화연구회 편, 집문당, 1996.

유팔무·김원동·박경숙, 『중산층의 몰락과 계급양극화』, 小花, 2007.

원용찬, 『유한계급론 : 문화·소비·진화의 경제학』, 살림출판사, 2007.

이경용, 「한국의 산업화와 노동력 이동－세대내 이동에 대한 연결망 분석을 중심으로」, 연세대학교 박사학위논문, 2002.

이성균, 「한국 자영업자의 사회자본과 소득수준」, 『한국사회학』 40권 5호, 2006.

이중희, 「중국 도시의 소비혁명 : 소비구조의 변화를 중심으로」, 『중국학연구』 43권, 2008.

임종철, 「중산층의 몰락, 그 필연성」, 『정경연구』 4월호, 1966, 149~159쪽.

원재연, 「사회학적 중국연구방법의 모색」, 『사회과학논집』 36권, 2005, 23~45쪽.

_____, 「중국 국가의 탈사회주의적 분권화 과정에 대한 고찰」, 『현대사회와 문화』 26권, 2008, 79~103쪽.

장미혜, 「소비양식에 미치는 문화자본과 경제자본의 상대적 효과」, 연세대학교 박사학위논문, 2000.

_____, 「한국 사회에서 사회계급별 소비양식의 차이」, 『경제와 사회』 53권, 2002.

장영석, 「중국 국유기업개혁과 노동관계 변화」, 『한국사회학』 36집 3호, 2002, 79~107쪽.

_____, 「중국사회60년 : 탈궤(脫軌)와 접궤(接軌)의 중국사회」, 『공자는 귀신을 말하지 않았다』, 중앙일보 중국연구소 현대중국학회, 중앙북스, 2010.

조광익, 「여가소비와 문화자본의 관계－여가 스포츠 활동을 중심으로」, 『관광연구』

25권 제5호, 2010.

조돈문, 「중간계급의 계급적 성격과 계급적 이질성」, 『한국사회학』 30집, 1996, 269~303쪽.

조문영, 「계급적 소비의 거부 : 중국 하얼빈 노동자 빈곤층의 주택구입 열망을 바라보는 인류학적 시선」, 『한국문화인류학』 44권 3호, 2011, 79~119쪽.

조용찬, 「중국, 금융위기 속 소비양극화 뚜렷」, China Journal, 2009.

조 은, 「문화자본과 계급 재생산 : 계급별 일상생활 경험을 중심으로」, 『사회와 역사』 60호, 2002.

최태룡, 「구중간층의 형성과 사회의식 : 진주시 자영업자층에 대한 경험적 연구」, 서울대학교 박사학위논문, 1991.

한국사회학회 편, 『기로에 선 중산층―현실진단과 복원의 과제』, 인간사랑, 2008.

한국여가문화연구회 편, 『한국인의 놀이의식과 여가문화』, 집문당, 1997.

한상진, 「민중과 중산층 귀속의식에 관한 연구」, 『사회운동과 사회계급』, 전예원, 1988, 267~298쪽.

함인희·박선웅·이동원, 『중산층의 정체성과 소비문화』, 집문당, 2001.

홍두승, 『한국의 중산층』, 서울대학교출판문화원, 2005.

홍두승·구해근, 『사회계층·계급론』, 다산출판사, 2008.

홍현미라·권지성·장혜경·이민영·우아영 공저, 『사회복지 질적 연구방법론의 실제』, 학지사, 2010.

칼 마르크스, 김수행 옮김, 『자본론』 상·하, 비봉출판사, 2005.

John W. Creswell, 조흥식·정선욱·김진숙·권지성 공역, 『질적연구방법론』, 학지사, 2010.

边燕杰, "美国社会学界的中国社会分层研究", 『市场转型与社会分层』, 三联书店, 2002年.

_____, "中国城市的职业, 阶层和关系网", 『开放时代』 第4期, 2005年.

陈金英, "中产阶层政治动向研究述评", 『上海行政学院学报』 第4期, 2012年.

陈映芳, "行动力与制度限制 : 都市运动中的中产阶层", 『社会学研究』第4期,2006年.

戴建中, "现阶段中国私营企业主研究", 『中国社会分层』, 社会科学文献出版社, 2004年.

韩方明, "精英能代表社会主流吗?", 『环球时报』, 2010年12月19日

何建章, "论中产阶级", 『社会学研究』 第2期, 1990年.

黄庐进, "中产阶层消费与和谐社会建设", 『前沿』第13期, 2010年.

黄卫平, 唐娟, 邹树彬, "全球民主化浪潮中的深圳人大代表竞选现象解读", 『特区发展与国际化问题学术研讨会论文集』, 2003年.

李春玲, 『断裂与碎片－当代中国社会阶层分化实证分析』, 社会科学文献出版社, 2004年.

_____, 『比较视野下的中产阶级形成』, 社会科学文献出版社, 2009年.

_____, "寻求变革还是安于现状－中产阶级社会政治态度测量", 『社会』第31卷, 2011年.

李路路, 李升, "殊途异类：当代中国城镇中产阶级的类型化分析", 『社会学研究』 第6期, 2007年.

李琴, "奢侈品消费'年轻化'趋势及其原因探究", 『消费导刊』第1期, 2008年.

李强, 『当代中国社会分层与流动』, 中国经济出版社, 1993年.

_____, "关于中产阶级和中间阶层", 『中国人民大学学报』第2期, 2001年.

_____, "社会分层与小康社会", 『北京师范大学学报』第3期, 2003年.

_____, "中国社会分层结构的新变化", 『中国社会分层』, 社会科学文献出版社, 2004年.

李培林, 张翼, "中国中产阶级的规模, 认同和社会态度", 『社会』第2期, 2008年.

梁军峰, 『中国参与式民主发展研究』, 中共中央党校博士学位论文, 2006年.

梁静, "政治参与渠道需有序拓展", 『中华工商时报』, 2007年11月13日

刘精明, 李路路, "阶层化：居住空间, 生活方式, 社会交往与阶层认同—我国城镇社会阶层化问题的实证研究", 『社会学研究』第3期, 2005年.

刘欣, "转型期中国大陆城市居民的阶层意识", 『社会学研究』第3期, 2001年.

_____, "当前中国社会阶层分化的制度基础", 『社会学研究』第5期, 2005年.

_____, "中产阶层的界定方法及实证测度：以珠江三角洲为例", 『开放时代』第4期, 2006年.

陆学艺主编, 『当代中国社会阶层研究报告』, 社会科学文献出版社, 2002年.

鲁洁, "通识教育与人格塑造", 『教育研究』, 1998年.

龚芳, "关于中国中产阶层发展趋势的研究—从企业的角度分析", 『甘肃农业』第8期, 2005年.

雷银生, 何艳, "中产阶层的消费心理和行为分析", 『江苏商论』第7期, 2007年.

满燕云, "中国的住房改革与崛起的中产阶级", 『中产中国』, 上海译文出版社, 2010年.

农业部乡镇企业司, 『全国乡镇企业基本情况及经济运行分析』, 北京：农业部乡镇企业司, 1998年.

仇立平, "职业地位：社会分层的指示器", 『中国社会分层』, 社会科学文献出版社, 2004年.

孙龙, "当前城市中产阶层的政治态度—基于北京业主群体的调查与分析", 『江苏行政学院学报』第6期, 2010年.

邵雪梅, "我国城市中间阶层体育休闲研究", 上海体育学院博士学位论文, 2010年.

谭奕飞, "社会资本的代际转换和阶层固化", 吉林大学硕士学位论文, 2012年.

王建平, "存在与困惑：中国城市中产阶级的消费张力", 『学术交流』第10期, 2006年.

_____, 『中国城市中间阶层消费行为』, 中国大百科全书出版社, 2007年.

文汇报, "中国中产阶级急速壮大, 政治地位逐渐上升" 2008年10月1日.

吴德星, "积极引导新阶层的有序政治参与", 『学习时报』, 2007年11月5日.

吴海云, "中国为何没有新的'中产阶级'—专访悉尼大学戴维·古德曼教授", 『凤凰周刊』第33期, 2010年.

吴敬琏, 『当代中国经济改革』, 上海远东出版社, 2003年.

夏建中·姚志杰, "白领群体生活方式的一项实证研究", 『江苏社会科学』, 第1期, 2005年.

许海峰, 『你中产了吗?』, 经济日报出版社, 2003年.

约翰·凯利 著, 赵冉 译, 『走向自由－休闲社会学新论』, 云南人民出版社, 2000年.

周晓虹, "中产阶级：何以可能与何以可为?", 『江苏社会科学』第6期, 2002年.

_____, 『中国中产阶层调查』, 社会科学文献出版社, 2005年.

郁 方, "19世纪末以来中国中产阶层的消费文化变迁与特征", 『学术研究』, 第7期, 2005年.

_____, "中国的中产阶级与他们的消费文化", 『新经济』第3期, 2005年.

郧彦辉, "我国城镇居民休闲特征的统计分析", 『兰州学报』第四期, 2010年.

张宏, "中产阶级的梦想极其终结", 中国城市发展网, 2012年.

张建君, "政府权力, 精英关系和乡镇企业改制：比较苏南和温州的不同实践", 『社会学研究』第5期, 2005年.

张磊, "业主维权运动：产生原因及动员机制", 『社会学研究』第6期, 2005年.

张宛丽, 李炜, 高鸽, "现阶段中国社会新中间阶层构成特征研究", 『北京工业大学学报』, 第4期, 2007年.

张文宏, "阶层地位对城市居民社会网络构成模式的影响", 『开放时代』第6期, 2005年.

张 翼, "中国人社会地位的获得—阶级继承和代内流动", 『社会学研究』第4期, 2004年.

_____, "中国城市社会阶层冲突意识研究", 『中国社会科学』第4期, 2005年.

朱力·陈如, 『社会大分化－南京市社会分层研究报告』, 南京大学出版社, 2004年.

中国经济网, "奢侈品市场在'爆炸'中国高档购物中心会过剩吗?", 2008年.

左珈, "中国中产阶层旅游需求特征及营销对策研究", 东北财经大学硕士学位论文, 2005年.

Baudrillard, J., *For a Critique of the Political Economy of the Sign*, Telos, 1981. 장 보드리야르, 이규현 옮김, 『기호의 정치경제학비판』, 문학과 지성사, 1995.

Blau, p.&O.D.Duncan, *The American Occupational Structure*, The Free Press, 1967.

Bourdieu, Pierre, *Distinction : A Social Critique of the Judgement of Taste*, Harvard University, 1984. 피에르 부르디외, 최종철 옮김, 『구별짓기 : 문화와 취향의 사회학』, 새물결, 1996.

Burris, V., "Capital Accumulation and the Rise of the New Middle Class", *The Review of Radical Political Economics*, Vol.12, 1980.

Burrow, Roge&Catherine Marsh, *Consumption and Class*, MacMillan, 1992.

Carchedi, G., "On the Economic Identification of the New Middle Class", *Class IV*, John Scott, Routledge, 1996.

Carlos Gomes, *Global Auto Report*, Toronto : Scotiabank Group Global Economic Research, 2009.

Chen Jie and Zhong Yang, "Defining the Political System of Post—Deng China : Emerging Public Support for a Democratic Political System", *Problems of Post Communism*, Vol.45, 1998, p.32.

Collins, R., "Functional and Conflict Theories of Educational Stratification" in J. karabel and A.H.Halsey(ed.), *Power and Ideology in Education*, New York : Oxford University Press,1977.

Crompton, R., 'Consumption and class analysis' in S. Edgell, K. Hetherington and A. Warde(ed.), *Consumption Matters*, Blackwell Publisher, 1996.

David S. Goodman ed., The new rich in China : *future rulers, present lives*, Routledge, 2008.

Freedman, F., "The Internal Structure of the American Proletariat : A Marxist Analysis", *Socialist Revolution*, Vol.26, 1975.

Flick V., *An Introduction to Qualitative Research*, SAGE Publications, 2002.

Giddens, Anthony, *The Class Structure of the Advanced Societies*, Hutchinson, 1973.

Goldthorpe, John H., *Social Mobility and Class Structure in Modern Britain*, Oxford : Clarendon Press, 1980.

John Osburg, Anxious Wealth : *Money and Morality Among China's New Rich*,

Stanford University Press, 2013.

John W. Creswell, *Qualitative Inquiry&Research Design : Choosing Among Five Approaches(2nd edition)*, Sage Publications, 2007.

John W. Creswell&Vicki L. Plano Clark, *Mixed Methods Research*, Sage Publications, 2007.

Johnson D., *Middle Classes in Dependant Countries*, Sage Publication, 1985.

Katz－Gerro, Tally, "Cultural Consumption and Social Stratification : Leisure Activities, Musical Tastes, and Social Location", *Sociological Perspectives* Vol.42 No.4, 1999.

Kim, Seung－Kuk, "Changing Lifestyle and Consumption Patterns of the South Korean Middle Class and New Generations", Consumption in Asia－Lifestyle and identities(ed.), Chua Beng－Huat, Routledge, 2000.

Lett, Denise, *In Pursuit of Status : The making of South Korea's New Urban Middle Class*, Harvard University Press, 1998.

Li Zhang, *In Search Of Paradise : Middle-Class living in a Chinese Metropolis*, Cornell University Press, 2010.

Lin, Nan, "Inequality in Social Capital", *Contemporary Sociology*, Vol.29 No.6, 2000.

Lockwood, D., *The Blackcoated Worker : A Study in Class Consciousness (2nd edition)*, Clarendon Press, 1989.

Marx and Engels, "Manifesto of the Communist Party" in The Marx-Engels Reader(ed.) Robert C. Tucker, W. W. Norton,1972.

Mills, C. Wright, *White Collar : The American Middle Class*, London&New York : Oxford University Press, 1951.

Mun young Cho, *The Specter Of "The People" : Urban Poverty In Northeast China*, Cornell University Press, 2013.

Nokia, Annual Report, www.nokia.com, 2008.

Parish, William, "Destratification in China", J. Watson ed. *Clas and Social Stratification in Post －Revolution China*, New York : Cambridge University Press, 1984.

Poulantzas, Nicolas, *Classes in Contemporary Capitalism*, New Left Books, 1975.

Rax, J.& R, Moore., *Race, Community and Conflict*, London : Oxford University Press,

1967.

Saunders, P., "Beyond Housing Classes", IJURR Vol.8, 1984.

Szymanski, Albert, "A Critique and Extension of the PMC" in Walker, Between Labour and Capital, Monthly Review, 1979.

Vanessa L. Fong, *Only Hope : Coming of age under China's one―child policy*, Stanford University Press, 2004.

Warde, A., "Consumption, Identity―Formation and Uncertainty", Sociology Vol.28 No.4, 1994.

Weber, M., "Class, Status, Party" in From Marx Weber : *Essays in Sociology*(ed.) by H. H. Gerth and C. Wright Mills, Oxford University Press, 1946.

Williamson, Judith, *Decoding Advertisements : Ideology and Meaning in Advertising*, Boyars, 1978.

Wright, E. O., *Class, Crisis and the State, Verso*, 1979.

_____, *Classes*, Verso,1985.

Veblen, Thorstein, *The Theory of Leisure Class : An Economic Studies of Institutions*, Mentor Books, 1953. 소스타인 베블렌, 김성균 옮김, 『유한계급론』, 우물이 있는 집, 2005.

宇野重昭・鹿錫俊 編著, 『中国における共同体の再編と内発的自治の試み』, 国際書院, 2005.
間間田孝夫, 「自分はどこにいるのか : 階層帰属意識の解明」, 『日本の階層システム2 : 公平感と政治意識』, 海野道郎 編, 東京大学出版会, 2000.
佐藤俊樹, 『不平等社会日本 : さよなら総中流』, 中央公論新社, 2000.
数土直紀, 『階層意識のダイナミクスなぜ, それは現実からずれるのか』, 勁草書房, 2009.
園田茂人, 『現代中国の階層変動』, 中央大学出版部, 2001.
盛山和夫, 「中流崩壊は物語にすぎない」, 『論争・中流崩壊』, 中央公論, 2001.
周倩, 「現代中国における'中産階層'イメージ」, 情報学研究 No.77, 2009.

부 록

[부록 1]

모택동의 계급분류

　중국에서의 계급분류방식은 서구와는 매우 다르게 발전해왔다. 개혁개방 이전 계급분류에 관한 이론은 무산계급혁명이론의 중요한 구성부분이었다. 이 이론은 '마르크스주의 계급론'이라는 명칭을 갖고 있었지만 사실상 마르크스 본인의 연구가 아니라 모택동이 당시 중국혁명의 수요에 의해 마르크스의 이론을 토대로 발전시킨 것이다.

　모택동은 경제적 기준과 정치적 기준을 적용하여 계급을 구분하였다. 경제적 기준은 전통적 마르크스주의에서 말하는 생산수단의 소유여부이며 정치적 기준은 정치적 입장 혹은 정치적 태도로서 이는 주관적 기준이기도 하다. 전통적 마르크스주의에서는 개인의 객관적인 경제적 지위가 주관적인 태도를 결정한다고 보았다. 그러나 모택동은 경제적 지위가 주관적 태도를 완전히 결정하는 것은 아니며 동일한 자본가계급도 '진보'와 '보수', '좌파'와 '우파' 등으로 분류된다고 주장하였다(李强, 1993).

　모택동의 계급구분에 의하면 제국주의와 결탁하는 군벌, 관료, 매판자본가계급, 대지주계급 및 반동지식인은 혁명의 적이고 노동자계급은 혁명의 핵심역량이며 소자산계급 및 농민은 충실한 동맹군이고 중산계급의 우익은 적이고 좌익은 친구이다. 이러한 계급구분은 중국공산당이 혁명에서 승리하고 정권을 쟁취하는데 있어서 중요한 역할을 하였다. 특히 이 구분은 공산당정부에 의해 합법화되었으며 계급문제는 정치적인 문제로 되었다.

<표 1-1> 모택동의 계급분류

	경제계층	정치계층
지주계급, 매판 자본가계급	대지주 외국매판 자본가계급 관료자산계급 중소지주	제국주의세력 국민당우파 군벌 관료 토호열신 진보적 신사
중산계급 혹은 민족자산계급	도시자본가 농촌자본가 농촌부농	진보적 신사 보수적 신사 민족자산계급 우파 민족자산계급 좌파
소자산계급	자작농 수공업업주 소상인 자유직업인 지식인계층 청년학생	소자산계급 우파 소자산계급 중간파 소자산계급 좌파
반무산계급	빈농 소수공업자 행상인	혁명동맹군
무산계급	도시노동자 농촌고용노동자	혁명핵심역량

자료 : 李强(1993)

[부록 2]

중국의 소유제

소유제구조란 서로 다른 생산수단 소유제형식이 일정한 사회경제형태 속에서 처한 지위와 차지하는 비중 및 상호관계를 말한다. 지배적이고 주도적인 지위에 있는 소유제 성질은 그 사회 소유제구조의 성질을 결정한다.

중국의 소유제구조는 급격한 변화과정을 거쳤다. 1956년 중국 정부는 개인농업, 개인수공업과 자본주의 상공업에 대한 사회주의 개조를 완성하였다. "3대 개조"를 통해 중국은 사유제를 근본적으로 없애고 공유제를 실현하였으며 사회주의사회로 들어서게 되었다. 개인농업과 수공업은 집단경제로 개조되었고 자본주의 경제는 국유경제로 개조되었다.

전통적인 사회주의이론에 의하면 사유제를 없애면 사회주의에 진입한 것과 같다. 따라서 중국은 공유화 정도가 높을수록 좋다고 보고 공유제를 기본경제제도로 삼았다. 1978년 이전 자영업자 수는 14만 명이고 사영경제와 외자경제는 거의 존재하지 않았다. 그러나 현실이 증명하는 바와 같이 이러한 소유제형식은 생산력의 발전을 저해하였다. 실제로 동일한 소유제라도 생산력의 발전이 서로 다른 단계에서 서로 다른 방식을 취할 수 있다. 공유제도 다양화할 수 있는데 국가소유제, 집단소유제, 혼합소유제 등을 모두 이용해야 한다. 과거에 중국은 공유제의 주체적 지위를 주로 수량의 우세로 이해했으며 그중에서 국유기업은 자산의 절대적인 수량이 사회 총자산 중에서 수량적으로 많아야 한다고 생각하였으며 집단경제도 전인민소유제로 전환해야 한다고 생각하였다. 1997년 중국공산당 제15기 전국대표대회에서 막연한 공유제의 주체적 지위에 대한 인식을 타파하고 공유제의 주체적 지위는 공유자산이 사회 총자산 가운데서 우세를 차지하고 국유경제가 국민경제의 명맥을 통제하고 경제발전에서 주도적인 역할을 하는 데서 구현된다고 하였다. 공유자산이 우세를 점한다는 것은 수량적인 우세뿐만 아니라 질적인 향상이 더 중요하다. 국유경제가 주도적 역할을 하는 것은 주로 통제력에서 구현된다. 국가가 경제명맥을 통제하면 국유경제의 통제력과 경쟁력은 강화되고 국유경제의 비중을 줄인다고 해서 중국의 사회주의 성격에 영향을 주는 것은 아니다. 또한 국유경제의 의미는 변화가 발생했는데 과거의 국유경제는 소유권과 경영권이 하나로 통합되었지만 현재는 투자주체가 다원화되었으며 대량의 사회투자가 이루어지고 있다. 특히 현재 상장한 국유기업은 많은 외부자본을 보유하고 있다.

중국의 비공유제 경제도 작은 것에서 큰 것으로, 약한 것에서 강한 것으로 발전하는 과정을 거쳤다. 1980년대 초 도시취업과 농촌 잉여 노동력을 해결하기 위해 개인경제의 발전을 허락하였다. 이는 사회주의 경제제도의 측면에서 고려한 것은 아니며 일정한 범위 내에서 개인경제를 공유제 경제의 필요한 보완으로 간주하였다. 개혁개방이 심화됨에 따라 비공유제 경제가 국민경제성장을 촉진하고 취업을 확대하며 시장을 활성화하고 국민들의 생활편의를 도모하는 등 여러 측면에서 역할이 날로 커졌으며 중국정부도 비공유제 경제가 존재하고 발전할 필요성이 있다는 것을 인정하기 시작했다. 1982년 중국공산당 제12기 전국대표대회에서 "개인경제가 국가가 규정한 범위 이내 및 상공행정관리 하에 적당히 발전하는 것은 공유제 경제의 필요하고 유익한 보완"이라고 밝혔다. 1997년 중국공산당 제15기 전국대표대회에서는 비공유제 경제는 사회주의 시장경제의 중요한 구성부분이라고 밝혔다. 2002년 중국공산당 제16기 전국대표대회 보고에서 "두 개의 추호의 동요도 없다(兩個毫不動搖)" 즉 "추호의 동요도 없이 공유제 경제를 튼튼하게 발전시키고 추호의 동요도 없이 비공유제 경제를 격려, 지지, 지도해야 한다"고 제시하였다. 즉 공유제와 비공유제가 각자 장점을 발휘하고 서로 의존하고 보완하여야 하며 공유제와 비공유제가 서로 경쟁하고 경쟁에서 양자는 서로 영향을 주고 서로 스며들고 융합되어야 한다.

중국은 비공유제 경제를 발전시키는 법률과 법규를 보완하였으며 사유재산을 보호하는 법률을 제정하였다. 1999년 전국인민대표대회에서 세 번째로 헌법을 수정하여 "법률에서 규정한 범위 내에서의 개인경제, 사영경제는 사회주의 시장경제의 중요한 구성부분"이라고 명확히 하였다. 2004년 전국인민대표대회에서 네 번째로 헌법을 수정하여 합법적인 사유재산의 법률적 지위를 인정하였다. 2005년에 국무원은 "개인, 사영 등 비공유제 경제 발전을 지지하고 지도하는 데 관한 약간의 의견"을 정식으로 공포하였다. 2007년 "물권법(物權法)", "기업소득세법(企業所得稅法)", "노동계약법(勞動合同法)", "반독점법(反壟斷法)" 등 공유제 경제 개혁을 추진하고 비공유경제의 발전을 촉진하는 일련의 법률을 공포하였다.

상술한 것을 요약하면 사회주의 초급단계에 대한 인식에 근거하여 중국은 최종적으로 공유제를 주체로 하고 여러 가지 소유제경제가 함께 발전하는 사회주의 기본경제제도를 확립하였다.

1. 소유제구조

중국의 소유제는 공유제를 주체로 하고 다양한 소유제가 공동으로 발전하는 구조를 갖고 있다. 이는 중국의 생산력 수준이 낮고 발전이 불균형하기 때문이다. 구체적으로 보면

첫째, 중국은 사회주의 국가이기 때문에 반드시 공유제를 경제제도의 기초로 삼아야 한다.

둘째, 중국은 현재 사회주의 초급단계이기 때문에 공유제를 기초로 하고 다양한 소유제경제를 발전시켜야 한다.

셋째, "세 가지 유리한" 조건에 부합되는 모든 소유제형식은 사회주의를 위해 복무하여야 한다. 즉 사회주의 사회의 생산력을 발전시키는데 유리하고, 사회주의국가의 종합국력을 증가하는데 유리하며, 인민의 생활수준을 제고하는 데 유리하여야 한다.

공유제의 주체적 지위를 다음과 같이 이해할 수 있다. 공유자산이 사회 총자산에서 우세를 차지하고 국유경제가 경제의 명맥을 통제하는 동시에 경제발전에서 주도적 작용을 일으키는 것이다.

2. 소유제와 소유제의 실현형식

소유제와 소유제의 실현형식은 서로 다른 개념이다.

소유제는 생산수단의 귀속을 말한다. 즉 누가 생산수단을 소유하고 있는가이다. 반면 소유제의 실현형식은 소유제경제의 경영방식과 조

직형식이다.

한 가지 소유제가 다양한 실현형식을 가질 수 있으며 또 부동한 소유제가 동일한 실현형식을 가질 수도 있다. 중국은 개혁개방이래 공유제 실현형식의 다양화를 초보적으로 실현하였다. 즉 도급제도(承包制), 임대제도, 주식제도, 주식합작제도, 위탁경영제도 등이 있다. 여기서 주식제도는 중국 공유제의 주요한 실현형식이다.

주식제도는 현대 기업의 자본조직형식으로서 중국 공유제의 주요한 실현형식이다. 이는 소유권과 경영권의 분리에 유리하고 기업과 자본의 효과적인 운행에 유리하며 기업이 자금을 마련하여 경쟁력을 높이는데 유리하다.

가정도급책임제는 중국 농촌 집체소유제의 실현형식이다. 즉 집체의 통일적 경영과 도급을 맡은 농호의 분산적 경영을 결합한 체제이다.

주식합작제도는 합작제도를 기초로 하고 기업직원들의 노동합작과 자본합작을 결합한 하나의 기업조직형식이다. 노동합작은 생산수단을 공동으로 점유 및 사용하여 이익을 공유하고 위험을 분담하며 민주적인 관리를 실행하는 것을 말한다. 자본합작은 주식제의 형식을 취하는데 직원은 기업의 노동자인 동시에 주식소유자이다. 따라서 기업은 노동에 의한 분배와 주식에 의한 분배를 결합한 분배방식을 취한다.

3. 비공유제 경제형식

비공유제 경제형식에는 개인경제, 사영경제, 외자경제(外資) 등이 있다.

개인경제는 개인이 생산수단을 소유하고 노동자 개인 혹은 가족구성원이 직접 생산수단을 지배하거나 사용하여 생산경영활동에 종사하는 경제형식이다.

사영경제는 생산수단을 개인이 소유하고 고용노동과 착취관계가 존재하는 경제형식이다.

외자경제는 "삼자(三資)경제"라고도 한다. 즉 중외합자, 중외합작 및 외국독자 중의 외자부분을 가리킨다. 여기서 외자부분은 자본주의성질을 갖고 있기 때문에 그 활동범위는 사회주의국가의 규범과 통제를 따라야 한다.

4. 소유제에 따른 기업의 분류

(1) 국유기업

국가 또는 전 국민이 소유한 기업이다. 전민소유제 기업 또는 국영기업으로 불렸지만 1992년 이후에는 소유와 경영의 분리를 강조하는 의미에서 국유기업으로 불렸다. 국유기업은 여러 등급의 정부가 관할하는 것으로서 그 등급에 따라 중앙기업과 지방기업으로 나누어진다. 중앙기업은 다시 국무원 직속기업, 중앙부처 직속기업, 기타 중앙기관 소속기업으로 나누어지며 지방기업은 성, 시, 현 소속 기업으로 나누어진다.

(2) 집체기업

해당 지역 혹은 직장의 소속인들이 동일한 권리를 갖고 집단적으로 소유하는 기업이다. 그러나 실제 말단의 지방정부가 관할하는 기업이

많다. 도시집체기업은 도시호구를 가진 사람들을 모집하여 설립한 것
으로 도시의 말단 행정조직인 구(區), 가도(街道), 주민위원회 산하에 설
립된 것이다. 국가의 통제가 적으며 종업원 대우가 낮은 점 외에는 국
유기업과 비슷하다. 농촌집체기업은 개혁 이전 인민공사나 생산대대
가 조직한 기업을 모체로 한 것이며 농민호구를 가진 종업원으로 운
영되는 것이다. 농촌의 말단 행정조직인 향(鄕) 또는 진(鎭) 산하의 향
진기업을 중심으로 한다.

(3) 민영기업

거의 소멸되었다가 개혁 이후 재등장하고 있는 민간소유기업이다.
개인기업과 사영기업으로 구분된다.

(4) 기타 소유제 기업

위에 해당하지 않는 종류의 기업으로 크게 외국인투자기업과 혼합
소유제 기업으로 나눌 수 있다. 외국인투자기업은 합자기업, 합작기
업, 독자기업을 포함한다. 혼합소유제 기업은 여러 소유제 주체가 동
시에 소유한 기업으로 주식제 기업이나 연합경영 기업을 포함한다.

[부록 3]

중국경제유형

1. 국유경제	국유기업, 국유연합경영기업
2. 집단경제	집단기업, 집단연합경영기업
3. 사영경제	사영독자기업, 사영동업기업, 사영유한책임회사
4. 개인경제	개체공상호(個體工商戶), 개인동업
5. 연합경영경제	국가와 집단 연합경영, 국가와 개인 연합경영, 집단과 개인 연합경영, 국가, 집단 및 개인 연합경영
6. 주식제경제	주식유한회사, 유한책임회사
7. 외자경제	중외합자기업, 중외합작기업, 외자기업

1. 국유경제는 생산수단을 국가가 소유하고 있는 경제유형이며 사회주의 공유제 경제의 중요한 구성부분이다. 중앙과 지방 국가기관, 공공기관 및 사회단체가 국유자산을 투자하여 설립한 기업을 포함한다.

2. 집단경제는 생산수단을 국민 집단이 소유하고 있는 경제유형이며 사회주의 공유제 경제의 구성부분이다. 도시와 농촌의 집단적으로 투자하여 설립한 기업을 포함한다.

3. 사영경제는 생산수단을 국민 개인이 소유하고 고용노동에 기초한 경제유형이다. "중화인민공화국 사영기업 임시시행조례"에 근거하여

등록한 사영독자기업, 사영동업기업, 사영유한책임회사 등을 포함한다.

　　3-1. 사영독자기업은 개인이 혼자 투자하여 경영하며 기업채무에 대해 무한책임을 지는 기업이다.

　　3-2. 사영동업기업은 2인 이상이 협의에 따라 공동으로 투자하고 공동으로 경영하며 공동으로 손익을 부담하고 기업채무에 대해 투자자가 무한연대책임을 지는 기업이다.

　　3-3. 사영유한책임회사는 투자자가 출자액에 근거하여 책임을 지며 기업채무에 대해 기업 전부의 자산으로 책임을 지는 회사이다.

　4. 개인경제는 생산수단을 노동자 개인이 소유하고 개인노동에 기초하며 노동성과를 노동자 개인이 점유하고 지배하는 경제유형이다. "개체공상호관리 임시시행조례"에 근거하여 등록한 개체공상호와 개인동업을 포함한다.

　　4-1. 개체공상호는 법률이 허락하는 범위 내에서 공상업 경영활동에 종사하는 개인노동자이다.

　　4-2. 개인동업은 2인 이상 국민이 협의에 따라 각자가 자금, 실물, 기술 등을 제공하여 공동으로 경영하고 공동으로 노동하는 것을 말한다.

　5. 연합경영경제는 부동한 소유제성질의 기업 간에 공동으로 투자하여 새로운 경제실체를 구성한 경제유형이다.

　6. 주식제경제는 전체 주주가 공동으로 출자하고 주식형식으로 투자하여 기업을 설립한 경제유형이다. 주식유한회사와 유한책임회사

두 가지 조직형식을 포함한다.

6-1. 주식유한회사는 전체 등록자본이 동등액 주식으로 구성되었고 주식을 발행하는 것을 통해 자본을 모으며 주주는 구매한 주식에 따라 기업에 대해 유한책임을 지고 기업은 전부의 자산으로 채무에 대해 책임을 지는 기업법인이다.

6-2. 유한책임회사는 2인 이상 주주가 공동으로 출자하고 각 주주는 출자액에 따라 기업에 대해 책임을 지며 기업은 전부의 자산으로 채무에 대해 책임을 지는 기업법인이다.

국유, 집단, 사영 등 기업은 주식제 형식으로 경영하고 있지만 주식유한회사 혹은 유한책임회사로 등록하지 않고 소유제성질에 따라 등록한다.

7. 외자경제는 외국투자자가 중화인민공화국 유관법률에 따라 합자, 합작 및 독자의 형식으로 중국 국내에 기업을 설립한 경제유형이다. 중외합자기업, 중외합작기업 및 외자기업을 포함한다.

7-1. 중외합자기업은 외국의 공동경영자와 중국의 공동경영자가 "중화인민공화국 중외합자경영기업법"에 근거하여 일정한 비례에 따라 공동으로 투자하고 공동으로 관리하며 손익을 나누는 중국 국내에 공동으로 설립한 기업이다.

7-2. 중외합작기업은 외국의 협동자와 중국의 협동자가 "중화인민공화국 중외합작경영기업법"에 근거하여 계약을 통해 쌍방의 책임, 권리와 의무를 명확히 하고 중국 국내에 공동으로 설립한 기업이다.

7-3. 외자기업은 "중화인민공화국 외자기업법"에 근거하여 중국 국내에 설립한 전체 자본을 외국투자자가 투자한 기업이다.

[부록 4]

중국의 개혁개방정책

　1978년 중국공산당 제11기 삼중전회 이후 종래의 계급투쟁론이 부정되고 정치에서 경제로 중심이 옮겨졌다. 이른바 개혁개방이 시작된 것이다. 개혁개방노선은 등소평이 고안해낸 것이지만 그 배경에는 아시아의 "네 마리 작은 용"의 부상이 있었다. 등소평은 그대로 있다가는 중국이 세계에 뒤처지게 된다고 생각하고 대담하게 체제를 개혁할 것을 결심했다. 그의 개발전략을 정리하면 다음과 같다. 첫째는 경제성장의 추구이며 둘째는 그것을 통하여 중국을 국제사회에서 경제대국으로 만드는 것이다. 이를 위해서는 다른 목적은 어느 정도 희생되어도 상관없다.

　따라서 첫째, 개발독재에 입각한 경제발전정책을 채택하였다. 즉 정치는 공산당에 의한 일당독재체제를 유지하나 경제는 정부의 통제아래 시장화를 실시하는 것이다. 1992년 봄에 등소평이 남방지구를 시찰하고 "남순강화(南巡講話)"를 발표한 후 오늘날의 사회주의 시장경제론이 확립되었다. 즉 어떤 제도가 사회주의인가 자본주의인가하는 이데올로기적 논의를 중단하고 생산력을 높이는 것이 가장 먼저 해결해야 할 일이며, 또한 자본주의에도 계획이 있는 것처럼 사회주의에도 시장이 있는 것은 당연하다는 것이 인정되었다. 그렇지만 등소평은 정치제도까지 바꾸어 중국을 자본주의화 할 생각은 조금도 없었다. 그런 까닭에 1989년 민주화를 요구하는 대중운동을 탄압했다. 둘째, 등소평은 "빈곤은 사회주의가 아니다"라고 말하며 종래의 평균주의를 버리고 "먼저 잘 살 수 있는 지역과 사람부터 잘 살아라"라고 호소했다. 즉 그의 선부론(先富論)에는 불평등주의가 포함되어있다. 셋째, 기업제도가 확립되었다. 즉 기업이 처음으로 독립된 경제단위로서 인정받고 자유권의 부여 및 확대를 비롯하여 합작, 합자, 주식제 등 여러 가지 시도가 행해졌다. 넷째, 소유제도의 다양화이다. 중국은 지금 공유제를 중심으로 하는 원칙을 유지하고 있으나 실질적으로 개인소유, 합작, 합자 등 다중소유제로 이행하고 있다. 공유제를 포기하지 않는 것은 공유제가 사회주의의 상징이기 때문이다. 또 하나는 국유기업이 여전히 많은 노동자를 안고 있고 그들이 국유제도에 대해서 일종의 기득권을 갖고 있기 때문이다. 다섯째, 대외개방에 의한 수출촉진과 외자도입정책이다. 중국은 경제특별지역을 건설해서 외자와 기술을 도입했으며 수입대체정책으로부터 전환해 수출촉진에 의해 경제발전을 도모한다.

중국의 개혁개방정책은 먼저 농촌에서 시작되었다. 1978년 가뭄의 피해를 입었던 안휘성(安徽省) 봉양현(鳳陽縣) 소강촌(小崗村)에서 기황을 면하기 위해 농가하청경영책임제(家庭聯産承包責任制)를 실행하였는데 이같은 실험이 순식간에 전국적으로 확산되었고 국가는 이 경험을 제도화하였다. 농가하청경영책임제는 다음과 같은 두 가지 결과를 초래했다. 첫째, 농업생산량이 비약적으로 증가한 것이다. 1984년 전국 양식 총생산량은 1978년보다 33.6% 증가했고 같은 시기 면화 생산량은 1.9배, 식용유 원재료 생산량은 1.3배, 설탕 원재료 생산량은 1.0배 증가했다(吳敬璉, 2003). 둘째, 농촌의 잉여 노동력이 도시로 이동할 수 있게 되었다. 농민의 노동을 관리하던 인민공사(人民公社)[1]가 해체됨에 따라 농민들은 부업에 종사하거나 더 많은 소득을 올릴 수 있는 곳으로 이동할 수 있게 되었다. 대량의 농촌노동력은 농촌에 설립된 향진기업에 취업하거나 도시로 나와 농산품을 팔 수 있게 되었고 경제특별지역에 진출한 외국기업 등에 취업하기도 하였다.

　도시에서는 공유제 부문에 대한 개혁이 진행되었고 일부 지역이 대외에 개방되었다. 개혁개방정책은 1979년 광동성(廣東省) 사구(蛇口)공업구의 설립을 시작으로 심천(深圳), 주해(珠海), 산두(汕头) 등 도시와 복건성(福建省)의 하문(廈門)에 경제특별지역을 설치하는 것을 통해 본격화되었다. 경제특별지역은 1960년대 개발도상국, 특히 아시아의 일부 국가들이 외자유치와 수출촉진을 목적으로 설립했던 "무역자유지대(free trade zone)" 혹은 "수출가공지역(export processing zone)"을 모방한 것으로 중국경제를 세계자본주의에 접목시키는 창구 역할뿐만 아니라 시장체제도입과 관련된 다양한 실험과 성과를 중국 내륙지역으로 전파하는 실험실 역할도 하였다(장영석, 2010). 경제특별지역은 외국인 직접투자와 수출기업에 대해서 각종 세제혜택을 부여했다. 먼저 홍콩 등 화교자본이 중국에 진입했고, 선진자본주의 국가의 자본도 중국에 직접투자형태로 대량 진입함에 따라 중국은 가장 많은 외국인 직접투자를 흡수하는 국가로 되었다. 중국에 진입한 외국인 직접투자는 다음과 같은 특징을 보인다. 첫째, 1990년대 후반 외국인 직접투자의

---

1) 인민공사는 생산조직이면서 지방정권이었다. 생산수단은 공유제를 실행하였고 분배에 있어서는 급여제와 공급제를 결합하였으며 개인이 따로 경작할 수 있는 토지를 없애고 가계의 부업을 축소하여 농민들의 생산적극성을 크게 손상시켰다.

절반 이상은 노동집약적 산업에 집중되었다. 일반적으로 외국인 직접 투자는 자본 및 기술 집약적 산업에 집중되는 경향이 있는데 중국의 경우는 예외다(장영석, 2010). 둘째, 외국인 직접투자는 주로 연해지역에 집중되었지만 내륙지역도 적지 않은 규모의 투자를 흡수하였다. 1992년부터 1998년 사이 연해지역은 외국인 직접투자의 약 87%를 흡수한 반면, 내륙지역은 13%밖에 흡수하지 못했다. 내륙지역이 흡수한 비중은 작지만 그 절대치는 적지 않다. 같은 시기 중국 내륙지역이 흡수한 외국인 직접투자는 315억 달러에 달하는데 다른 개발도상국과 비교할 때 그 수치는 결코 적은 수치가 아니라는 평가이다(장영석, 2010). 상당수의 외국인 직접 투자는 중국의 저렴한 노동력을 이용하여 상품을 조립, 가공하여 수출하기 위해 중국에 진입했기 때문에 외국인 직접투자가 확대될수록 중국경제의 대외의존도는 높아진다고 할 수 있다. 2004년 중국의 수출입 총액은 1980년의 30배에 달하는데 그중 절반 이상은 외국인 직접투자기업이 창조한 것이다. 2004년 외국인 직접투자기업이 수출입 총액에서 차지하는 비중은 58%, 가공무역 총액에서 차지하는 비중은 88%에 달한다(장영석, 2010).

[부록 5]

중국 특색이 있는 사회주의 시장경제체제

　개혁개방 이전 단일공유제와 계획경제체제는 갈수록 경제발전의 수요에 부합되지 않고 심지어 경제발전의 장애가 되었다. 그리하여 정부는 경제개혁의 모델을 찾기 시작하였으며 참고할 만한 기존의 모델이 없기 때문에 돌다리도 두드려보고 건너는 방법으로 모색해나 갔다.

　개혁의 시작단계에서는 등소평의 "흰 고양이든 검은 고양이든 쥐만 잘 잡으면 된다"는 실용주의 사상을 기초로 하여 공유제를 유지함과 동시에 일부 개인경제가 생산과 유통분야에서 역할을 하도록 하였으며 정부의 경제관리도 과거의 완전한 계획경제가 아니고 시장의 조절 역할을 발휘하도록 하는 등 계획적인 상품경제를 실시하였다. 즉 이 시기는 계획관리가 주도적 지위를 차지하고 시장조절은 보조적인 역할을 하였다.

　실천과 이론탐구를 거쳐 중국은 1992년에 사회주의 시장경제체제를 개혁의 목표로 최종 확정하였다. 사회주의 시장경제체제는 중국의 기본적인 국정, 독특한 역사 및 현재 처한 발전단계가 결합되어 형성된 것이다. 따라서 시장경제의 기본속성 외에 세계 기타 국가와 다른 일부 특징을 갖고 있다.

첫째, 공유제가 주도적 지위를 차지한다. 소유제구조에서 보면 공유제를 기본으로 하고 개인경제를 포함한 여러 가지 경제요소가 공동으로 발전하는 조건하에 운영되는 시장경제이다. 이는 생산수단의 사유를 기초로 하는 시장경제와는 다르다. 시장화 개혁이 심화됨에 따라 공유제의 내용에 점차 변화가 발생하였다. 1997년에 공유제 경제의 범주를 국가주식이 주도적 지위를 차지하는 주식제 기업으로 확대하였다.

둘째, 중국공산당의 지도하에 여러 정당이 함께 협의하는 정치체제는 사회주의 시장경제체제의 정치적 기초이다. 중국과 같은 대국에서 공업화, 현대화건설을 하고 국가의 통일, 국민의 단결, 민주적 발전을 이룩하려면 모두 강력한 정당의 지도가 필요하다. 개혁개방 이래의 실천은 중국공산당이 중국 국민들이 일어설 수 있게 하는 능력이 있을 뿐만 아니라 국민들을 부유하게 할 수 있는 능력이 있다는 것을 증명하였다.

셋째, 사회의 공정과 정의를 실현하고 모든 국민이 부유하게 살도록 하는 것은 사회주의 시장경제체제의 목표이다. 시장경제를 실행하면서 합리적인 소득의 차이는 인정하게 되고 일부 사람들이 먼저 부유해지지만 먼저 부유한 사람이 다른 사람들이 부유해지는 것을 도와주고 최종적으로는 공동으로 부유해진다.

<표 5-1> 계획경제, 사회주의 시장경제, 시장경제의 비교

	계획경제	사회주의 시장경제	시장경제
발전목표	사회주의의 우월성 발휘	사상해방과 생산력 발전으로 사회주의제도와 정권 강화	최고의 경제효율발휘와 국민의 복지 추구
자원배분	지령성 계획에 따라 행정명령으로 분배	국가의 거시조절 하에 시장이 자원분배에 대한 기초적 역할	시장에서 경제법칙에 따른 자원분배
정부의 역할	절대적 통치 및 정부와 기업의 일치	계획, 지도, 조정, 감독기능의 정부집행 및 정부와 기업의 분리	법령의 제정과 보호 및 판결 등의 역할에 한정
계획정도	지령성 계획	지도성 계획	경제계획
시장	자본주의의 존재로 인식하여 존재 불허	시장체계의 육성을 중점 추진	모든 경제활동의 시장화
경쟁	평균주의	제한적 적자생존	적자생존
가격	강력한 정부통제	시장가격 위주의 가격체계	시장결정
경제기초	전민소유제	공유제	사유제
재산소유권	공유제	공유제	사유제
취업	국가안배	자주적 결정	자유선택
기업의 위험부담	정부와 사회부담	기업과 개인부담	기업과 개인부담
부의 분배	평균주의	노동에 따른 분배를 위주로 하며 효율과 공정 고려	효율을 추구하며 빈부격차를 복지정책으로 개선

[부록 6]

중국 도시 계급분포(2006~2010)

<표 6-1> 도시별 계층분포 상황(단위 : %)

계층분류	전체 도시	3대 직할시 (북경, 천진, 상해)	3대직할시 제외 도시
상층	5.2	4.9	5.2
중상층	13.6	23.5	11.3
중중층	44.8	44.2	44.9
하층	36.5	27.4	38.6
합계	100.0	100.0	100.0

자료 : 2010CGSS

<표 6-2> 도시 및 지역별 소득

	N(명)	평균소득(위안)	중위소득(위안)
북경	520	34649.2	24000
천진	397	24228.9	18000
상해	526	56045.5	24000
동부지역	2248	30312.6	18000
중부지역	2219	14598.4	10000
서부지역	1312	24483.4	12000

자료 : 2010CGSS

<표 6-3> 피고용 부문 소득—전국

	N	평균소득	중위소득
정부	194	33445.1	30000
국영기업	890	35782.1	25000
집체기업	215	28897.5	18000
사영기업	1516	36424.7	16980
외자기업	63	90727.0	50000
합계	2878	36651.5	20000

자료 : 2010CGSS

<표 6-4> 고용부문 소득—전국

	N	평균소득	중위소득
고용주	155	162310.1	35000
자영업	655	34284.1	15000
합계	810	58782.9	20000

자료 : 2010CGSS

<표 6-5> 2010년 중국 전체 도시 계급분포(단위 : %)

부문 관리·기술	공유부문			사유부문		
	정부(G)	국유기업(S)	집체기업(C)	외자기업(F)	사영기업(P)	고용주(O)
전문관리자	2.3	6.6	1.0	0.6	3.6	5.5
비전문관리자	0.6	2.5	0.7	0.2	3.5	
비관리직 전문가	1.6	9.0	1.5	0.9	4.9	21.6
일반근로자	1.5	9.3	3.2	0.5	18.8	
합계	6.0	27.4	6.4	2.2	30.8	27.1

자료 : 2010CGSS

<표 6-6> 2008년 중국 전체 도시 계급분포(단위 : %)

부문 관리·기술	공유부문			사유부문		
	정부(G)	국유기업(S)	집체기업(C)	외자기업(F)	사영기업(P)	고용주(O)
전문관리자	1.1	5.1	0.6	0.5	2.0	2.2
비전문관리자	0.8	5.8	2.2	0.3	3.1	
비관리직 전문가	0.4	4.6	0.7	0.7	2.5	15.2
일반근로자	0.8	23.0	7.1	1.1	20.5	
합계	3.1	38.5	10.6	2.5	28.0	17.4

자료 : 2008CGSS

<표 6-7> 2006년 중국 전체 도시 계급분포(단위 : %)

부문 관리·기술	공유부문			사유부문		
	정부(G)	국유기업(S)	집체기업(C)	외자기업(F)	사영기업(P)	고용주(O)
전문관리자	0.9	3.7	0.7	0.3	0.5	0.6
비전문관리자	0.9	7.1	1.8	0.2	0.7	
비관리직 전문가	0.9	6.9	1.4	0.4	1.4	24.2
일반근로자	1.1	30.3	11.8	0.5	3.7	
합계	3.9	48.0	15.6	1.4	6.4	24.8

자료 : 2006CGSS

<표 6-8> 3대직할시 계급분포(단위 : %)

부문 관리·기술	공유부문			사유부문		
	정부(G)	국유기업(S)	집체기업(C)	외자기업(F)	사영기업(P)	고용주(O)
전문관리자	1.3	10.5	1.5	2.5	7.9	5.0
비전문관리자	0.3	3.5	0.9	0.4	3.4	
비관리직 전문가	1.3	11.2	2.3	3.8	7.7	9.8
일반근로자	1.2	11.2	3.9	0.9	9.5	
합계	4.1	36.4	8.6	7.6	28.5	14.8

자료 : 2010CGSS

<표 6-9> 3대직할시 제외 도시 계급분포(단위 : %)

부문 관리·기술	공유부문			사유부문		
	정부(G)	국유기업(S)	집체기업(C)	외자기업(F)	사영기업(P)	고용주(O)
전문관리자	2.5	5.7	0.9	0.1	2.6	5.6
비전문관리자	0.6	2.3	0.6	0.1	3.6	
비관리직 전문가	1.7	8.5	1.3	0.2	4.2	24.5
일반근로자	1.5	8.8	3.0	0.4	21.1	
합계	6.3	25.3	5.8	0.8	31.5	30.1

자료 : 2010CGSS

<표 6-10> 직업별 소득분포(단위 : 위안)

부문 관리·기술	공유부문			사유부문		
	정부(G)	국유기업(S)	집체기업(C)	외자기업(F)	사영기업(P)	고용주(O)
전문관리자	42246.7	54462.9	42032.3	147066.7	62354.1	162310.1
비전문관리자	26875.0	29604.8	22965.0	31666.7	29774.0	
비관리직 전문가	35354.3	34822.0	37757.1	68142.9	34683.9	34284.1
일반근로자	17955.2	22486.1	16341.2	24925.0	14558.0	
합계	33049.5	34662.7	25642.3	72858.6	24663.7	58782.9

자료 : 2010CGSS

中产阶级生活方式调查

尊敬的先生/女士：

您好，本次調查旨在了解北京市中産階級的生活方式，您的意見對此次研究尤爲重要！您的信息將嚴格保密. 謝謝合作.

一. 个人基本情况

1. 性別：

2. 年齡：

3. 學歷：

4. 職業：

5. 父親學歷：

6. 父親職業：

7. 配偶職業：

8. 年薪：

9. 私家車品牌：

10. 您現在擁有几套住房：＿＿＿＿套

二. 階層歸屬意識

1. 您認爲滿足什麽樣的條件才算是中産階級? 請您寫一下您認
   爲最重要的三個條件：(比如, 學歷應該要大學本科以上)

2. 您認爲您屬于中産階級嗎? 如果是, 您覺得您是怎樣成爲中
   産階級的, 是靠個人努力還是靠家庭背景? 如果不是, 您覺
   得哪个方面沒達到標准

3. 您認爲中産階級与上層在哪个方面區別最大? 如收入, 學歷,
   職業, 消費水平, 道德修養, 价值觀等方面.

4. 您認爲中産階級与下層在哪个方面區別最大? 如收入, 學歷,
   職業, 消費水平, 道德修養, 价值觀等方面.

5. 您認爲結婚必須要門当戶對嗎?

三. 消費生活

1. 您經常購買品牌服裝嗎? 您喜歡什么牌子的衣服?

2. 您是按原价買衣服, 還是等打折時候買?

3. 您挑選食物時傾向于食物的營養還是价格?

4. 您平時服用保健食品嗎?

5. 您外出就餐時會挑選什么樣的飯店? 如口味, 环境, 价格等方面.

6. 您現在的住房是誰購買的?

7. 購房時您看中什么條件? 如文化設施, 教育环境, 公共交通, 投資价值等.

8. 您在家里擺放藝術品嗎? 如書畫, 瓷器, 雕塑等.

9. 您有什么興趣愛好?

10. 您經常去海外旅行嗎?

11. 您喜歡什么類型的書籍?

12. 您通常如何度過周末?

四. 子女教育

1. 您希望孩子讀書讀到什么程度? 如本科, 研究生, 博士等.

2. 卽使讓孩子复讀一兩年, 也要讓他考上名牌大學嗎?

3. 教育孩子時學科成績和个性發展, 您覺得哪个更重要?

4. 如果您周圍的家長給孩子報很多學習班, 您也會給孩子報名嗎?

5. 您希望孩子以后從事哪种職業?

五. 態度和看法

1. 您有感到不公平的時候嗎? 什么樣的情況下感到不公平?

2. 您對您現在的狀況滿意嗎? 最不滿意的是什么?

3. 您覺得在我們社會, 工人和農民的孩子与其他階層的孩子一
   樣有同樣多的机會成爲有錢, 有地位的人嗎?

4. 您覺得影響个人成功的因素是什么?

5. 聚會時您經常談一些政治話題嗎?

6. 您參加過社區活動嗎?

7. 您同, "中國沒有民主主義"這句話嗎?

8. 穩定社會秩序和實現民主主義, 您覺得哪个更重要?

9. 您對政府的信任程度是? 如非常信任, 一般, 不信任等.

六. 社會關系

1. 您認識几位有名人士? 他們的職業是?

2. 您參加几个社團? 是什么社團? 社團活動的頻率是?